Geheime Künste

REFLEXZONEN-MASSAGE

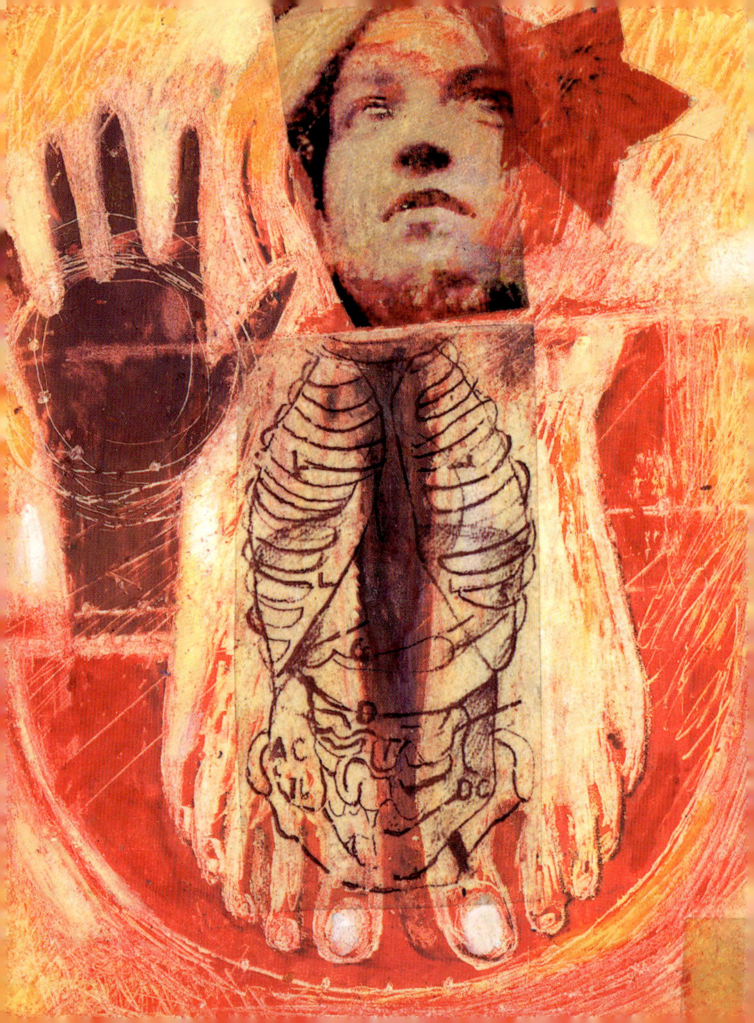
A C
DC

Geheime Künste

REFLEXZONEN-MASSAGE

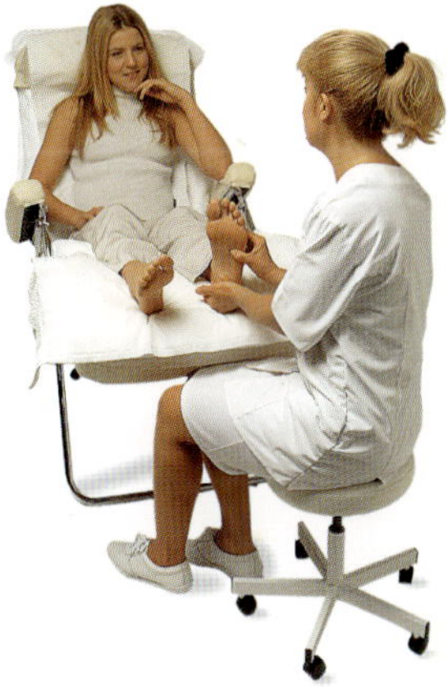

CHRIS MCLAUGHLIN
UND NICOLA HALL

EVERGREEN

EVERGREEN is an imprint of TASCHEN GmbH

Hohenzollernring 53, D-50672 Köln
www.taschen.com

Originalausgabe von
THE IVY PRESS LIMITED,
The Old Candlemakers, Lewes, East Sussex BN7 2NZ
Art director *Peter Bridgewater*
Redaktionsleitung *Sophie Collins*
Designer *Kevin Knight, Siân Keogh*
Redaktion *Sara Harper, Mandy Greenfield, Rowan Davies*
Bildrecherche *Liz Eddison*
Fotografien *David Jordan*
Bildbeschaffung *Kay MacMullan, Siân Keogh*
Illustrationen *Mike Courtney, Ivan Hissey, Anna Hunter-Downing, Lesley Ann Hutchings, Andrew Milne, Sarah Young*
Dreidimensionale Modelle *Mark Jamieson*

Gesamtproduktion der deutschen Ausgabe:
akapit Verlagsservice Berlin – Saarbrücken (www.akapit.de)
Übersetzung aus dem Englischen: *Alex Lüdeke/Britta Böving (akapit Verlagsservice)*
Lektorat: *Ina Friedrich (akapit Verlagsservice)*

Printed in China

ISBN 3-8228-2486-0

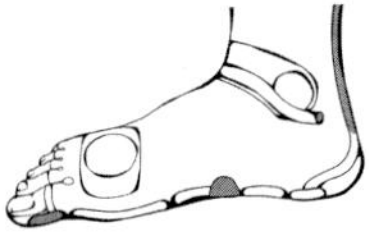

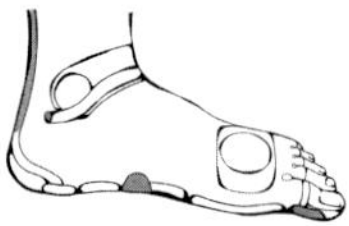

INHALT

Über dieses Buch **6**
Einführung 8

Funktionsweise der Reflexzonenmassage **10**

Grundlagen **38**

Grundtechnik der Fußbehandlung **66**

Grundtechnik der Handbehandlung **94**

Behandlung häufiger Beschwerden **118**

Behandlung besonderer Fälle **186**

Weitere Titel in dieser Reihe 216
Glossar 218
Register 221
Danksagung 224

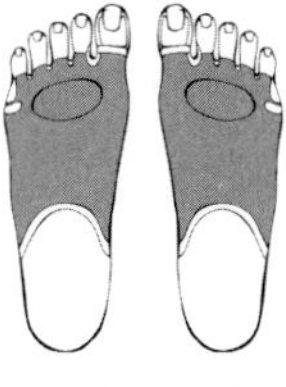

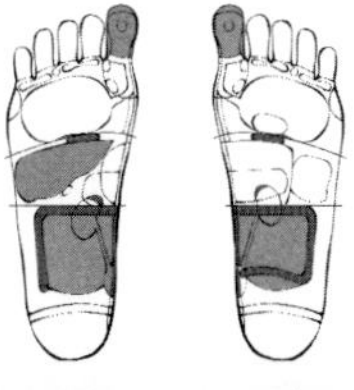

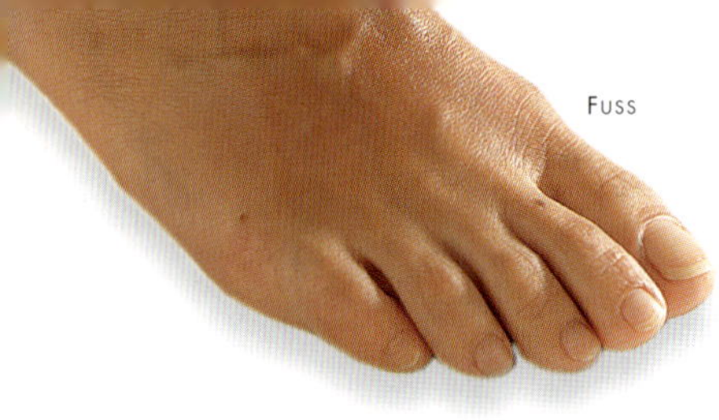

ÜBER DIESES BUCH:

Dieser Ratgeber ist in verschiedene Abschnitte unterteilt. Den Anfang macht ein Kapitel über die Funktionsweise der Reflexzonenmassage, anschließend geht es detailliert um die Massagebehandlung. Es schließen sich zwei Kapitel an, die sich mit den verschiedenen Reflexzonen an Händen und Füßen beschäftigen. Das fünfte Kapitel beinhaltet Informationen zur Behandlung häufiger Beschwerden. Im letzten Kapitel geht es schließlich um Reflexzonenmassage in besonderen Fällen, beispielsweise bei Kindern und älteren Menschen.

Wichtiger Hinweis

Bei Fieber, Venenentzündungen, Thrombose, Osteoporose oder Schwangerschaft sollten Sie von Reflexzonenmassagen absehen. Informieren Sie Ihren Arzt, wenn Sie sich einer Reflexzonenbehandlung unterziehen, denn es kann zu Wechselwirkungen mit anderen Therapieformen kommen. Ersetzen Sie keinesfalls einfach eine medikamentöse Behandlung durch Reflexzonenmassage.

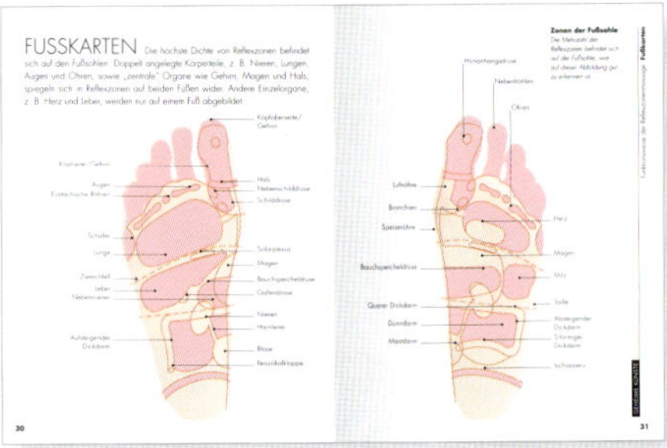

Funktionweise

Dieses Kapitel beschreibt die Hintergründe der Reflexzonenmassage.

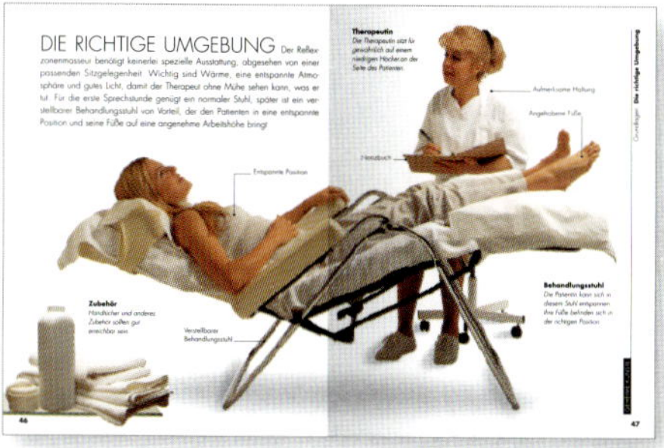

Grundlagen

Dieses Kapitel erklärt, was bei einer Reflexzonenmassage geschieht.

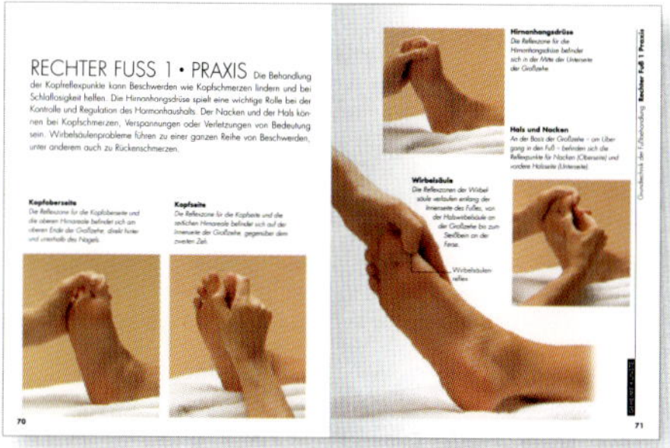

Fußbehandlung

Hier werden die verschiedenen Reflexzonen des Fußes zur leichteren Bestimmung abwechselnd fotografisch und zeichnerisch dargestellt.

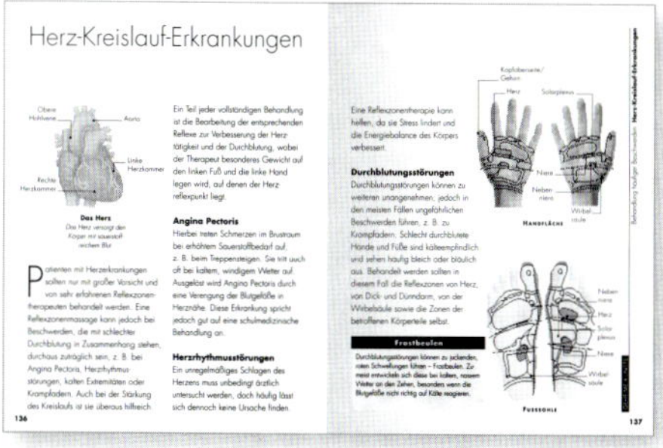

Behandlung von Beschwerden

Hier werden Reflexzonen in Theorie und Praxis dargestellt.

Einführung

Ägyptische Reflexzonenmassage
Grabmalerei aus Sakkara

Die Reflexzonenmassage ist eine alternative Heilmethode, bei der Druck auf Hände oder Füße ausgeübt wird, um ein breites Spektrum an Beschwerden zu behandeln sowie um Wohlbefinden und Gesundheit zu stärken. Hände und Füße werden dabei als Spiegel des Körpers betrachtet. Der Druck auf bestimmte Punkte, die sich auf den Händen und Füßen befinden, dient der Therapie der entsprechenden Körperteile. Der ganzheitliche Ansatz der Reflexzonenmassage betrachtet jeden Patienten als Individuum und nicht nur rein nach seinen Krankheitssymptomen.

Geschichte

Verschiedene Formen der Fußmassage wurden von Heilkundigen in zahlreichen alten Kulturen von Japan bis nach Ägypten verwendet. Zu Beginn des 20. Jhds. entwickelte der amerikanische Hals-Nasen-Ohren-Arzt Dr. William Fitzgerald die „Zonentherapie", die zum Teil auf den Werken europäischer und anderer bekannter Autoren beruhte. Weiterentwickelt wurden seine Theorien durch die Amerikanerin Eunice Ingham, welche die verschiedenen Reflexpunkte lokalisierte und verzeichnete. Sie war auch zu großen Teilen für die wachsende Beliebtheit der von ihr „Reflexzonenmassage" genannten Technik verantwortlich. Doreen Bayly brachte die Reflexzonenmassage in den 1960er Jahren nach Großbritannien, von wo aus sie sich rasch in ganz Europa verbreitete. Diese sichere und wirkungsvolle Therapieform hat seitdem ständig an Akzeptanz gewonnen. Ihre Vorteile werden von zahlreichen dankbaren Patienten sowie mittlerweile auch von vielen Schulmedizinern anerkannt.

Grundprinzipien

Durch Ausüben eines kontrollierten Drucks auf bestimmte Bereiche der Hände und Füße (Druck- oder Reflexpunkte) kann der Therapeut Beschwerden in allen Bereichen des Körpers lokalisieren und therapieren. Jeder der genau definierten Druckpunkte ist durch eine Anzahl von längs und quer verlaufenden Zonen mit einem bestimmten Teil des Körpers verbunden. Der bei der Reflexzonenmassage ausgeübte Druck ist für den Empfänger nicht schmerzhaft. Der Massierte kann jedoch mit einer ganzen Reihe von Empfindungen reagieren, welche dem Therapeuten aber zur genauen Lokalisierung des für die Beschwerden verantwortlichen Ungleichgewichts im Körper dienen.

FUNKTIONSWEISE DER REFLEXZONEN-MASSAGE

Reflexzonentherapeuten üben mit den Spitzen der Finger und Daumen festen, aber nicht zu starken Druck auf die Reflexpunkte an den Füßen ihrer Patienten aus, um deren Gesundheitszustand einschätzen zu können. Die Reflexpunkte sind über eine Reihe sorgfältig festgelegter Zonen mit einem bestimmten Teil des Körpers verbunden. Über die Reflexpunkte kann der Therapeut feststellen, ob dieser Bereich des Körpers so arbeitet wie er sollte. Eine Behandlung des gesamten Körpers über die Fußreflexe wird zur Behebung eines allgemeinen Ungleichgewichts als Teil einer vollständigen Reflexzonenmassage durchgeführt.

Nachweis der Wirksamkeit

Eunice Ingham
Sie entwickelte die Reflexzonenmassage in den 1930er Jahren in den USA.

Kritiker alternativer Heilmethoden weisen stets darauf hin, dass der Nachweis der Wirksamkeit nicht in klinischen Doppelblindversuchen erbracht wurde, welche der Überprüfung neuer, schulmedizinischer Behandlungsmethoden dienen. Doch tatsächlich wurden auch viele bewährte schulmedizinische Behandlungsformen niemals auf diese Art überprüft und die Wissenschaftler wissen nicht, wie oder warum manche Therapien wirken. Allgemein akzeptiert ist, dass Patienten sich aufgrund des so genannten Placeboeffekts besser fühlen: Ihre Beschwerden gehen zurück, weil sie dies erwarten, obwohl die verabreichten Medikamente ohne tatsächlichen Wirkstoff waren.

Klinische Studien

Die meisten Formen der alternativen Heilmethoden entziehen sich einer klinischen Untersuchung aufgrund der Bestimmungen, unter denen eine solche Studie stattfindet. In einem Doppelblindversuch wissen weder Arzt noch Patient, ob das verabreichte Medikament einen Wirkstoff enthält oder nicht. Patienten, die an einer Studie teilnehmen, werden wegen ihres Gesundheitszustandes, ihres Krankheitsbildes und anderer Faktoren, z.B. Ernährungsgewohnheiten oder Rauchen, ausgewählt. Jeder Patient erhält dann die gleiche Form der Behandlung (oder ein Placebo). Die Reaktion darauf wird mit Patienten der Ausgangsgruppe verglichen, die ein anderes Medikament erhielten. Dieser Ansatz ist jedoch nicht ohne weiteres

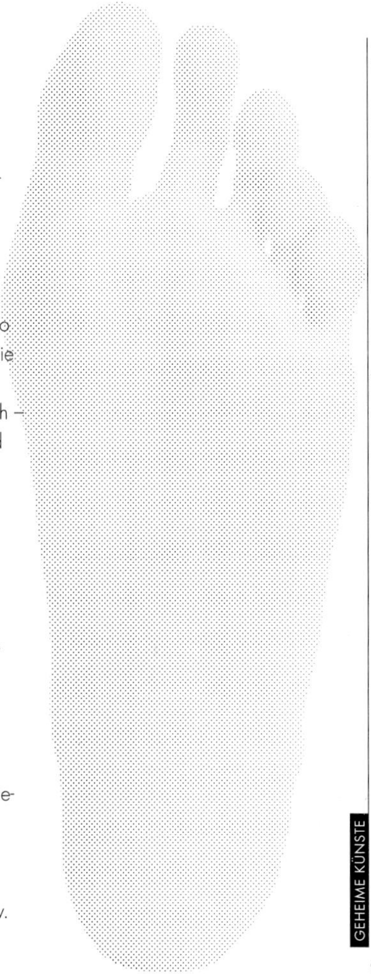

auf alternative Heilmethoden zu übertragen. Zum einen ist es unmöglich, eine Reflexzonenmassage durchzuführen, ohne dass der Patient oder der Therapeut wissen, ob hier eine „echte" Therapie oder nur ein Placebo angewendet wird, zum anderen ist die Reflexzonenbehandlung – wie viele andere alternative Heilmethoden auch – auf das Individuum zugeschnitten und daher nicht für alle Patienten gleich, selbst wenn sie an ähnlichen Beschwerden leiden.

Reaktion auf die Behandlung

Der Wirksamkeitsnachweis für die Reflexzonentherapie muss auf andere Weise erbracht werden und beruht häufig auf der Reaktion einzelner Patienten auf die Behandlung. Die Auswertung einer Umfrage unter Mitgliedern der Britischen Reflexologie-Gesellschaft (BRA) ergab, dass drei Viertel der Therapeuten der Ansicht waren, dass ihre Patienten sich nach einer Behandlung besser fühlten, bzw. sogar geheilt wurden.

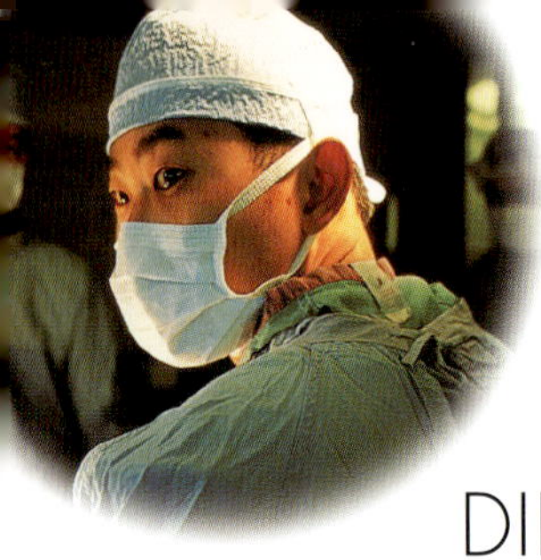

Klinische Behandlung
Reflexzonenmassage wird mittlerweile in vielen Krankenhäusern begleitend zu konventionellen Therapieformen angeboten.

DIE SCHULMEDIZIN

Die schon fast traditionelle Ablehnung alternativer Heilmethoden durch die Schulmediziner ist heute längst nicht mehr so geschlossen und unnachgiebig wie früher. Immer mehr Ärzte und vor allem Krankenpfleger sind mittlerweile aufgeschlossener. Man gibt zu, dass die alternative Therapie zumindest keinen Schaden verursacht (vorausgesetzt die konventionelle Behandlung wird fortgeführt) und sogar psychologisch vorteilhaft sein kann. Gleichzeitig gibt es eine ständig wachsende Zahl von Ärzten und Pflegern, die dafür Sorge tragen, dass Reflexzonenmassagen zunehmend auch in Kliniken und Arztpraxen angeboten werden.

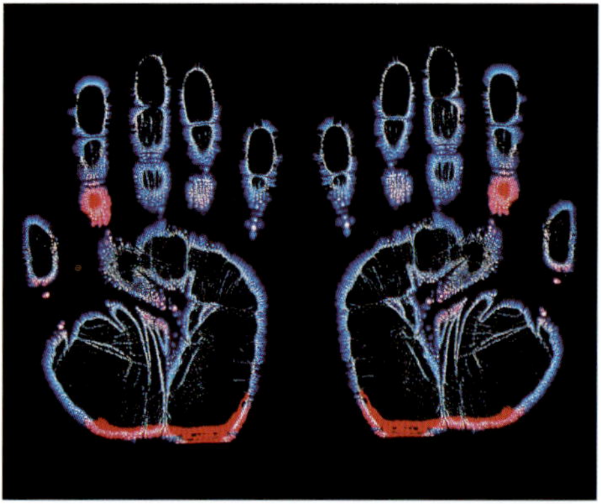

Kirlian-Fotografie
Diese spezielle Technik zeigt die Energiegefälle der Reflexzonen.

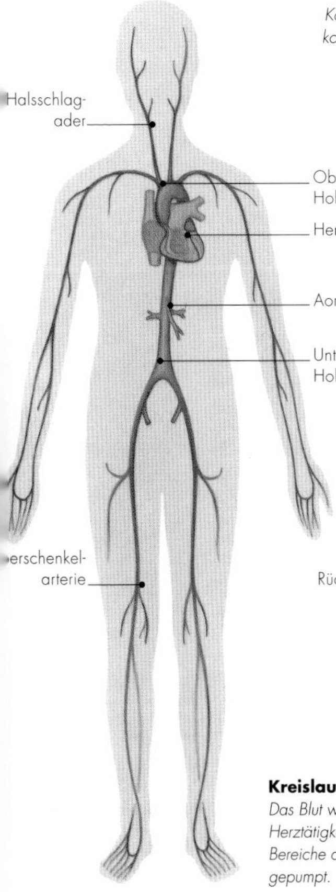

Kreislaufsystem
Das Blut wird durch die Herztätigkeit in alle Bereiche des Körpers gepumpt.

Nervensystem
Das Gehirn ist das Kontrollzentrum für ein komplexes System von Nerven.

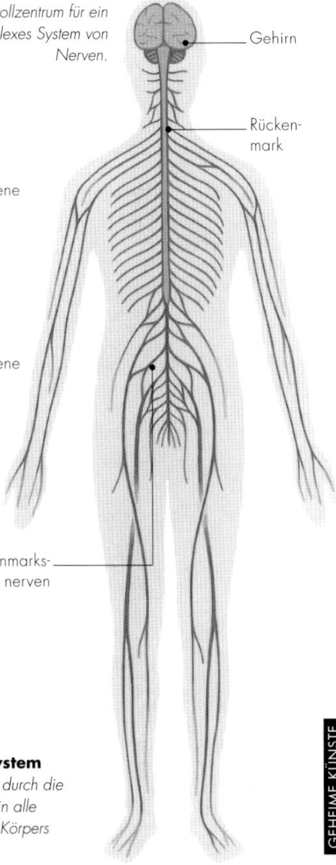

Längszonen

Dr. William Fitzgerald, der Begründer der modernen Reflexzonenmassage, identifizierte zehn „Energiezonen", die senkrecht von Kopf bis Fuß durch den gesamten Körper verlaufen. Auf jeder Seite der Wirbelsäule befinden sich fünf dieser Zonen, mit Endpunkten in Händen und Füßen. Zone 1 beginnt am großen Zeh, verläuft auf der Innenseite des Körpers sowie vom Daumen entlang auf der Innenseite des Arms zum Kopf. Zone 2 beginnt am zweiten Zeh und am Zeigefinger. Die anderen drei Zonen folgen dem gleichen Muster: Sie beginnen an Zehen und Fingern und verlaufen die Körperaußenseite entlang. So wird der Körper in zehn Abschnitte unterteilt, die je nach Verlauf der Zonen schmaler oder breiter werden.

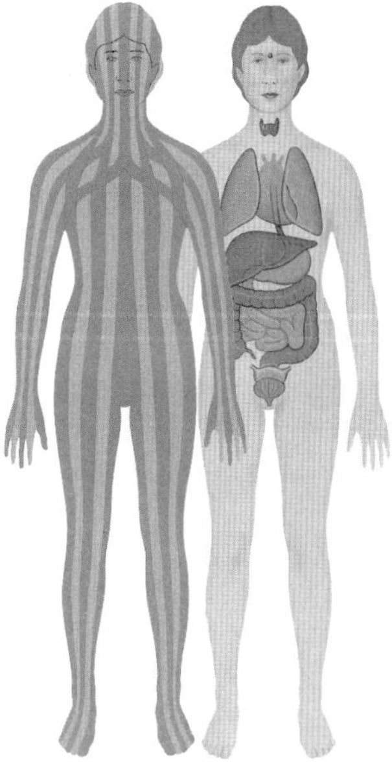

Längszonen
Jeder Teil des Körpers steht mit einer oder mehreren Energiezonen in Verbindung.

Energiefluss

Reflexzonentherapeuten nutzen diese Zonen, um Zugang zum „Energiefluss"

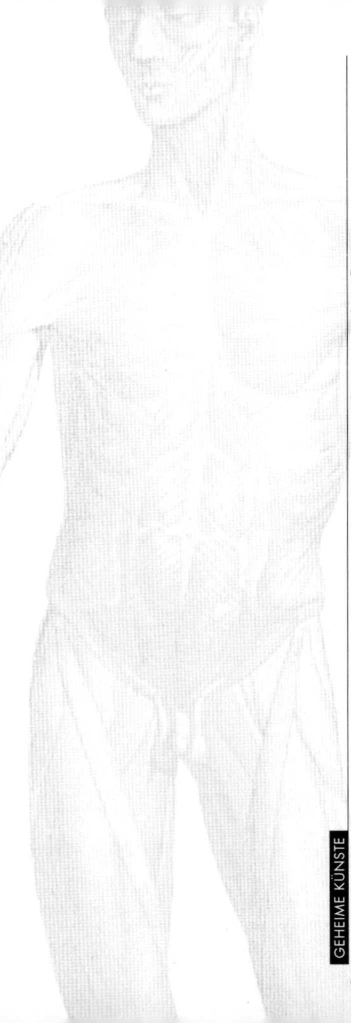

zu erlangen, von dem sie annehmen, dass er durch diese Zonen und die damit in Verbindung stehenden Körperteile fließt. Sollte der Energiefluss blockiert oder aus dem Gleichgewicht geraten sein, führt dies unweigerlich zu körperlichen Beschwerden. Die Reflexzonentherapeuten arbeiten mit verschiedenen Punkten entlang der Zonen an den Händen und den Füßen, um Beschwerden zu behandeln, die von Störungen innerhalb der Zonen herrühren. Ein Therapeut wird beispielsweise mit Druckpunkten in der Zone 1 arbeiten, um Beschwerden an Rückgrat, Nacken, Nase und Hals zu lindern.

Meridiane

Einige Therapeuten bringen die Reflexzonen auch mit den zwölf Meridianen der traditionellen chinesischen Medizin, auf der Behandlungsformen wie Akupunktur oder Shiatsu beruhen, in Verbindung.

VERLAUF DER LÄNGSZONEN

Die Längszonen verlaufen von den Füßen zum Kopf und dann wieder hinunter zu den Händen. Jede dieser Zonen verläuft durch die gesamte Ausdehnung des Körpers und wird mit der Körperform breiter oder schmaler. Eine Reflexzonenmassage beinhaltet normalerweise eine Behandlung des gesamten Körpers durch die Hände und Füße, doch wird man den Druckpunkten innerhalb der Reflexzone, aus der die Beschwerden stammen, besondere Aufmerksamkeit schenken.

Hände und Füße
Die zehn Längszonen finden ihr Abbild auf Händen und Füßen, wobei fünf Zonen rechts und fünf links verlaufen.

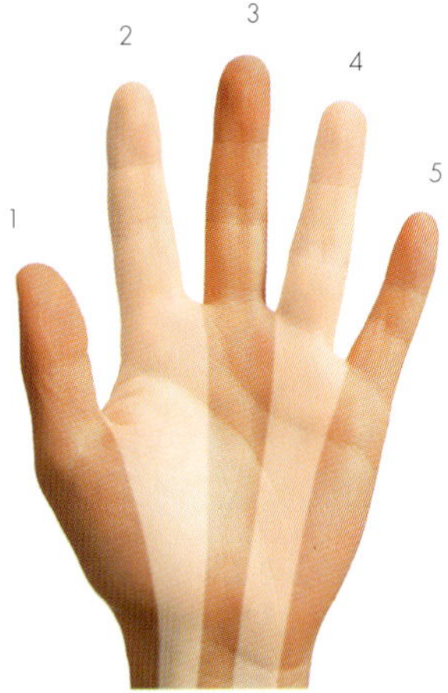

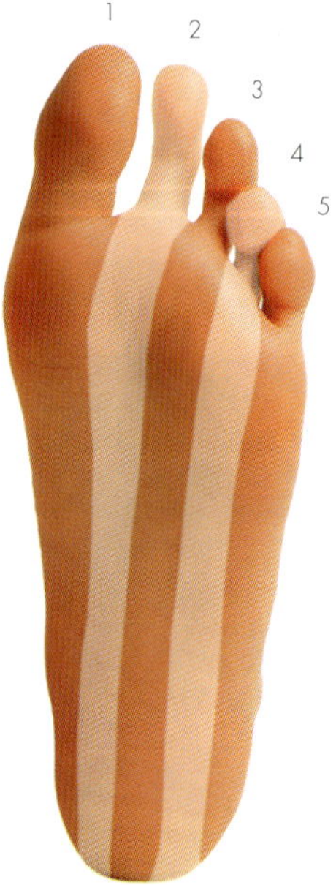

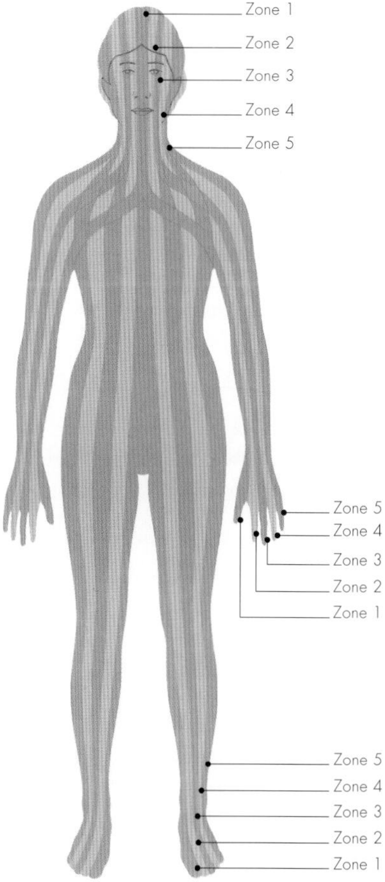

Längszonen
Diese Zonen verlaufen durch den gesamten Körper, von den Zehen bis zum Kopf und über die Arme bis zu den Fingerspitzen. Es gibt fünf entsprechende Zonen auf jeder Seite einer gedachten Längslinie durch die Körpermitte.

Querzonen auf Händen und Füßen

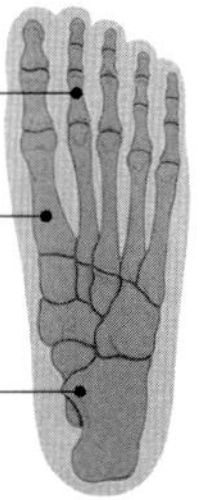

Knochen des Fußes
Der komplizierte Aufbau der Füße macht sie sehr beweglich

Zur genaueren Bestimmung der Bereiche, die bei einer Reflexzonenmassage behandelt werden müssen, ergänzt ein System von quer verlaufenden Zonen die zehn Längszonen. Diese Querzonen liegen zwischen drei horizontal verlaufenden Linien auf Händen und Füßen und erleichtern es dem Therapeuten, bestimmte Körperteile mit den entsprechenden Reflexen zu verbinden. Der genaue Verlauf dieser Linien variiert leicht von Person zu Person, abhängig von den Körperproportionen. So wird z. B. die Taillenlinie bei jemandem mit langer Taillenlinie näher an der Ferse sein als bei einer Person mit einer kurzen Taillenlinie.

Hanne Marquardt, eine deutsche Reflexzonentherapeutin, legte diese Hilfslinien zuerst fest. Mit den Linien wird deutlicher, wie die horizontalen Abschnitte auf Händen und Füßen in Verbindung mit anderen Körperregionen stehen. Zwei der drei Linien, die den Fuß in die verschiedenen Querzonen einteilen, verlaufen entlang des Treffpunkts von unterschiedlichen Fußknochen. Die dritte Linie ist eine imaginäre Trennlinie zwischen den Fußknöcheln.

Fußzonen

Die erste Linie wird Schultergürtel genannt und verläuft an der Grenze zwischen den Zehen- und Mittelfußknochen. Die zweite Linie ist die

Taillenlinie, die ungefähr in der Mitte des Fußes entlang des Übergangs zwischen Mittelfuß- und Fußwurzelknochen verläuft. Die dritte Hilfslinie – die Beckenbodenlinie – verläuft zwischen den beiden Knöcheln über die Ferse.

Handzonen

Der Knochenaufbau der Hand erschwert die Festlegung eines einfach zu erkennenden Verlaufs der Querzonen. Manche Therapeuten benutzen jedoch gedachte Linien, die denen auf den Füßen entsprechen. Die Fläche jeder Querzone auf der Hand ist in jedem Fall kleiner – der Größe der Hand im Vergleich zum Fuß entsprechend.

Abweichungen

Die Position der Querzonen verändert sich mit den Körperproportionen. Bei jemanden mit langer Taillenlinie ist diese näher an der Ferse als bei einer Person mit kurzer Taillenlinie.

VERLAUF DER QUERZONEN

Wenn man sich die Abbildung eines in Längs- und Querzonen aufgeteilten Fußes ansieht, fällt die Ähnlichkeit mit der übrigen Körperstruktur sofort ins Auge. Es gibt sogar einen gewissen Grad an Symmetrie zwischen der Form und Größe des Fußes und dem übrigen Körper. So haben z. B. haben sehr große Menschen oftmals auch überdurchschnittlich große Füße.

Die Hände
Einige Therapeuten verwenden gedachte Trennlinien.

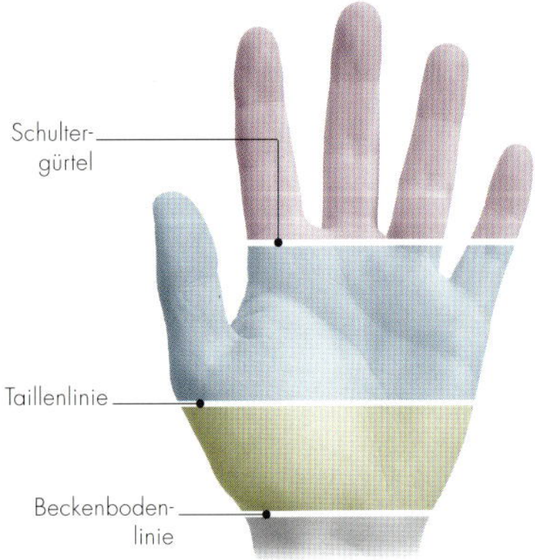

Die Füße
Drei Linien unterteilen sie in verschiedene Zonen.

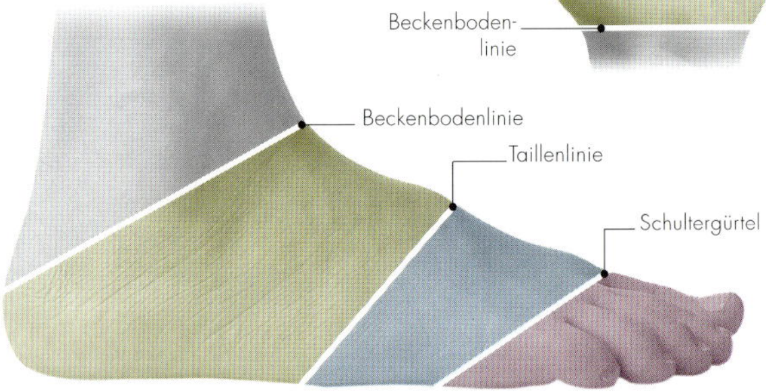

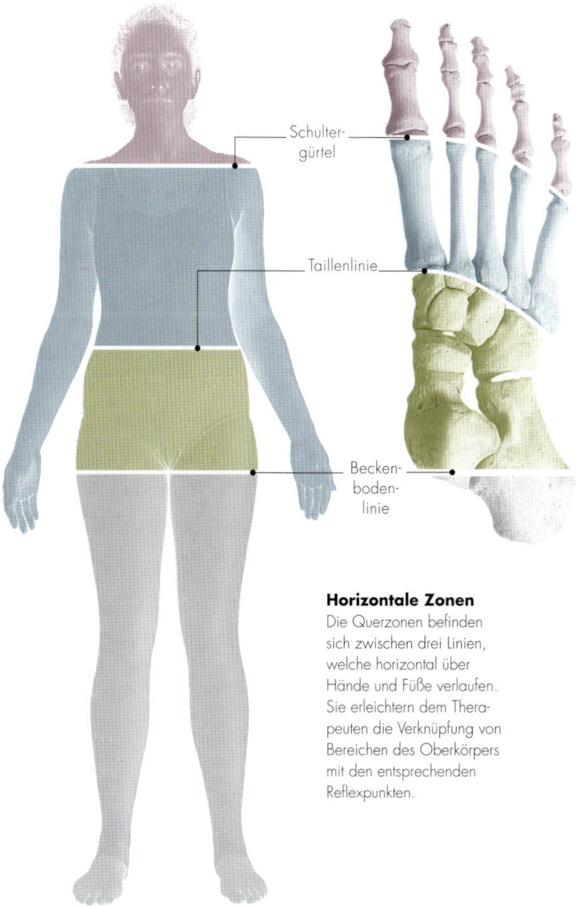

Horizontale Zonen
Die Querzonen befinden sich zwischen drei Linien, welche horizontal über Hände und Füße verlaufen. Sie erleichtern dem Therapeuten die Verknüpfung von Bereichen des Oberkörpers mit den entsprechenden Reflexpunkten.

Energieblockaden

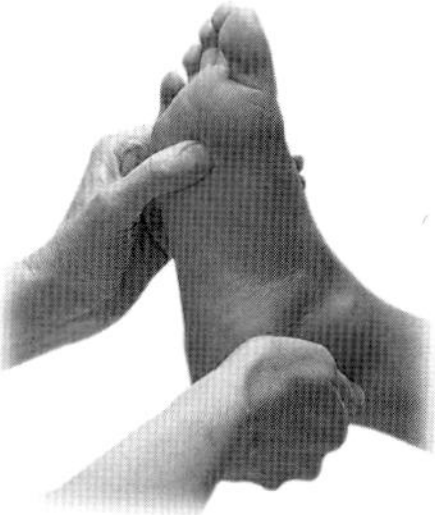

Kristalline Ablagerungen
Der Therapeut behandelt „sandige" Reflexpunkte.

Die Reflexzonenmassage fußt auf der Annahme, dass der Körper über eine natürliche Form von Energie verfügt, die – wenn sie frei und ungehindert fließen kann – zur allgemeinen Gesundheit beiträgt und den Heilungsvorgang fördert. Bei einem gesunden Menschen balanciert sich diese Energie von selbst aus, um den individuellen Bedürfnissen zu jedem Zeitpunkt zu entsprechen. Leider kann dieser Zustand ausgeglichener, frei fließender Energie leicht gestört werden, was zu einer ganzen Reihe von Beschwerden oder einem allgemeinen Mangel an Wohlbefinden führen kann. Auch viele Aspekte des modernen Lebens können den Energiefluss beeinträchtigen.

Schulmedizinischer Ansatz.

Wird man krank, führt der erste Weg in der Regel zum Hausarzt und dann in die Apotheke. Doch während die dort verschriebenen Medikamente die Symptome durchaus lindern können, beseitigen sie nicht die Probleme, welche die Beschwerden überhaupt erst verursacht haben.

Ganzheitlicher Ansatz

Im Gegensatz dazu wird der Reflexzonentherapeut den Patienten als Individuum betrachten und bei der Planung seiner Behandlung alle Faktoren einbeziehen, die zu dessen Erkrankung geführt haben. Der Gesamteindruck wird sich aus dem

zusammensetzen, was der Patient ihm erzählt und was der Therapeut an bestimmten Reflexzonen an Händen und Füßen erfühlen kann

Kristalline Ablagerungen

Ist eine bestimmte Stelle besonders druckempfindlich oder kann der Therapeut unter der Haut einen Grad an „Sandigkeit" fühlen, zeigt dies den Sitz eines Ungleichgewichts an, das anschließend behandelt werden kann. Der Therapeut wird versuchen, die Ablagerungen zu beseitigen, um den natürlichen Energiefluss wiederherzustellen. Ein erfahrener Therapeut wird auch das kleinste Ungleichgewicht erfühlen und die Behandlung dann entsprechend planen.

Lebensweise

Viele Faktoren, unter anderem Stress, Spannungs- und Angszustände, falsche Ernährung, Umweltverschmutzung und Bewegungsmangel wirken negativ auf unseren Energiefluss.

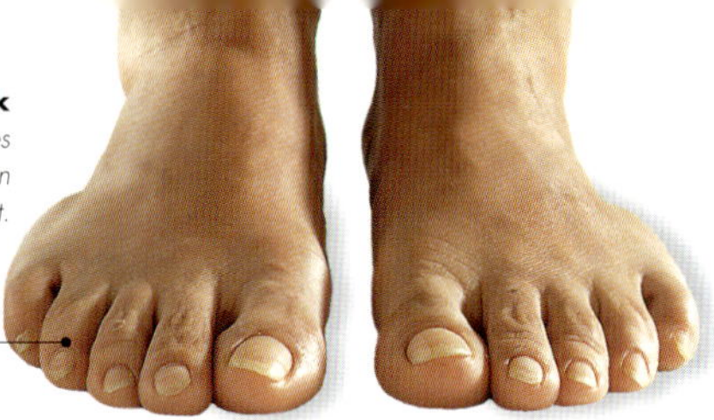

Unter Druck
Unsere Füße sind im Laufe des Tages verschiedenen Stressfaktoren ausgesetzt.

FUNKTION DER HÄNDE UND FÜSSE

Die meisten von uns schenken ihren Händen und Füßen nicht besonders viel Aufmerksamkeit – es sei denn, sie verursachen Beschwerden. Gesunde Füße sind stark und beweglich, verfügen über in Ballen und Ferse integrierte „Stoßdämpfer" und die Zehen helfen, das Gleichgewicht des Körpers zu halten. Die menschliche Hand passt sich leicht einer großen Bandbreite von Aufgaben an, vom Tragen schwerer Objekte bis zu präzisen, gewandten Bewegungen.

Greifen
Unsere Hände sind ein sehr effektives Werkzeug zum Halten und Greifen der unterschiedlichsten Objekte.

Gleichgewicht halten

Selbst wenn das Körpergewicht ungleich verteilt ist, vermögen unsere Füße den Körper über ihnen im Gleichgewicht zu halten.

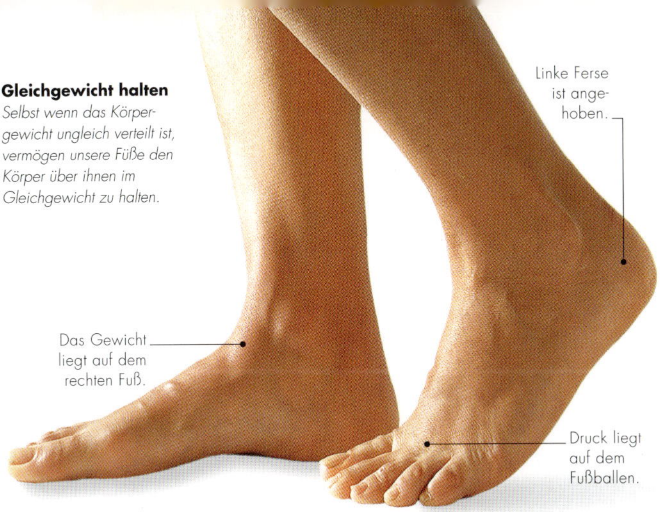

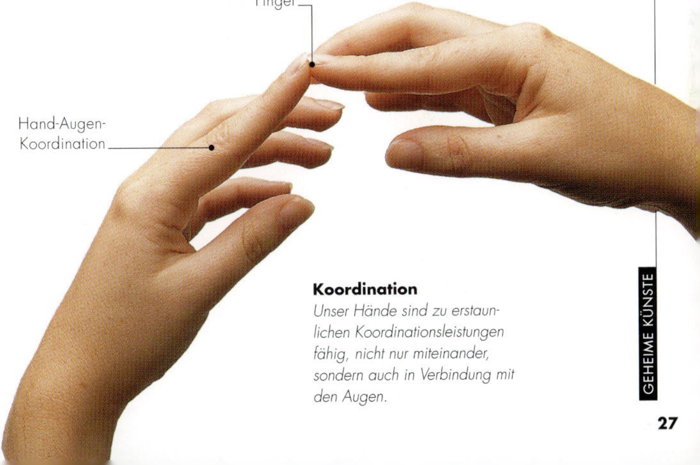

Koordination

Unser Hände sind zu erstaunlichen Koordinationsleistungen fähig, nicht nur miteinander, sondern auch in Verbindung mit den Augen.

Anatomischer Aufbau

Hand und Fuß haben eine ähnliche Skelettstruktur mit 26 Knochen im Fuß und einem mehr in der Hand. Zusammen machen die Knochen der Hände und Füße die Hälfte aller Knochen des Körpers aus. Im Lauf der Evolution unterschieden sich die Funktion von Hand und Fuß immer mehr, sodass wir heute nur mit Mühe auf den Händen laufen oder Schweres mit den Füßen heben könnten.

Füße

Die Zehen eines Fußes bestehen aus 14 Knochen, zwei in jeder großen Zehe, drei in allen anderen. Sie sind mit Bändern an den langen Knochen befestigt, die sich durch den Fuß zur Ferse erstrecken (Mittelfußknochen). Die anderen sieben Knochen sind die Fußwurzelknochen. Für Stütze und Halt sorgen drei keilförmige Mittelfußknochen, die mit dem Kahn- und dem

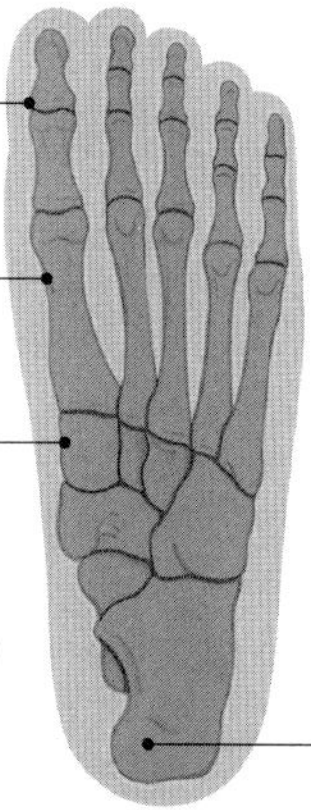

Füße
Die Zehenknochen sind abgeflachter als die Fingerknochen.

Hände
Durch Bänder und Gelenke können sich die Knochen wirkungsvoll bewegen.

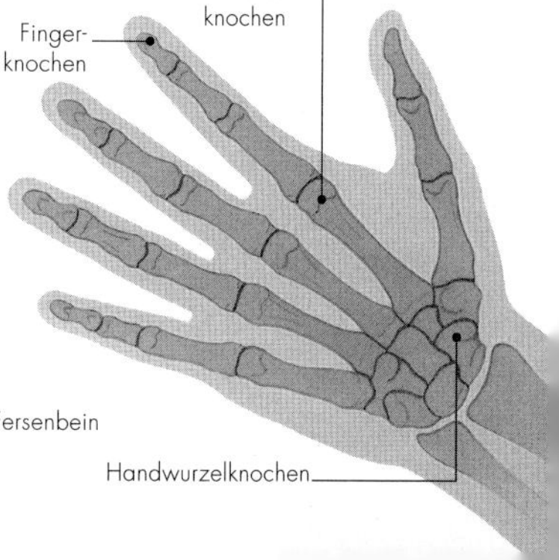

Würfelbein vor der Ferse verbunden sind. Schließlich folgen noch Fersen- und Sprungbein.

Dieses knöcherne Grundgerüst erhält seine Stärke und Flexibilität durch ein Netz von 60–70 Bändern, welche die Gelenke stützen, sowie durch 40 Muskeln. Potenziell besonders verletzliche Stellen, z. B. der Fußballen, sind durch eine Fettschicht vor den Erschütterungen durch Laufen, Gehen und Springen geschützt.

Hände

Der knöcherne Aufbau der Hände ähnelt dem der Füße sehr. Jede Hand besteht aus 27 Knochen, davon befinden sich 14 in den Fingern, fünf in der Handinnenfläche und acht im Handgelenk. Sie sind durch einzelne Gelenke miteinander verbunden und ermöglichen eine Vielzahl von komplizierten und feinen Bewegungen der Hand.

FUSSKARTEN

Die höchste Dichte von Reflexzonen befindet sich auf den Fußsohlen. Doppelt angelegte Körperteile, z. B. Nieren, Lungen, Augen und Ohren, sowie „zentrale" Organe wie Gehirn, Magen und Hals, spiegeln sich in Reflexzonen auf beiden Füßen wider. Andere Einzelorgane, z. B. Herz und Leber, werden nur auf einem Fuß abgebildet.

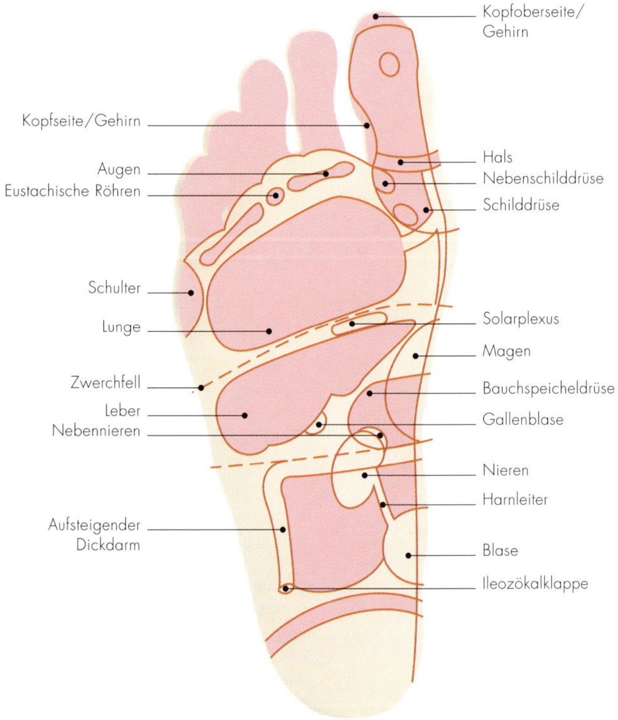

Zonen der Fußsohle
Die Mehrzahl der Reflexzonen befindet sich auf der Fußsohle, wie auf dieser Abbildung gut zu erkennen ist.

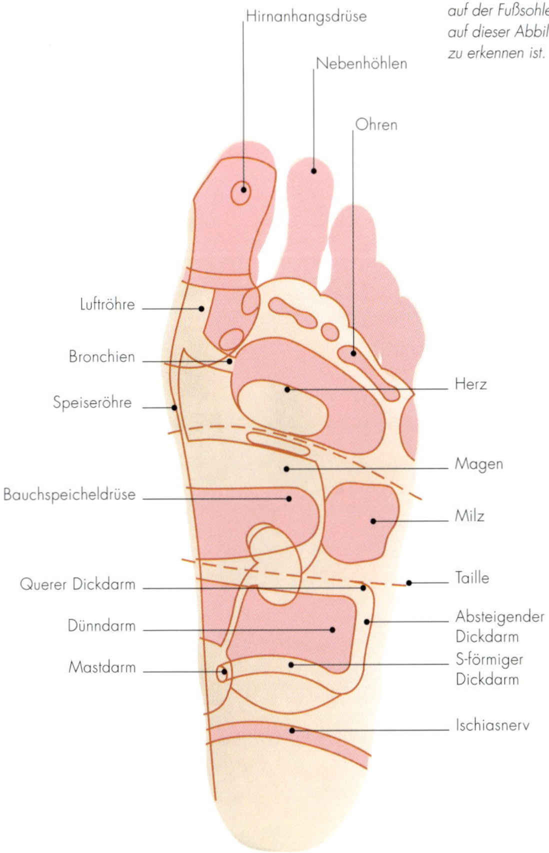

Fußreflexpunkte

Die Abbildungen von den Reflexzonen der Füße zeigen vier Ansichten: Fußsohle, Fußrücken, Fußinnen- und Fußaußenseite. Da der Fuß die Form des Oberkörpers widerspiegelt, befinden sich auch die Reflexzonen an den entsprechenden Stellen. Anders ausgedrückt findet sich die Reflexzone des Kopfes am großen Zeh und die des Steißbeins im Bereich des Fersenbeins. Alle Reflexzonen sind genau festgelegt, wobei einige recht klein sind, sodass der Therapeut wie ein Miniaturen-Maler vorgehen muss, wenn er Druck auf die Zonen ausübt.

Ansicht des Fussrückens

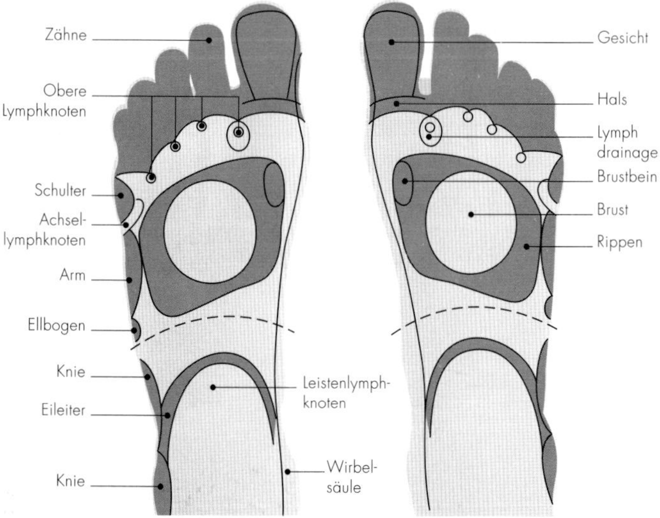

LINKE AUSSENSEITE

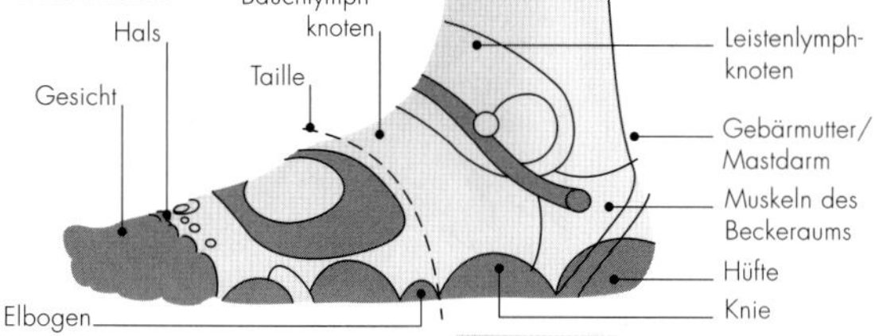

RECHTE INNENSEITE

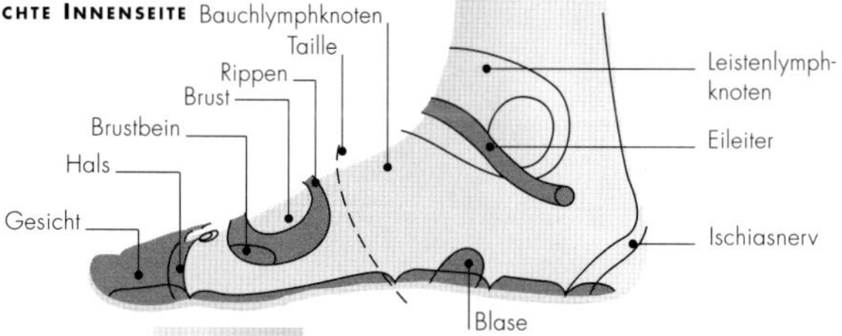

RECHTE AUSSENSEITE

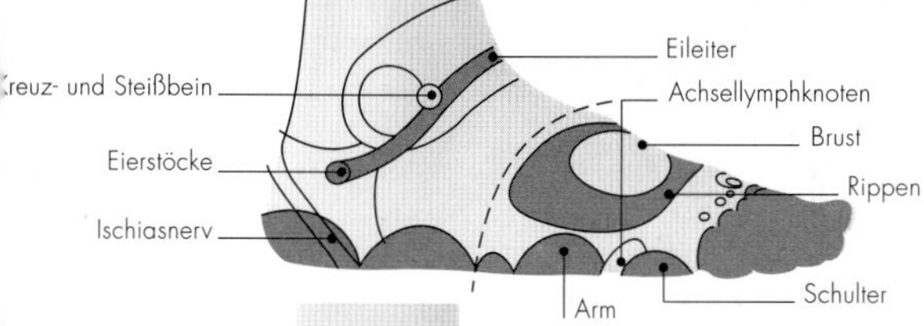

LINKE INNENSEITE

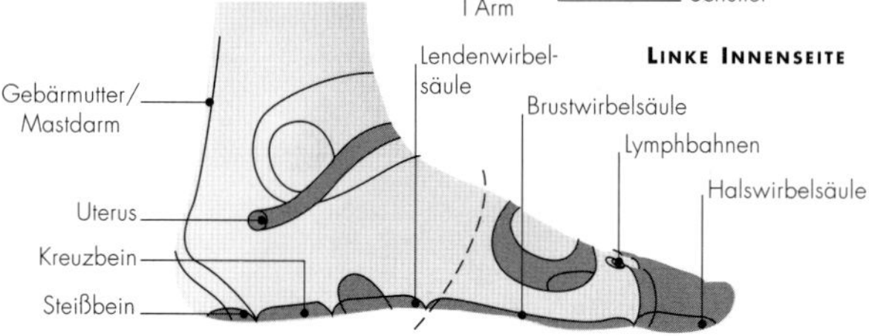

HANDKARTEN

Die Reflexzonen der Hände spiegeln jene der Füße wider, doch da die Hände weniger räumliche Tiefe aufweisen, erübrigen sich Seitenansichten. Alle Zonen sind auf der Handfläche und auf dem Handrücken zu finden. Die meisten Reflexpunkte befinden sich auf der Handfläche und erscheinen meist auf beiden Händen.

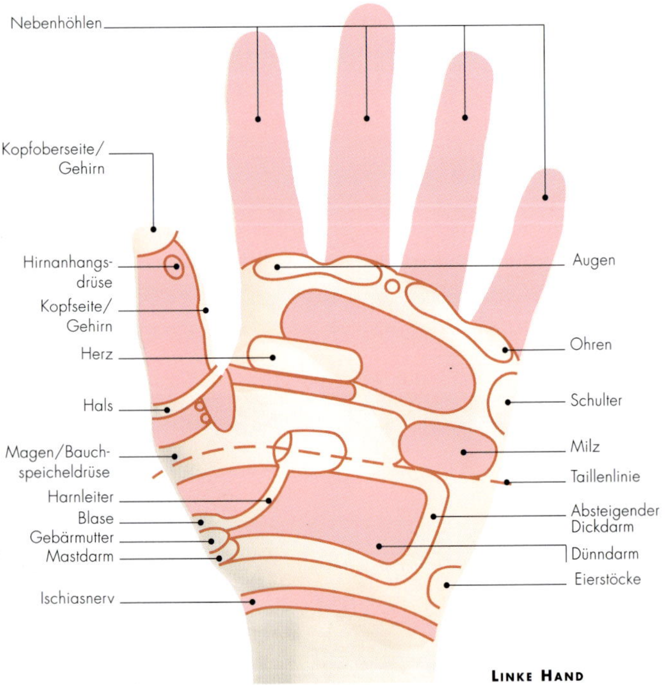

LINKE HAND

Ansicht der Handfläche

Die Reflexzonen der verschiedenen Körperteile befinden sich in den entsprechenden Bereichen der Hand, sodass – wie beim Fuß – die Kopfregion an den Fingerspitzen und die unteren Körperregionen an der Handwurzel zu finden sind. Die meisten Reflexzonen erscheinen auf beiden Handflächen.

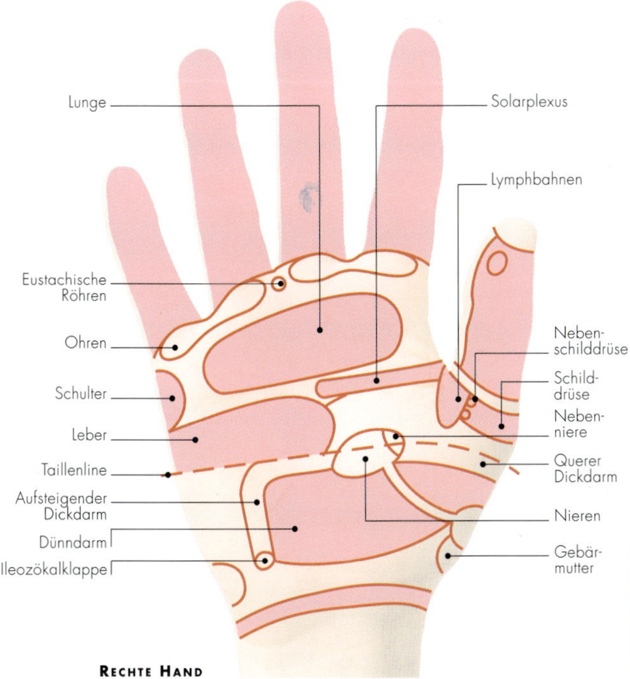

Rechte Hand

Reflexpunkte des Handrückens

Auf dem Handrücken finden sich die gleichen Reflexe wie auf dem Fußrücken. Einige der Reflexe der Handflächen erstrecken sich über die Seiten bis auf den Rücken der Hand, z.B. jene für Zwerchfell, Hüfte, Hoden oder Eierstöcke. Obwohl mitunter die Selbstbehandlung der Handreflexzonen angeraten wird, ist es für Unerfahrene recht schwierig, die richtigen Zonen zu finden. Das liegt vor allem an der geringeren Fläche der Hände im Vergleich zu den Füßen, sodass einige Zonen sehr klein sind.

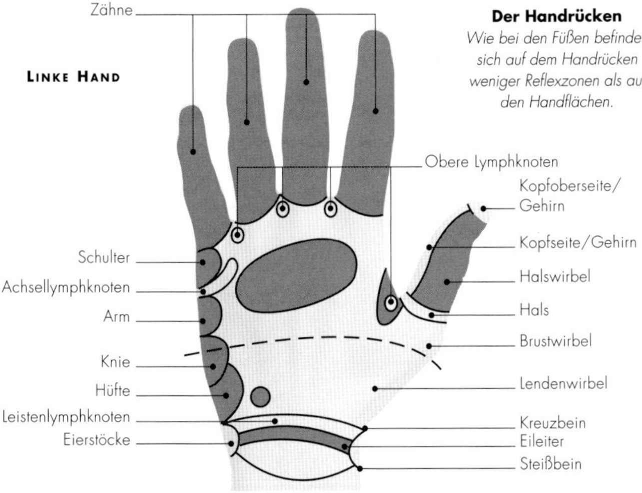

Der Handrücken
Wie bei den Füßen befinden sich auf dem Handrücken weniger Reflexzonen als auf den Handflächen.

Empfindlichkeit

Das Maß, in dem die Hände auf Reflexzonenmassage ansprechen, variiert sehr stark. Unter bestimmten Umständen (Verletzungen/Erkrankungen des Fußes) wird der Therapeut jedoch eine Behandlung der Hände anstatt der Füße vorziehen.

RECHTE HAND

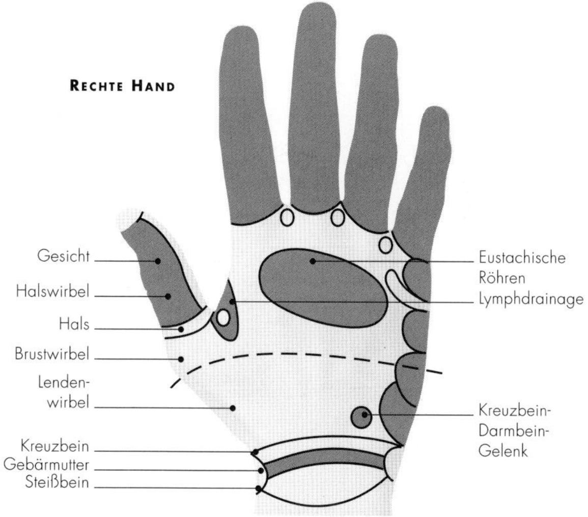

GRUNDLAGEN

Eine Reflexzonenmassage dauert für gewöhnlich zwischen 45 Minuten und einer Stunde, kann aber auch kürzer sein, wenn der Therapeut sich auf die Hände konzentriert, da diese ja kleiner als die Füße sind. Der Therapeut beginnt im Allgemeinen mit dem rechten Fuß (oder der rechten Hand), bevor er sich dem linken zuwendet. Die ist auch die von Doreen Bayly empfohlene Reihenfolge. Die Empfindungen des Massierten während der Behandlung sind individuell sehr verschieden. Der Therapeut muss dafür Sorge tragen, dass der ausgeübte Druck keinerlei Schmerzen verursacht. Ebenso ist eine Überhandlung zu vermeiden.

Vorbereitung

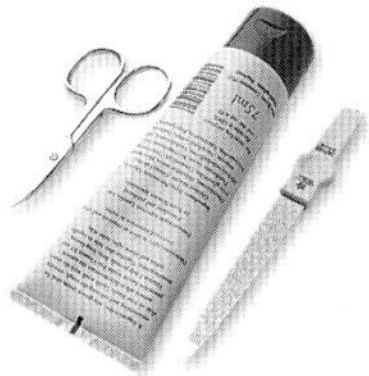

Gepflegte Hände
Der Therapeut muss seine Hände stets gut pflegen.

Reflexzonentherapeuten werden stets versuchen, mit der Schulmedizin zusammenzuarbeiten, wenn dies angezeigt erscheint, sodass der Patient sowohl von der traditionellen als auch von der alternativen Behandlung profitieren kann. Vor einer Behandlung wird der Therapeut Sie über Ihre Gesundheit und Ihre Lebensgewohnheiten befragen. In einigen Fällen ist von Reflexzonenmassage abzuraten, z.B. bei Thrombose oder Osteoporose in den Füßen. Spezielle Aufmerksamkeit verlangen Krankheiten wie Diabetes und Schilddrüsenfunktionsstörungen oder eine Schwangerschaft sowie jede Form einer langfristigen Erkrankung. Teilen Sie Ihrem Reflexzonenmasseur mit, falls Sie Medikamente nehmen (auch solche auf pflanzlicher Basis), da es zu Wechselwirkungen kommen könnte.

Vorbereitung

Vor der Fußmassage wird Ihr Therapeut Sie bitten, die Schuhe auszuziehen und sich entspannt auf einer Couch oder in einem Sessel zurückzulehnen. Eventuell wird er ein feuchtes Tuch benutzen, um Ihre Füße von Schweiß und oberflächlichem Schmutz zu befreien. Dann wird er Ihre Füße auf Anzeichen für gesundheitliche Probleme untersuchen und danach eine erste Massage durchführen, um schmerzende oder empfindliche Stellen zu finden.

Fußprobleme

Die Wirksamkeit der Behandlung verringert sich, wenn die Füße des Patienten

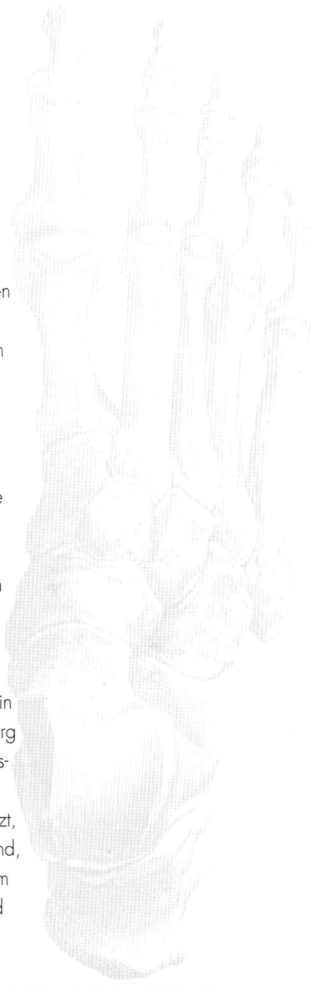

in einem schlechten Zustand sind. Hühneraugen und Schwielen sollten durch medizinische Fußpflege behoben werden, bevor man einen Reflexzonenmasseur aufsucht. Ebenso sollten vor Beginn einer Behandlung alle Blasen, Abschürfungen oder sonstige Wunden verheilt sein. Man sollte die Füße eincremen, falls die Haut zur Trockenheit neigt. Ist eine Fußmassage z. B. durch eine Infektion unmöglich, wird der Therapeut auf die Hände ausweichen, wobei aber die gleichen Regeln gelten.

Handpflege

Die Hände eines Therapeuten sind sein wichtigstes Werkzeug. Wie ein Chirurg oder Pianist muss er gut auf sie aufpassen. Da er die Daumen- und Fingerenden zur Ausübung von Druck benutzt, ist es wichtig, dass die Nägel kurz sind, um Verletzungen zu vermeiden. Zudem müssen die Hände weich, sauber und geschmeidig sein.

Weiche Haut
Regelmäßiges Anwenden eines Bimssteins hält die Haut weich.

FUSSPFLEGE

Nachdem Sie Ihre Füße gewaschen haben, trocknen Sie sie sehr sorgfältig ab, besonders zwischen den Zehen, denn Feuchtigkeit begünstigt die Entwicklung von Pilzinfektionen. Benutzen Sie einen Bimsstein und eine sanfte Peelingcreme, um Ihre Füße weich und geschmeidig zu halten. Schneiden Sie die Zehennägel kurz und gerade anstatt in einer gebogenen Linie. So können sie nicht einwachsen. Schließen Sie die Fußpflege mit reichlich Feuchtigkeitscreme ab.

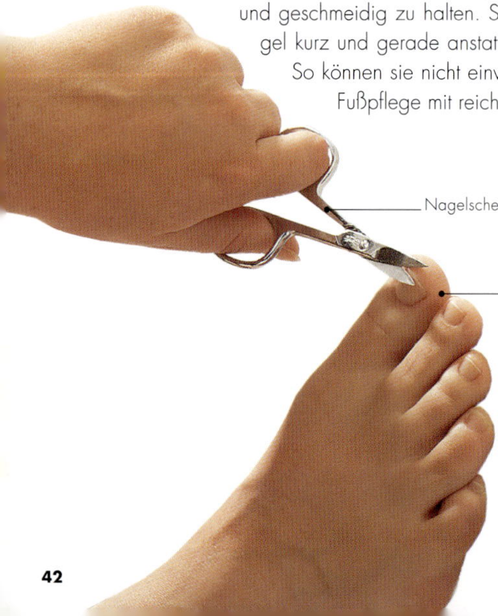

Das Schneiden der Fußnägel
Regelmäßiges Nagelschneiden ist wichtig für gesunde Füße.

Weiche Haut

Feuchtigkeitscreme ist angenehm und hält die Haut geschmeidig.

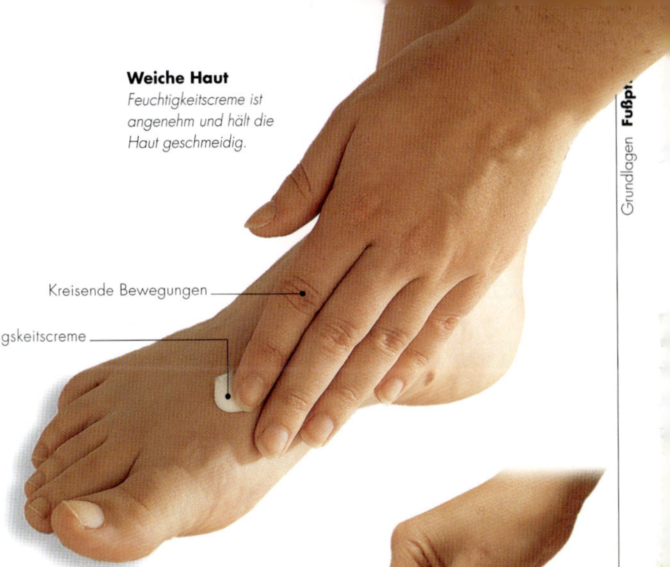

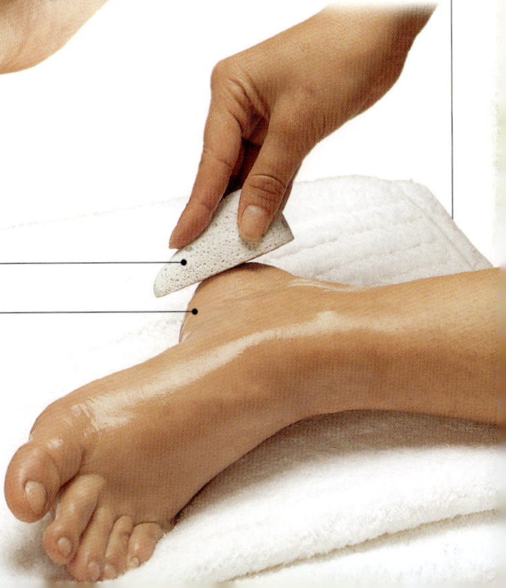

Gesunde Fersen

Benutzen Sie zur Entfernung der Fersenhornhaut am besten einen Bimsstein.

Verhältnis zwischen Patient und Therapeut

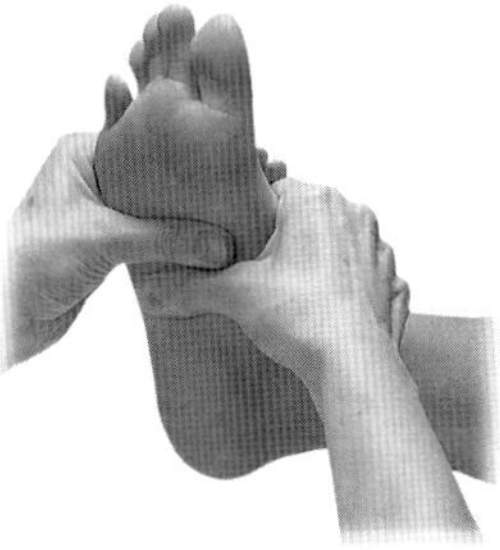

Sanfte Berührungen
Viele Menschen lassen sich zunächst nur ungern berühren.

Jede Form der Therapie – ob nun orthodoxe oder alternative Methoden – wirkt besser, wenn es dem Patienten und dem Therapeuten gelingt, eine gute und vertrauensvolle Beziehung aufzubauen. Ein Arzt, der ein gutes Verhältnis zu seinen Patienten hat, erreicht oft mehr als jemand, der brüsk oder schroff ist. Das Gleiche gilt für alternative Therapeuten. Gegenseitiges Vertrauen ermöglicht es dem Patienten, sich zu entspannen und wohl zu fühlen.

Individuelle Behandlung

Einer der wichtigsten Aspekte der Alternativmedizin ist die ganzheitliche Behandlung. Die Therapie zielt darauf ab, die Selbstheilungskräfte anzuregen und das körpereigene Gleichgewicht wiederherzustelllen. Viele Menschen geben an, die Reflexzonenmassage täte ihnen vor allem deswegen gut, weil sie aufgefordert würden, vor, während und nach der Behandlung mitzuteilen, wie sie sich wirklich fühlten, und weil man sie ernst nähme.

Vertrauensaufbau

Auch wenn sich die Reflexzonenmassage nur auf die Füße beschränkt und man sich nicht vollständig ausziehen muss, so werden doch viele Menschen nervös bei dem Gedanken, sich von einem Fremden berühren zu lassen. Deshalb ist es von Vorteil, wenn der Therapeut selbst ruhig und gelassen ist und sich ganz auf den Patienten einlassen kann.

Die richtige Atmosphäre

Viele Reflexzonenmasseure sind von Natur aus freundliche und mitfühlende Menschen, die gut zuhören und beruhigend auf andere Menschen einwirken können. Selbst die nervösesten Patienten werden sich entspannen, sobald sie merken, dass sie sich in einem sicheren, heilsamen Umfeld befinden und ihr Therapeut ihnen einfach nur helfen möchte. Für den Patienten ist es wichtig zu verstehen, dass die Reflexzonenmassage eine Partnerschaft mit dem Masseur ist, in welcher der Patient mit dem Therapeuten zusammenarbeitet, um seinen Körper und seinen Geist wieder in ihr angestammtes Gleichgewicht zu bringen.

Beruhigende Musik

Um ihren Patienten die Entspannung und die Konzentration zu erleichtern, spielen einige Therapeuten im Hintergrund beruhigende Musik oder Naturgeräusche, z.B. Vogelstimmen oder Wellenrauschen, ab.

DIE RICHTIGE UMGEBUNG

Der Reflex zonenmasseur benötigt keinerlei spezielle Ausstattung, abgesehen von eine passenden Sitzgelegenheit. Wichtig sind Wärme, eine entspannte Atmo sphäre und gutes Licht, damit der Therapeut ohne Mühe sehen kann, was e tut. Für die erste Sprechstunde genügt ein normaler Stuhl, später ist ein ver stellbarer Behandlungsstuhl von Vorteil, der den Patienten in eine entspannte Position und seine Füße auf eine angenehme Arbeitshöhe bringt .

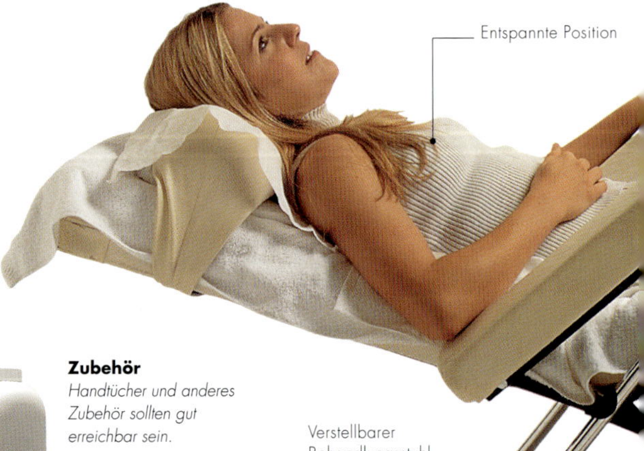

Zubehör
Handtücher und anderes Zubehör sollten gut erreichbar sein.

Therapeutin

Die Therapeutin sitzt für gewöhnlich auf einem niedrigen Hocker.an der Seite des Patienten.

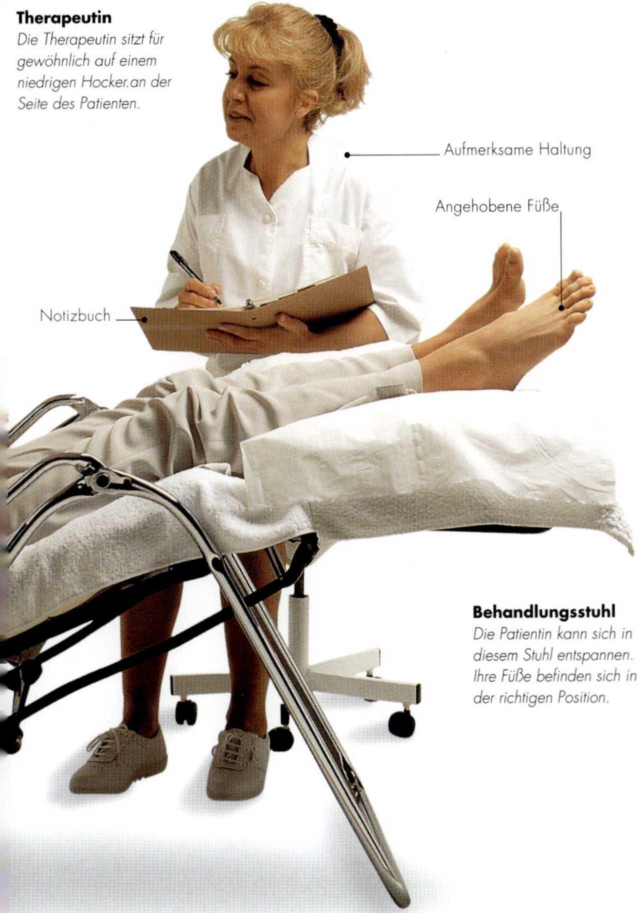

Behandlungsstuhl

Die Patientin kann sich in diesem Stuhl entspannen. Ihre Füße befinden sich in der richtigen Position.

Geistige Vorbereitung

Im Gleichgewicht
Der Therapeut muss seine Energie vor der Behandlung ins Gleichgewicht bringen.

Ist die für eine wirkungsvolle Therapie geeignete Umgebung hergestellt, hat der Therapeut die Aufgabe, sich selbst zu entspannen und ruhig zu werden – ansonsten wird dies seinem Patienten auch nicht gelingen. Der Masseur muss zudem in der Lage sein, sich voll und ganz auf die Behandlung zu konzentrieren, denn es gilt nicht nur die Reflexzonen präzise zu finden, sondern auch alle Reaktionen des Patienten zu erspüren. Da jede Behandlung individuell maßgeschneidert ist, muss ein guter Therapeut auch für die kleinsten Nuancen in der Sprache und in den Bewegungen des Patienten empfänglich sein.

Diese Vorbereitungen erfordern ein hohes Maß an Konzentration und stellen große Anforderungen an den Therapeuten. Ohne Zweifel wird es mitunter schwierig sein, diese immer zu erfüllen. Jeder Therapeut hat eine eigene Methode, um Gedanken und Sorgen, die nicht in die Behandlung gehören, aus seinem Geist auszuschließen. Yoga und Meditation sind beispielsweise zwei Methoden, um die nötige Ruhe zu erlangen.

Yoga

Viele Therapeuten finden vor allem auf Yoga beruhende Entspannungstechniken hilfreich. Legen Sie sich dazu flach auf den Rücken, die Arme zur Seite gestreckt, die Handflächen nach oben gewandt und die Füße leicht gespreizt. Konzentrieren Sie sich auf eine regelmäßige Atmung und machen Sie sich bewusst, wie sich Ihr Bauch dabei hebt und senkt. Atmen Sie weiterhin ruhig und regelmäßig und fühlen Sie, wie mit dem eingeatmeten Sauerstoff Energie in Ihren Körper strömt.

Sollten Sie sich angespannt fühlen, wenn Sie sich hinlegen, spannen Sie Ihre Muskeln zunächst an, um sie dann wieder zu entspannen. Beginnen Sie mit den Zehen und arbeiten Sie sich schrittweise den Körper empor, bis Sie die Gesichtsmuskeln erreichen.

Meditation

Einige können am besten mit der Hilfe von Meditation entspannen. Die verschiedenen gängigen Techniken beruhen alle auf dem gleichen Prinzip: Es geht um die Konzentration auf eine bestimmte Aktivität oder auf ein Bild. Schweift der Geist ab, gilt es, ihn bewusst wieder auf den fraglichen Punkt zu konzentrieren. Zunächst ist dies für Anfänger recht schwierig, gelingt mit zunehmender Übung jedoch immer besser.

Mantras

Einigen fällt es leichter, mit einem Mantra, einem kontinuierlich wiederholten Satz oder Wort, zu meditieren. Das am häufigsten gebrauchte Mantra ist „Om".

DIE RICHTIGE POSITION

Der Patient sitzt in einem bequemen, verstellbaren Behandlungsstuhl, der Kopf, Rücken und Knien Halt gibt. Der untere Teil des Stuhls ist angewinkelt, sodass die Knie leicht gebeugt sind und die Waden bequem aufliegen. So befinden sich die Füße des Patienten in einer für den Therapeuten angenehmen Arbeitshöhe.

Handbehandlung
Manchmal ist eine Massage der Hände angebrachter, wie hier bei der Lymphdrainage.

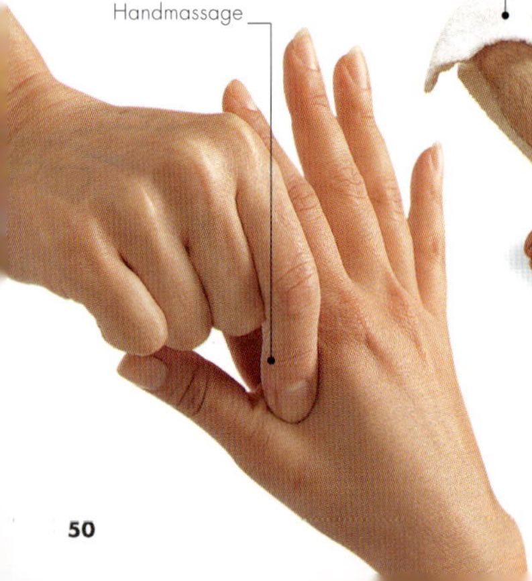

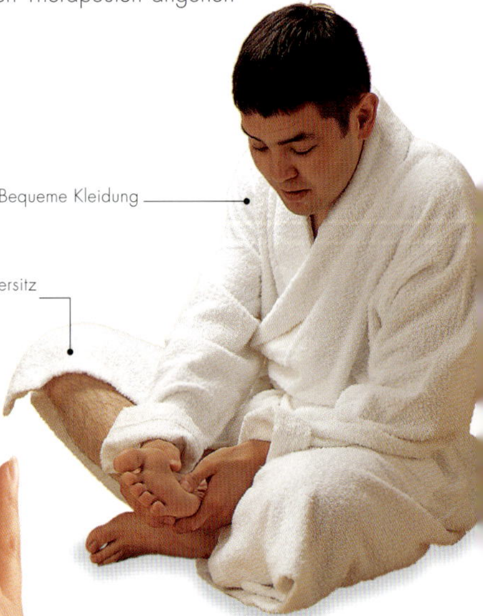

Selbstbehandlung
Der Schneidersitz ist die beste Position zur Behandlung der eigenen Füße.

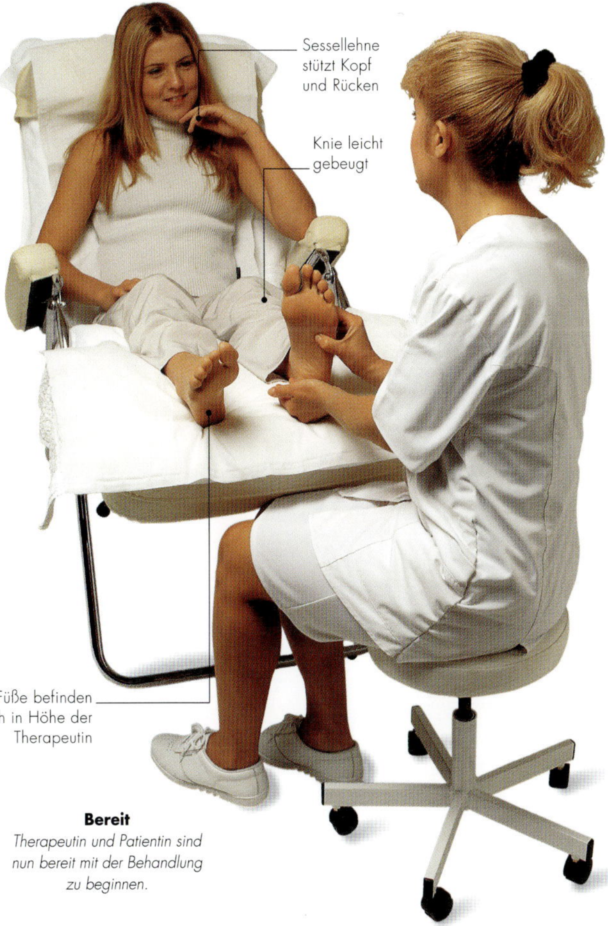

Bereit

Therapeutin und Patientin sind nun bereit mit der Behandlung zu beginnen.

Druckausübung

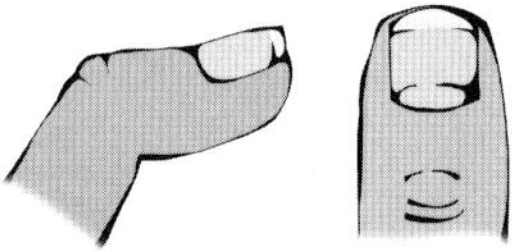

Finger und Daumen
Die korrekte Position von Finger und Daumen hilft den Druck zu kontrollieren.

Die Anfänger unter den Reflexzonenmasseuren machen sich häufig Sorgen über die richtige Stärke des auszuübenden Drucks. Zu wenig Druck ist wahrscheinlich für die Behandlung der Beschwerden unwirksam, während zu starker Druck für den Patienten unangenehm oder sogar schmerzhaft sein kann. Hierfür gibt es jedoch kein allgemeines Patentrezept. Jeder Therapeut muss die für seinen Patienten richtige Druckstärke durch genaues Beobachten herausfinden. Als generelle Richtlinie gilt, dass der Druck zwar fest, aber nicht zu hart sein sollte.

Individuelle Empfindungen

Die individuellen Empfindungen der verschiedenen Patienten variieren sehr stark. Einige empfinden schon einen leichten Druck als unangenehm, während andere angeben, selbst kräftigen Druck kaum zu spüren. Mitunter sind bestimmte Reflexzonen empfindlicher, wenn die zugehörigen Körperteile die Beschwerden verursachen und bedürfen daher besonderer Vorsicht.

Dieses anfängliche Problem verliert jedoch mit zunehmender Behandlungserfahrung des Therapeuten an Bedeutung, da er mit der Zeit lernt, den Druck immer genau auf den jeweiligen Patienten abzustimmen. Bei der Massage der Hände kann es beispielsweise nötig sein, generell mehr Druck anzuwenden. Die Hände sind oftmals weniger empfindlich als die Füße, doch empfinden einige Menschen das wiederum genau anders herum.

Daumenbewegung

Während der Behandlung sollte der Daumen (oder ein Finger) im ständigen Kontakt mit der Haut des Patienten stehen und sich in sehr kleinen Schritten von einer Reflexzone zur nächsten bewegen. Die kleinen Entfernungen zwischen den Druckpunkten erfordern präzise Bewegungen. Wichtig ist, eine Streckung des Daumens möglichst zu vermeiden. Die konstante Beugung des Daumens erlaubt dem Therapeuten die Ausübung gleichmäßigen Drucks ohne das Risiko einer Zerrung.

Um ein Gleiten des Daumens über die Haut zu ermöglichen, verwendet der Therapeut Talkum, jedoch kein Öl, da dies eine kontrollierte Druckausübung erschweren würde.

Technik

Versuchen Sie den Daumen so stark wie möglich gebeugt zu halten, ohne ihn zwischendurch zu strecken und erneut zu beugen.

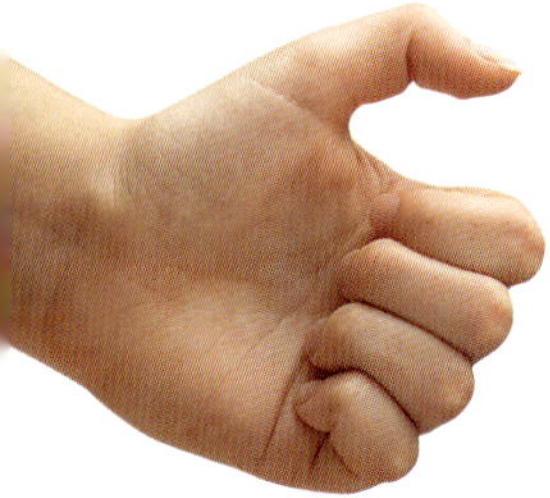

Daumenhaltung
Der Daumen sollte während der Behandlung nicht gestreckt werden.

DAUMEN UND FINGER

Die meisten Reflexzonen werden mit Hilfe des Daumens behandelt. Wo dies schwierig ist, werden stattdessen die Finger eingesetzt. Haltung und Technik sind die gleichen. Bei gebeugtem Daumen wird mit der inneren oder äußeren Seitenfläche Druck ausgeübt, nicht mit der Spitze. So kann sich der Fingernagel nicht in das Gewebe des Patienten graben. Der Druck wird einige Sekunden gehalten, dann bewegt sich der Daumen zum nächsten Reflexpunkt.

Druck
Bei gebeugten Daumen wird mit der Seite der Daumenspitze einige Sekunden Druck auf die Reflexzone ausgeübt, dann wird losgelassen.

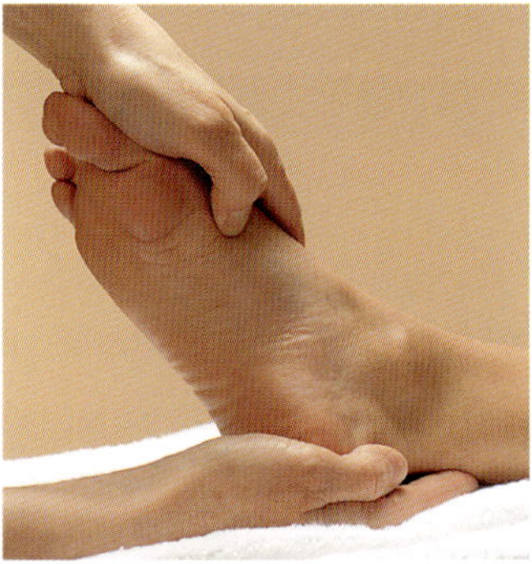

Bewegung
Ohne den Kontakt zur Haut des Patienten zu verlieren bewegt sich der Daumen zur nächsten Reflexzone.

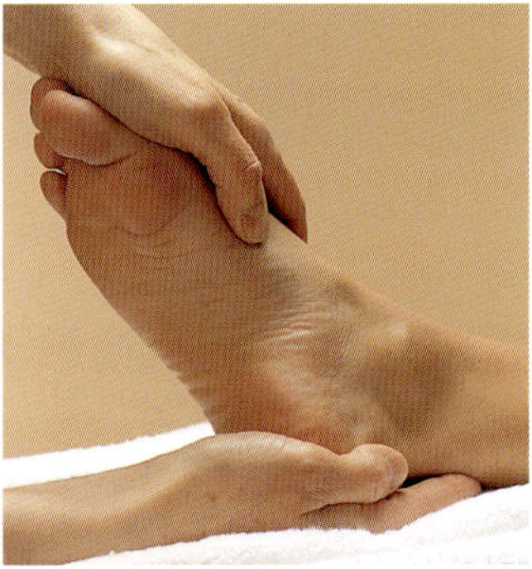

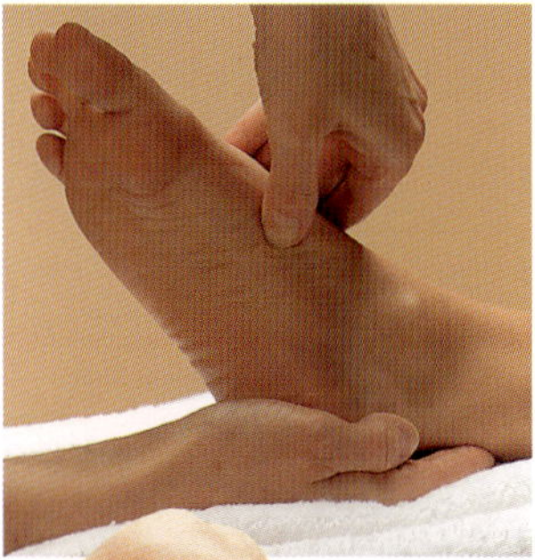

Gleitend

Er ist wichtig, den Daumen gleitend von einer Reflexzone zur nächsten zu bewegen, ohne die Haut zu zerren oder zu reiben.

Fortbewegung

Bei der Behandlung der Wirbelsäulenreflexe an der Fußkante stellt sich der Therapeut eine gestrichelte Linie vor, auf der er den Daumen bewegt.

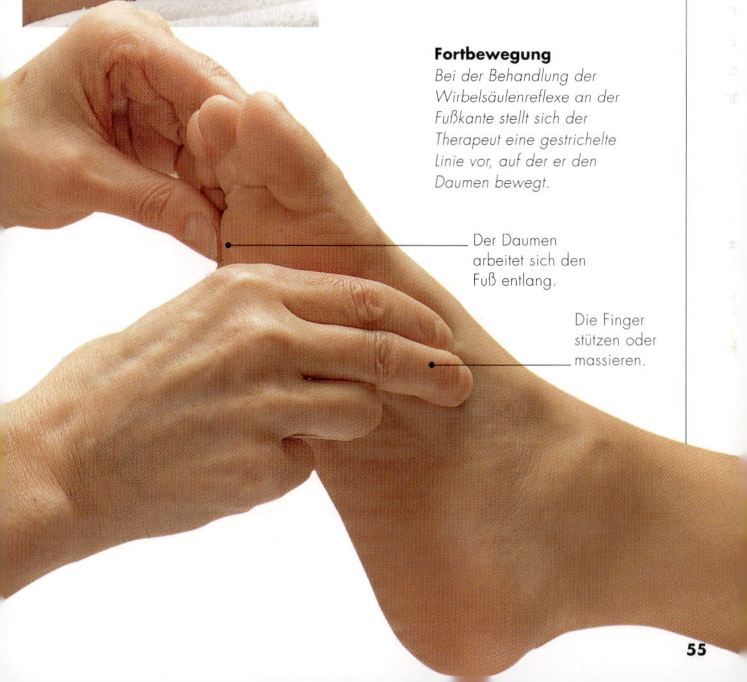

Sicherheit und Halt

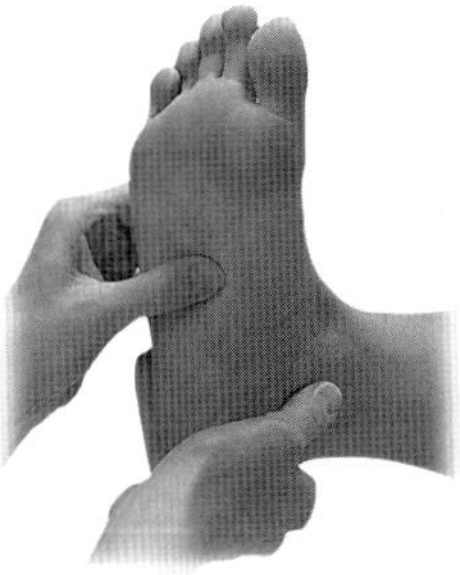

Beständiges Abstützen
Der Fuß muss durch die nicht behandelnde Hand sicher abgestützt werden.

Die meisten Reflexzonenmasseure benutzen einen verstellbaren Stuhl für die Behandlung. Dadurch sitzt der Patient bequem und entspannt sowie gut abgestützt. Seine Füße sind zudem leicht zu erreichen. Während der Massage sollten beide Hände des Therapeuten in ständigem Kontakt mit der zu behandelnden Hand oder dem Fuß des Patienten bleiben. Denn jede plötzliche Unterbrechung des Kontakts ist für den Patienten störend und unterbricht den nahtlosen Fluss der Behandlung.

Abstützen

Bei jeder Behandlung ist auf ein gutes Abstützen des jeweiligen Körperteils zu achten. So wie sich die arbeitende Hand des Therapeuten um den Fuß herumbewegt, muss die Stützhand entsprechend mitbewegt werden. Der Therapeut hält den Fuß leicht zu sich geneigt, stellt allerdings sicher, dass die Zehen nie nach hinten gebeugt sind. Die Stützhand gleicht den von der behandelnden Hand erzeugten Druck aus und umklammert den Fuß, damit er sich nicht aufgrund des Drucks bewegen kann.

Gleiches gilt für die Reflexzonenmassage der Hand, doch ist es für gewöhnlich einfacher, diese von unten zu stützen, sodass sie immer bequem in der Stützhand des Therapeuten liegt.

Selbstbehandlung

Bei einer Selbstbehandlung kann der Fuß durch die freie Hand abgestützt werden. Wenn Sie lieber Ihre Hände massieren, müssen Sie die zu massierende Hand mit einem Kissen auf Ihrem Schoß abstützen.

Richtige Technik

Sie müssen stets den behandelten Körperteil abstützen, sodass der Massierte sich sicher fühlt und Sie ohne Anstrengung arbeiten können. Dies gilt auch für die Selbstbehandlung. Anfänger der Reflexzonenmassage benötigen einige Zeit, um die richtige Technik zu entwickeln. Mit wachsender Erfahrung lernen Sie jedoch, was für Sie und den Patienten gut ist.

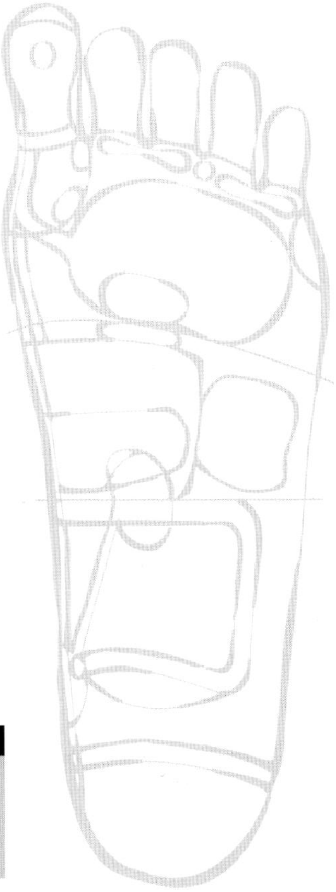

Behandlungsstuhl

Ein verstellbarer Behandlungsstuhl erlaubt eine bequeme Lage des Patienten und bringt seine Füße auf eine angenehme Arbeitshöhe.

STÜTZPOSITIONEN

Der Fuß darf sich nicht durch den ausgeübten Druck bewegen. Die Stützhand wird daher so positioniert, dass sie dem Druck entgegenwirkt. Entsprechend der zu behandelnden Reflexzone ändert sich auch die Haltung der Stützhand, doch die Grundhaltung ist stets ähnlich: Der Fuß ruht zwischen Daumen und Zeigefinger und ist leicht zum Therapeuten geneigt.

Nacken

Dieser Druckpunkt auf der Fußsohle (am Übergang der Großzehe zum Fuß) wird hier mit dem rechten Daumen behandelt, während die linke Hand stützt.

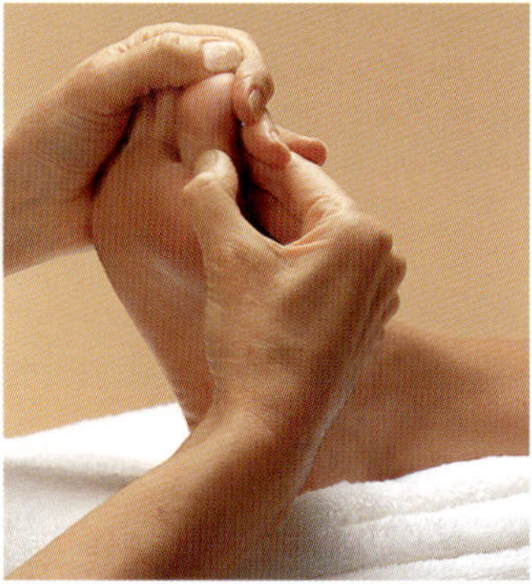

Querer Dickdarm

Der Punkt liegt auf der Sohle und verläuft über alle Zonen in Höhe der Taillenlinie. Am linken Fuß massiert man mit dem linken Daumen, wobei die übrigen Finger auf dem Fußrücken ruhen.

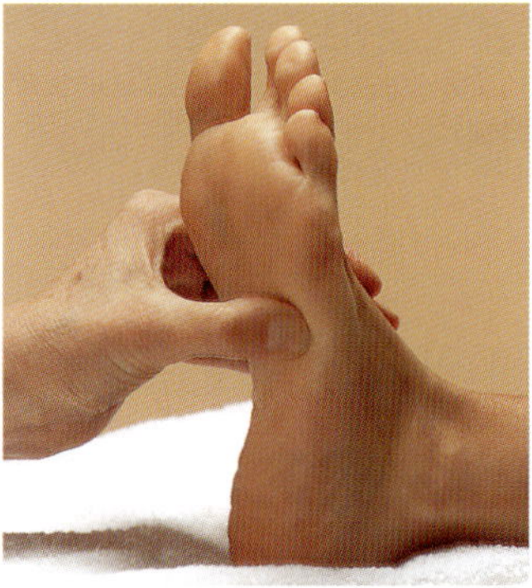

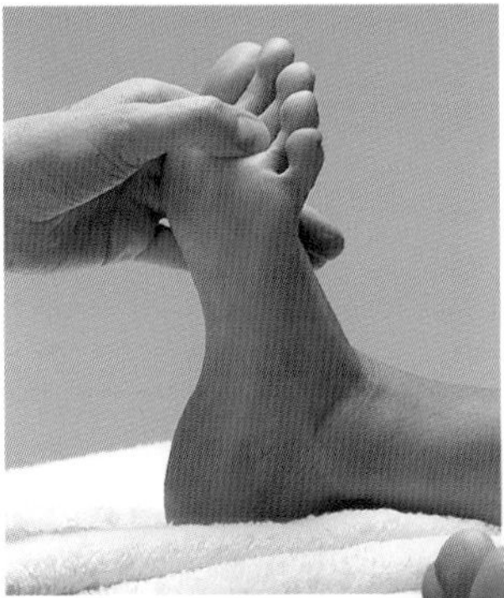

Eustachische Röhren

Der Druckpunkt der Eustachischen Röhren befindet sich auf der Sohle, unterhalb des Übergangs zwischen drittem und viertem Zeh. Am linken Fuß massiert der linke Daumen diesen Punkt, während die rechte Hand die Enden der Zehen stützt und sie leicht streckt.

Solarplexus

Bei dieser Behandlung liegen die Daumen auf den Solarplexus-Druckpunkten in der Mitte beider Sohlen, während die Finger jeweils auf dem Fußrücken ruhen und die Außenseiten der Füße durch die Fingerinnenseiten abgestützt werden.

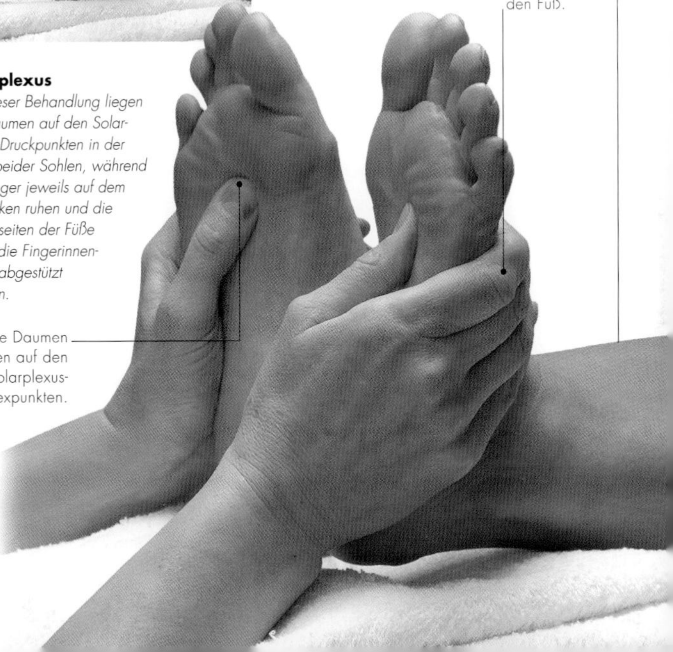

Wann von einer Behandlung abzuraten ist

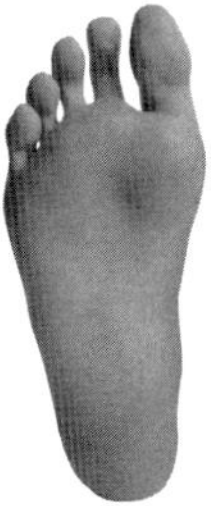

Vorsicht

Bei einigen Beschwerden sollte man auf Reflexzonentherapie verzichten.

Die Reflexzonenmassage ist eine alternative Therapieform und oft behandeln die Therapeuten Patienten, die gleichzeitig auch schulmedizisch versorgt werden. Dabei behaupten sie nicht, dass die Reflexzonenmassage ein Ersatz für die Schulmedizin wäre. Sie ermutigen einen Patienten auch nicht, seine Behandlung abzubrechen ohne seinen Arzt zu konsultieren. Jedoch gibt es einige Krankheiten, bei denen man auf eine Reflexzonenmassage verzichten und andere, bei denen man sich nur an wirklich erfahrene Therapeuten wenden sollte. Ein Masseur wird die Behandlung eines Patienten mit Fieber, Thrombose, Venenentzündung oder einem neu eingesetzten künstlichen Gelenk verschieben, bis dieser wieder gesundet ist. Bei Zweifeln, ob eine Reflexzonenmassage angebracht ist, fragen Sie Ihren Arzt.

Medikamente

Die Reflexzonenmassage soll die Produktion körpereigener Stoffe anregen, was eventuell zu Wechselwirkungen mit bestimmten Medikamenten (z. B. gegen Schilddrüsenstörungen, Diabetes, Epilepsie oder Bluthochdruck) führen kann. Es ist von entscheidender Bedeutung, dass sich der Therapeut dessen bewusst ist. Die Medikamentendosis muss eventuell aufgrund der Reflexzonenmassage verändert werden, was der Patient mit seinem Arzt besprechen sollte. Auch bei der Anwendung von rein pflanzlichen, homöopathischen oder aromatherapeutischen Mitteln kann es zu Wechselwirkungen kommen.

Schwangerschaft

Reflexzonenmassage ist während einer Risikoschwangerschaft nicht angebracht und wird generell während der ersten drei Monate einer Schwangerschaft nicht empfohlen.

Knochen und Gelenke

Eine Reflexzonenmassage sollte nicht bei Osteoporose und nur mit Vorsicht bei Arthritis und Gicht angewandt werden, besonders wenn diese mit Schmerzen, Schwellungen und Entzündungen einhergehen.

Selbstbehandlung

Jeder, der von den genannten Krankheiten betroffen ist oder war, sollte sich nicht selbst behandeln, sondern einen qualifizierten und erfahrenen Therapeuten aufsuchen.

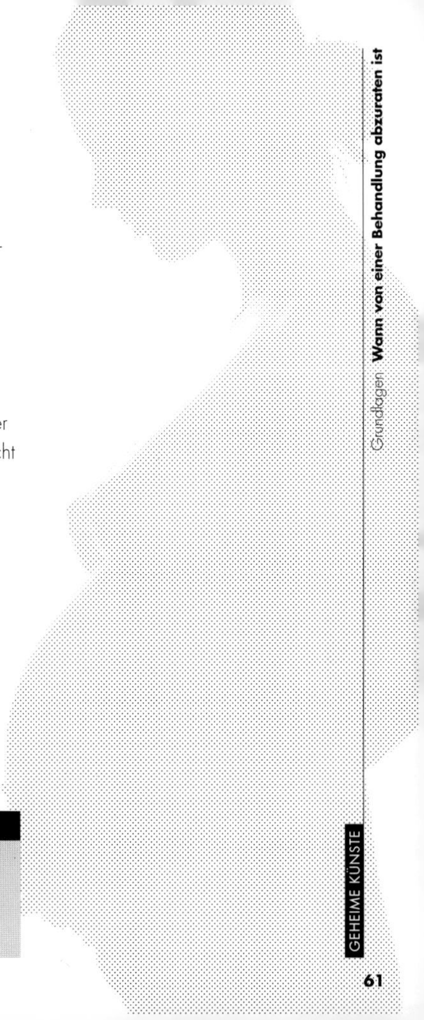

Bach-Blüten-Therapie
Diese Therapieform kann bei emotionalen Problemen helfen.

HELFEN SIE SICH SELBST

Reflexzonenmassage zielt nicht darauf ab, eine Krankheit zu heilen. Vielmehr ermöglicht sie dem Körper die Wiederherstellung eines ausgeglichenen Energieflusses und aktiviert die Selbstheilungskräfte. Doch verlangen Sie etwas viel von Ihrem Körper, wenn er sich bei konstant schlechter Behandlung auch noch selbst heilen soll. Gesunde Ernährung, Bewegung und ein Minimum an Umweltgiften aller Art sind wichtig, um gesund zu bleiben.

Gesunde Lebensführung

Ernährung und Bewegung sind entscheidend für die Gesundheit. Essen Sie reichlich frisches Obst und Gemüse sowie vollwertige Nahrungsmittel, z. B. Vollkornreis, -nudeln und -müsli, hingegen wenig tierische Fette, Zucker, Salz und Alkohol. Ein wenig tägliche Bewegung ist wirkungsvoller als nur gelegentliche Besuche im Fitnessstudio.

Weitere alternative Therapieformen

Aromatherapie
Aromatherapie mit ätherischen Ölen kann die Reflexzonenmassage ergänzen.

Reflexzonenmassage wird oft in Verbindung mit einer Aromatherapie angewendet. Nicht wenige Menschen entscheiden sich, noch weitere alternative Behandlungsformen in Anspruch zu nehmen, während sie eine Reflexzonentherapie durchführen. Doch macht es mehr Sinn, diese Therapien einzeln nacheinander anzuwenden als alle zur gleichen Zeit. Es könnte zu Wechselwirkungen der Behandlungen kommen und es kann auch schwierig sein zu entscheiden, welche Behandlung für eine mögliche Besserung verantwortlich ist. Aber im Allgemeinen verstärken diese Therapieformen wohl eher die Wirkung der Reflexzonenmassage als mit ihr in Wechselwirkung zu treten.

Bewegungstherapien

Yoga, Tai-Chi und die Alexander-Technik können zur Lösung von Ängsten, zur Entkrampfung von Muskeln und zur allgemeinen Entspannung beitragen sowie Hilfestellung bei körperlichen Fehlhaltungen leisten. Zumindest am Anfang ist es besser, diese Techniken von einem erfahrenen und qualifizierten Lehrer zu erlernen, um Fehlhaltungen oder falsche Bewegungen gar nicht erst einzuüben.

Berührungstherapien

Wenn Sie den körperlichen Kontakt bei einer Reflexzonenmassage als wohltuend empfanden, möchten Sie eventuell auch eine der vielfältigen

Formen von Massagetherapien ausprobieren, etwa eine Aromatherapie (Massage mit ätherischen Ölen). Diese Behandlungen stärken den Kreislauf und das Immunsystem und können Ihr allgemeines Wohlbefinden entscheidend verbessern sowie auch bei einer Reihe von chronischen Leiden wie Rückenschmerzen oder Schlaflosigkeit unterstützend wirken.

Wirkstofftherapien

Wenn Sie glauben, Ihre Probleme seien eher emotionaler Art, kann eine Bach-Blüten-Therapie eine gute Wahl sein. Seelischen und körperlichen Beschwerden ist oft erstaunlich gut mit homöopathischen Mitteln beizukommen. Jedoch sollten Sie stets einen Homöopathen, Heilpraktiker oder Arzt konsultieren, da die Auswahl an pflanzlichen und homöopathischen Medikamenten sehr groß ist und einige eine für den Laien unvorhersehbar starke Wirkung besitzen.

GRUNDTECHNIK DER FUSSBEHANDLUNG

Bei einer Sitzung massiert der Therapeut beide Füße, wobei er für gewöhnlich mit dem rechten Fuß beginnt. Besondere Sorgfalt verwendet er auf Gebiete, die mit Beschwerden in Zusammenhang stehen oder die durch eine erhöhte Empfindlichkeit anzeigen, dass der zugehörige Körperteil erkrankt ist.

Während der Behandlung sollte sich der Therapeut durch die Reaktionen seines Patienten leiten lassen. Am Ende der Sitzung können die Problemzonen erneut massiert werden, bevor einige Fußentspannungsübungen den Abschluss der Massagesitzung bilden.

Deep view

Die Fußbehandlung

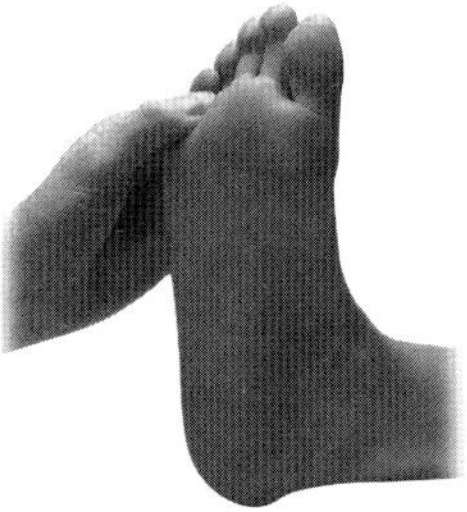

Von oben nach unten
Man massiert von der Fußspitze hinunter zur Ferse.

Im Laufe einer normalerweise einstündigen Behandlung wird der Therapeut alle Reflexpunkte an beiden Füßen bearbeiten, wobei er vor allem auf jene Gebiete achtet, die für den Patienten besonders relevant sind. Der Masseur geht die Reflexpunkte der Reihe nach durch. Zum Ende der Behandlung kann er den Problemzonen erneut Beachtung schenken. War bei der ersten Behandlung noch eine erhöhte Empfindlichkeit zu spüren, kann diese im zweiten Durchgang schon nachgelassen haben, falls der angesprochene Körperbereich bereits auf die Behandlung reagiert.

Reihenfolge der Behandlung

Die Reflexzonentherapeuten unterscheiden sich hauptsächlich durch die Reihenfolge, in der sie massieren. Einige beginnen mit dem rechten Fuß, andere mit dem linken, wieder andere massieren abwechselnd beide Füße Viele Therapeuten folgen jedoch der Reihenfolge, wie sie die Pioniere der Reflexzonenmassage, Eunice Ingham und Doreen Bayly, eingeführt haben, und schließen erst die Behandlung des rechten Fußes ab, bevor sie sich dem linken zuwenden.

Die Vorteile dieser Methode liegen beispielsweise darin, dass der obere Dickdarm, dessen Reflexpunkt auf dem rechten Fuß liegt, vor dem unteren Dickdarm behandelt wird, dessen Reflexpunkt auf dem linken Fuß ist. Zudem wird auf diese Weise das Herz (auf dem linken Fuß repräsentiert) erst dann angesprochen, wenn die Behandlung weiter fortgeschritten ist und sich der Patient bereits entspannt hat. Eine Reflexzonenmassage beginnt am oberen Teil des Körpers, das heißt, an Kopf und Hirn, welche in den Großzehen repräsentiert sind. Die Behandlung schreitet von dort Richtung Ferse fort.

Unterschiede der Füße

Obwohl viele Teile des Körpers auf beiden Füßen gleichermaßen abgebildet sind, erscheinen bestimmte Organe nur einmal. Daraus ergibt sich für den Therapeuten eine unterschiedliche Behandlung der beiden Füße. Nur auf dem rechten Fuß sind z. B. die Leber, die Gallenblase und der aufsteigende Dickdarm zu finden, während der restliche Dickdarm, das Herz, die Milz und das Rektum nur links repräsentiert sind.

Ganzer Körper

An welchem Fuß auch immer der Therapeut die Behandling beginnt, die wichtigste Regel bleibt, dass jede Reflexzone an den Füßen bearbeitet werden sollte.

RECHTER FUSS 1 • PRAXIS

Die Behandlung der Kopfreflexpunkte kann Beschwerden wie Kopfschmerzen lindern und bei Schlaflosigkeit helfen. Die Hirnanhangsdrüse spielt eine wichtige Rolle bei der Kontrolle und Regulation des Hormonhaushalts. Der Nacken und der Hals können bei Kopfschmerzen, Verspannungen oder Verletzungen von Bedeutung sein. Wirbelsäulenprobleme führen zu einer ganzen Reihe von Beschwerden, unter anderem auch zu Rückenschmerzen.

Kopfoberseite

Die Reflexzone für die Kopfoberseite und die oberen Hirnareale befindet sich am oberen Ende der Großzehe, direkt hinter und unterhalb des Nagels.

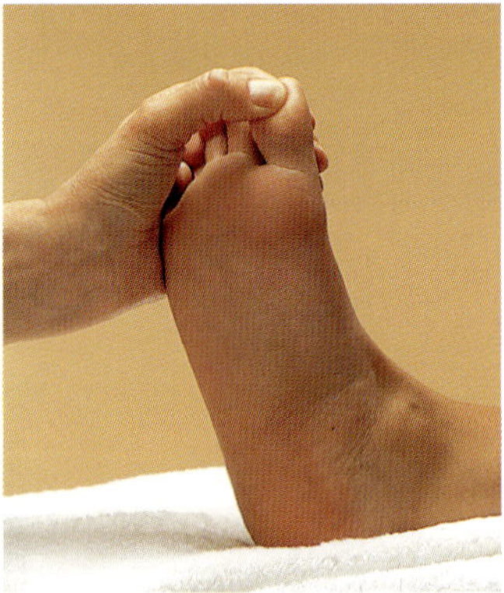

Kopfseite

Die Reflexzone für die Kopfseite und die seitlichen Hirnareale befindet sich auf der Innenseite der Großzehe, gegenüber dem zweiten Zeh.

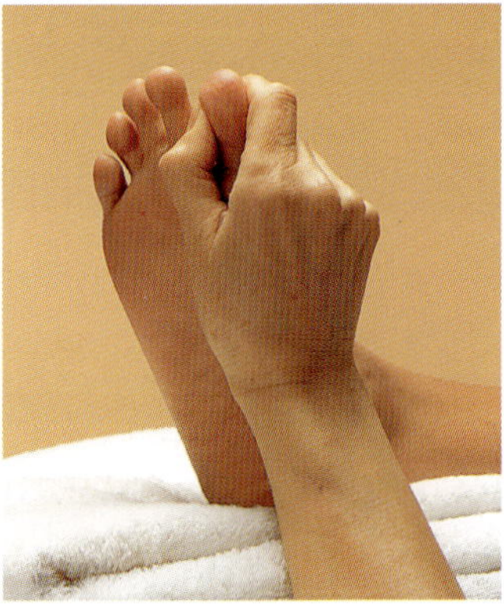

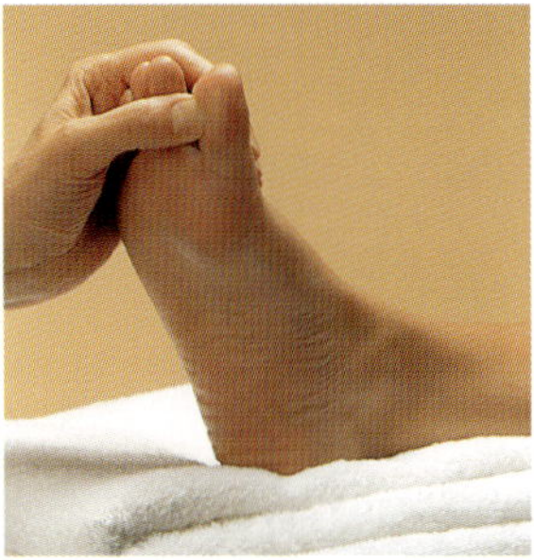

Hirnanhangsdrüse

Die Reflexzone für die Hirnanhangsdrüse befindet sich in der Mitte der Unterseite der Großzehe.

Hals und Nacken

An der Basis der Großzehe – am Übergang in den Fuß – befinden sich die Reflexpunkte für Nacken (Oberseite) und vordere Halsseite (Unterseite).

Wirbelsäule

Die Reflexzonen der Wirbelsäule verlaufen entlang der Innenseite des Fußes, von der Halswirbelsäule an der Großzehe bis zum Steißbein an der Ferse.

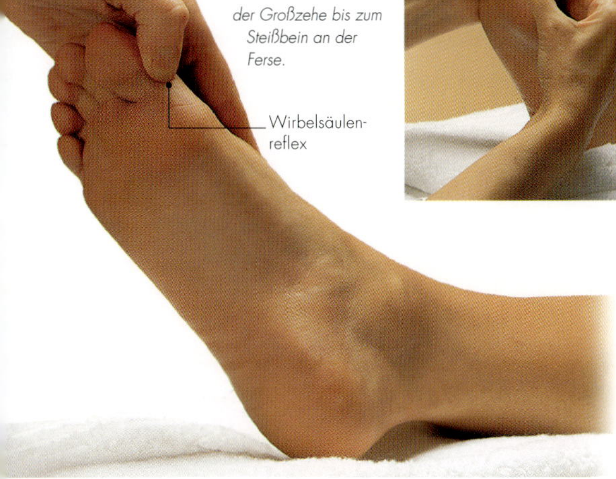

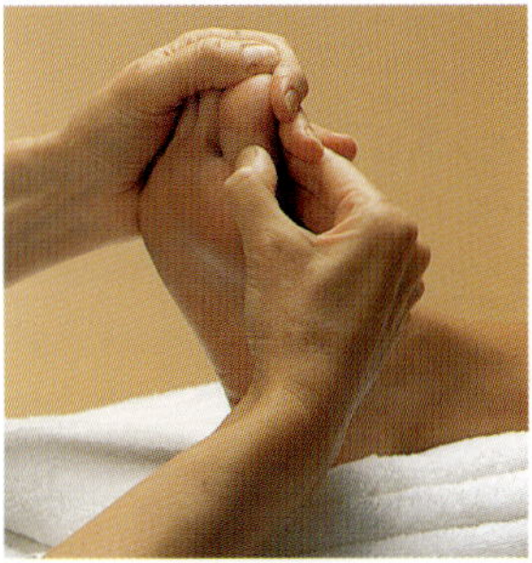

Rechter Fuß 2 • Theorie

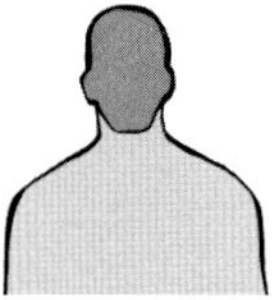

Kopfschmerzen
verbessern sich durch Behandlung der Kopfreflexpunkte.

Ein Reflexzonenmasseur verbringt häufig verhältnismäßig viel Zeit mit der Behandlung der Reflexzonen an der Großzehe und an ihrem Übergang in die Fußsohle, da dort eine große Anzahl von Reflexpunkten konzentriert ist. Neben den Punkten für Kopf und Hirn finden sich dort weitere Punkte für wichtige Körperteile, die sich am oder im Kopf befinden. Diese können bei einer ganzen Reihe von Beschwerden – sowohl psychischer als auch physischer Natur – eine Rolle spielen. Viele dieser Reflexzonen am großen Zeh sind sehr klein und erfordern große Genauigkeit bei der Behandlung.

Gesicht

Das Gesicht ist von zahlreichen Nerven durchzogen, die z. B. für Neuralgien (Nervenschmerzen) verantwortlich sein können. Zudem sollten die Reflexzonen für Gaumen und Zähne behandelt werden, falls dort Beschwerden auftreten.

Nebenhöhlen

Die Stirn- und Nasennebenhöhlen können verstopfen oder sich entzünden, was zu Atemproblemen und Schmerzen führt. Die Reflexzonen dieser Körperteile befinden sich an der Basis und den Seiten der Zehen und können durch eine schwere Erkältung oder durch eine chronische Erkrankung der Behandlung bedürfen.

Eustachische Röhren

Infektionen der oberen Atemwege oder allergische Reaktionen, wie etwa Heuschnupfen, können zu einer Verstopfung der Eustachischen Röhren führen, die das Hörvermögen beeinträchtigen kann.

Augen und Ohren

Die Reflexpunkte für die Augen und Ohren befinden sich am Übergang zwischen den Zehen und der Fußsohle. Einige oder alle dieser Punkte erfordern die zusätzliche Aufmerksamkeit des Therapeuten, wenn der Patient Probleme mit dem Sehen oder mit dem Hören hat, im Falle der Ohrreflexzonen auch bei Gleichgewichtsstörungen und Übelkeit.

Doch auch wenn der Patient keine akuten Beschwerden an den entsprechenden Körperteilen hat, sollten diese Reflexzonen behandelt werden, um sicherzustellen, dass auch alles in Ordnung ist.

Jede Unterbrechung des Energieflusses in diesem Bereich kann dazu führen, dass man sich insgesamt unwohl fühlt.

Weitere Informationen

Weitere Informationen über die Behandlung dieser Körperteile finden Sie auf den Seiten 156 f., 176 f. und 180 f.

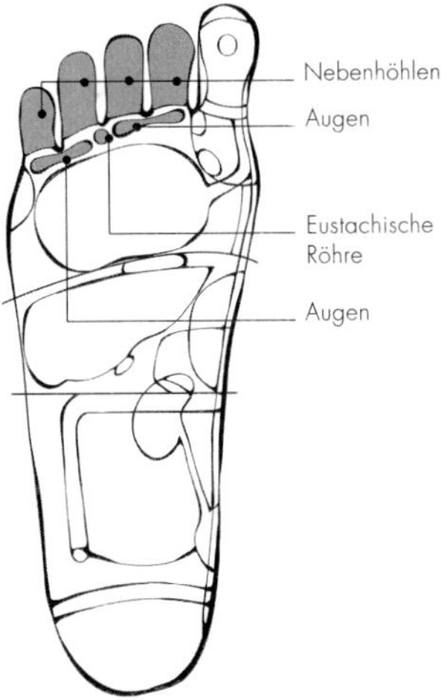

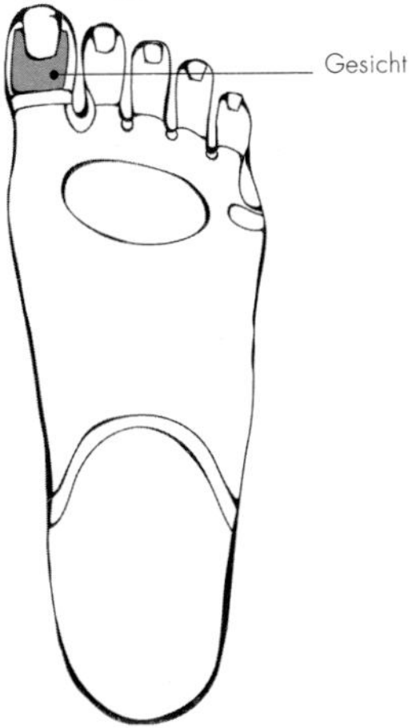

RECHTER FUSS 2 • PRAXIS

Viele der Reflexzonen sind recht klein und müssen sehr präzise behandelt werden. Infektionen oder allergische Reaktionen, die Symptome in zahlreichen Körperorganen verursachen, führen außerdem dazu, dass alle Reflexzonen gründlich bearbeitet werden müssen. Die Therapie dieser Zonen und der speziellen Bereiche dieser Körperteile beinhaltet eine Behandlung von Beschwerden im Bereich des Gesichts, inklusive Mund, Lippen, Augen, Ohren und Nase.

Gesicht

Die Reflexzone für das Gesicht befindet sich unterhalb des Nagels des großen Zehs. Die Zonen für die Zähne finden sich an der Spitze der Zehen, unterhalb der Nägel. Sie reichen von Zone 1 bis 5, abhängig von ihrer Stellung im Kiefer.

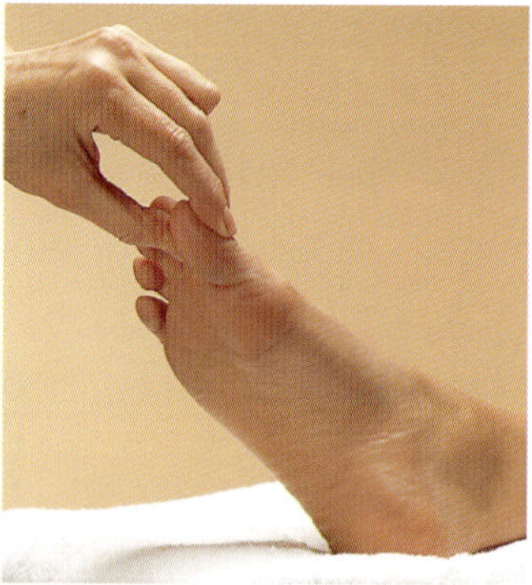

Nebenhöhlen

Die Reflexzonen der Nebenhöhlen liegen im oberen Seitenbereich und auf dem Rücken der Zehen. Abhängig von den betroffenen Nebenhöhlen – Stirn- und/oder Nasennebenhöhlen – wird sich eine Behandlung auf die relevanten Gebiete beschränken.

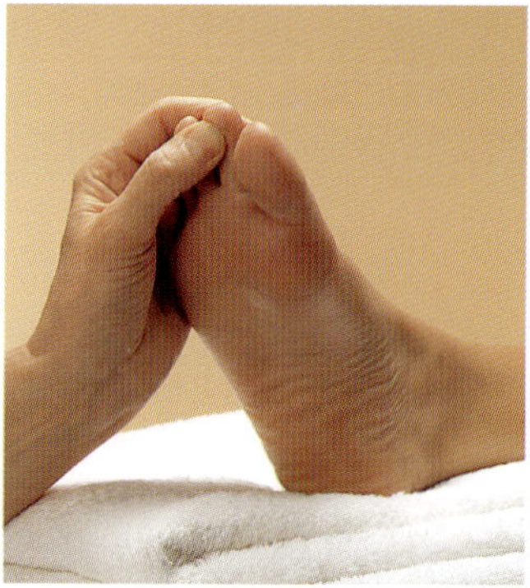

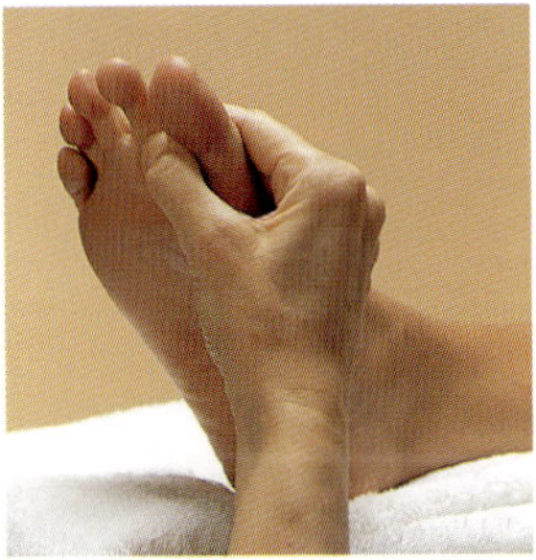

Augen

Die Reflexzone für die Augen befindet sich auf der Fußsohle, am Übergang der zweiten und dritten Zehe in die Sohle.

Ohren

Diese Reflexzone ist unterhalb des Übergangs der vierten und fünften Zehe in den Fuß.

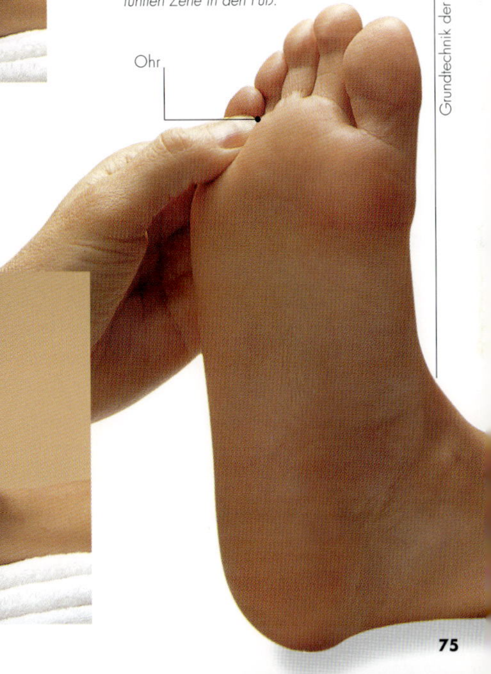

Eustachische Röhren

Diese Reflexzone befindet sich auf der Fußsohle, genau unterhalb des Übergangs zwischen der dritten und vierten Zehe.

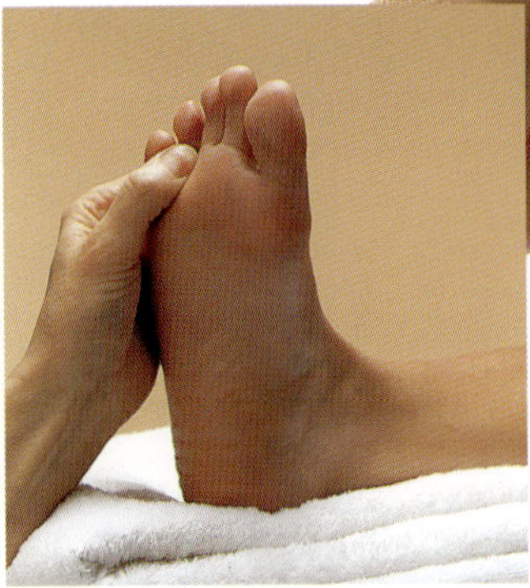

Rechter Fuß 3 • Theorie

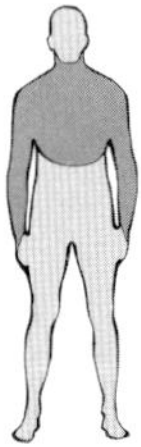

Der Oberkörper
Wichtige Organe sowie Arme und Schultern werden hier behandelt.

Bei der Behandlung der Reflexzonen des Oberkörpers wird der Therapeut besonders nach Anzeichen eines unausgeglichenen oder blockierten Energieflusses suchen, zudem ist eine gewisse Empfindlichkeit des Patienten in diesem Bereich nicht ungewöhnlich.

Schulter und Arm

Bei der Behandlung der Schulter- und Armreflexzonen ist es besonders wichtig, den Gelenken von Schulter, Ellbogen und Hand große Aufmerksamkeit zu schenken. Verspannungen oder Verletzungen der Muskulatur machen sich als empfindliche Stellen in den Reflexzonen bemerkbar.

Schilddrüse

Die im vorderen unteren Hals sitzende Schilddrüse reguliert verschiedene Aspekte des Stoffwechsels. Liegt eine Fehlfunktion vor, wird sich der Patient allgemein unwohl fühlen.

Lungen

Eine gute Lungenfunktion ist lebenswichtig, denn in der Lunge nehmen wir den benötigten Sauerstoff auf und geben das schädliche Kohlendioxid wieder ab. Einige Erkrankungen, z. B. Asthma, Bronchitis oder Infektionen der oberen Atemwege, beeinträchtigen die Lungenfunktion, zudem können Stress und Anspannung mitunter zu Atemproblemen führen.

Solarplexus

Die Reflexzone des Solarplexus, eines Nervengeflechts im Bauchraum direkt unterhalb des Zwerchfells, ist wichtig bei der Behandlung von Stress und Spannungszuständen. Die Behandlung dieser Reflexzone führt zudem zu einem ausgeglichenem Energiefluss und in der Folge zu größerer Entspannung und mehr Ruhe.

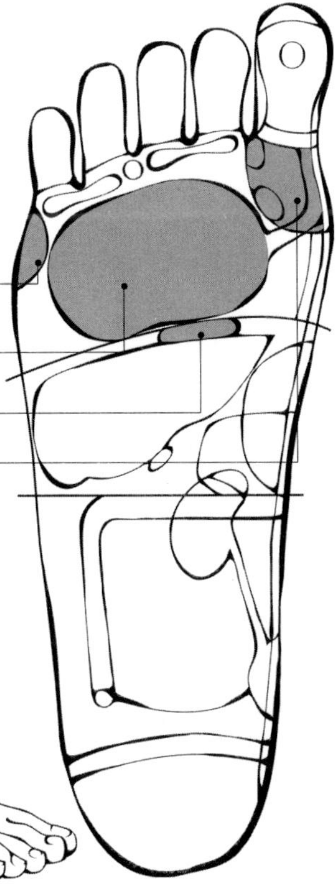

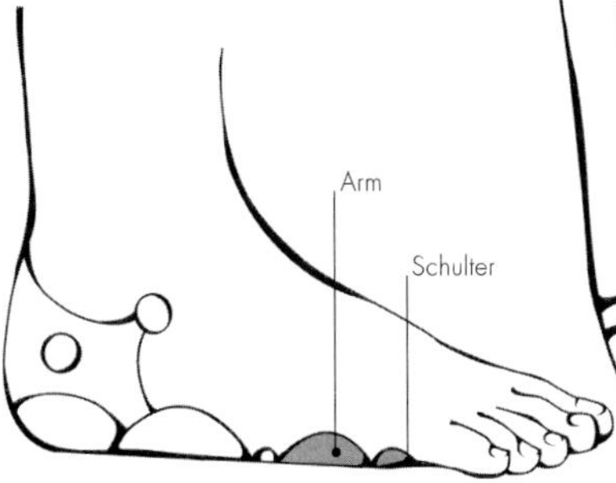

RECHTER FUSS 3 • PRAXIS

Eine gründliche Behandlung dieser Reflexzonen ist für jede Massagesitzung von Bedeutung. Viele Menschen leiden schon frühzeitig an Beschwerden in diesem Bereich, sei es aufgrund einer Verletzung, einer Krankheit oder durch Stress. Neben der Behandlung der zugehörigen eigentlichen Reflexzonen profitiert der Patient auch von einer Therapie der entsprechenden Körperzonen. So kann man z. B. das Fußgelenk bei Handgelenksbeschwerden behandeln oder das Knie, wenn der Ellbogen schmerzt.

Schultern

Auf der Fußsohle, an der Basis der fünften Zehe, liegt die Reflexzone für die Schulter.

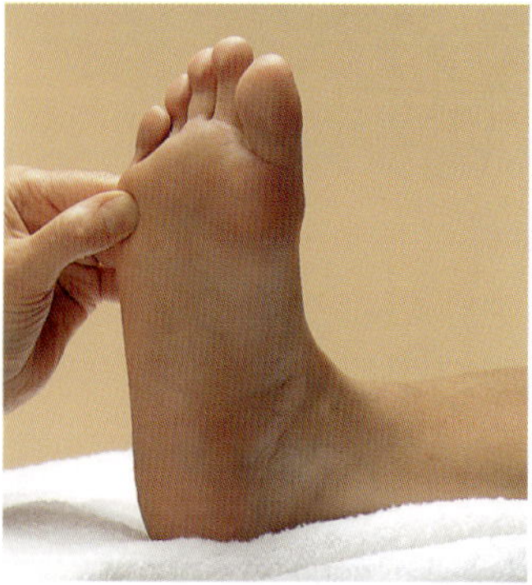

Arme

Die Reflexzone für die Arme erstreckt sich entlang der Außenseite des oberen Fußes.

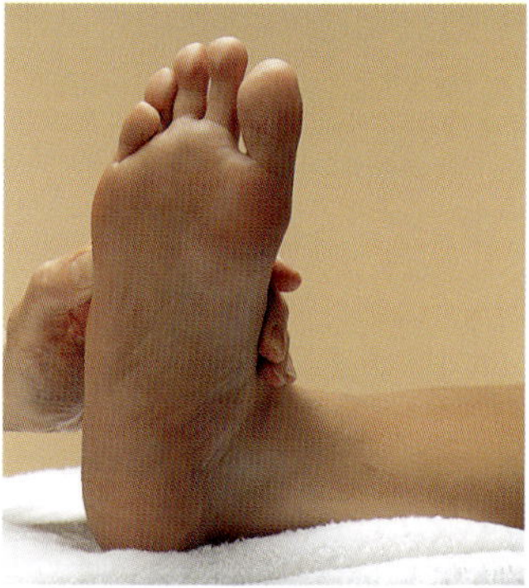

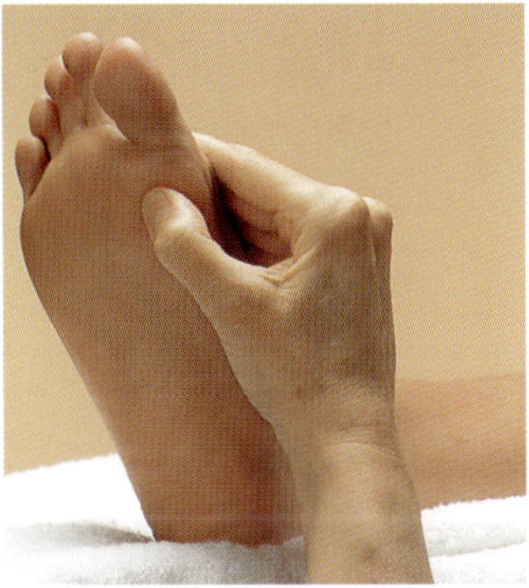

Schilddrüse

Die Schilddrüsenzone findet sich am Fußballen, direkt unterhalb der Großzehe.

Solarplexus

Die Reflexzone des Solarplexus liegt auf der Fußsohle, direkt unterhalb der Zwerchfellebene in den Zonen 2 und 3.

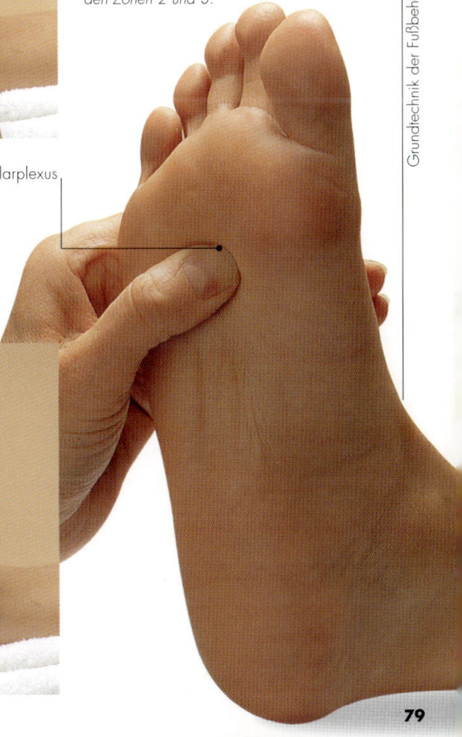

Lunge

Die relativ große Zone für die Lunge liegt in der Nähe der Schilddrüse, über dem Fußballen und unterhalb der zweiten bis fünften Zehe.

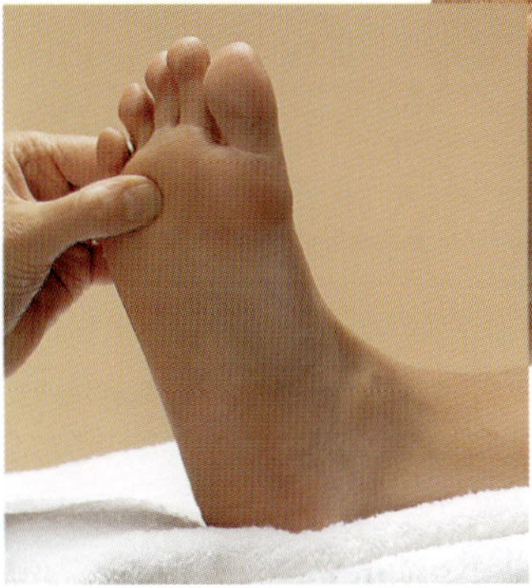

Rechter Fuß 4 • Theorie

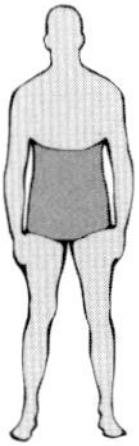

Der Unterkörper
Diese Reflexzonen sind besonders für die Verdauung von Bedeutung.

Bei der Behandlung der Zonen für den Unterkörper ist sich der Therapeut bewusst, dass sich dort zahlreiche Verdauungsorgane und Teile des Immunsystems befinden. Die Reflexzonen der Leber, der Gallenblase und von Teilen des Dickdarms finden sich nur auf dem rechten Fuß, während andere, z. B. jene für die Nieren und die Blase, auf beiden Füßen liegen.

Leber

Die Leber ist das größte innere Organ des Menschen und bei Fehlfunktionen fühlt sich die betroffene Person allgemein unpässlich oder leidet an bestimmten Symptomen, beispielsweise an einer gelblichen Verfärbung von Haut und Augen sowie an Verdauungsproblemen. Der sehr große Leberreflex zieht sich über alle fünf Zonen der Fußsohle. Die Gallenblase ist bei der Fettverdauung von Bedeutung und dient als Lagerungsort für die von der Leber produzierte Gallenflüssigkeit.

Magen

Alles, was wir essen oder trinken, landet im Magen, in dem eine wichtige Phase des Verdauungsvorgangs stattfindet. Probleme in diesem Bereich sind so häufig, dass sie fast jeden zu irgendeinem Zeitpunkt treffen. Wir kennen Magenschmerzen und Verdauungsstörungen, besonders bei falscher Ernährung und Stress.

Dickdarm

In der Regel wird der rechte Fuß vor dem linken behandelt, da rechts der Reflex des oberen Dickdarms zu finden ist. Der Therapeut kann durch eine

Behandlung der Darmbereiche in der Reihenfolge, in der diese auch von der Nahrung durchlaufen werden, die Verdauung anregen. Nicht vom Körper benötigte Flüssigkeit wird in den Nieren ausgefiltert, zur Blase geleitet und als Urin ausgeschieden.

Ischiasnerv

Dieser Nerv beginnt im Lendenwirbelbereich und verläuft das Bein hinunter bis zum Fuß. Ist dieser Nerv eingeklemmt oder entzündet, kann es zu schier unerträglichen Schmerzen kommen.

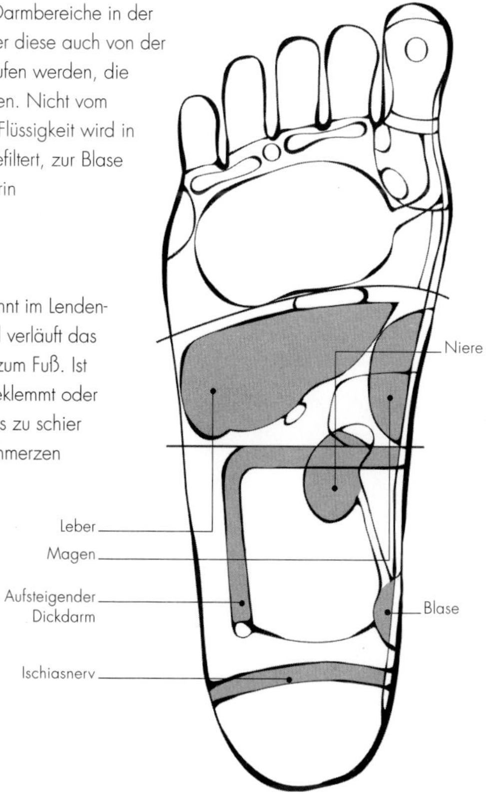

RECHTER FUSS 4 • PRAXIS

Eine gründliche Behandlung der Reflexzonen für Leber und Gallenblase verbessert die Nahrungsverwertung des Körpers und liefert so den notwendigen „Treibstoff", der uns hilft, die Körpertemperatur aufrechtzuerhalten. Um sicherzustellen, dass aus der verdauten Nahrung genug Wasser zurückgewonnen und dass das Abfallmaterial zügig ausgeschieden wird, ist eine Behandlung des gesamten Dickdarmbereichs nötig.

Leber

Der Leberreflex befindet sich auf dem rechten Fuß zwischen Zwerchfell- und Taillenlinie und verläuft über alle fünf Zonen. Der Reflex für die Gallenblase liegt neben der Leber in Zone 3 des rechten Fußes.

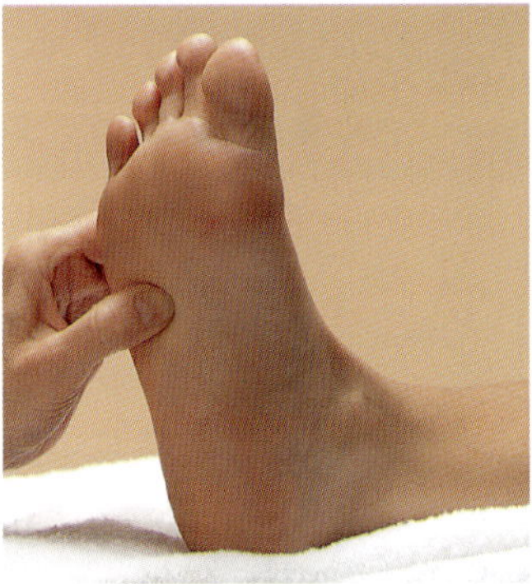

Magen

Wichtiger für den Magenreflex ist der linke Fuß, doch kann dieses Organ auch auf der Fußsohle des rechten Fußes repräsentiert sein. Er liegt dann in Zone 1, zwischen Taillen- und Zwerchfelllinie.

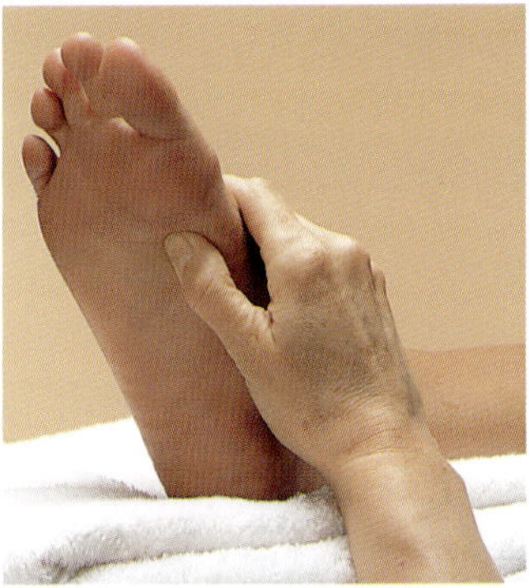

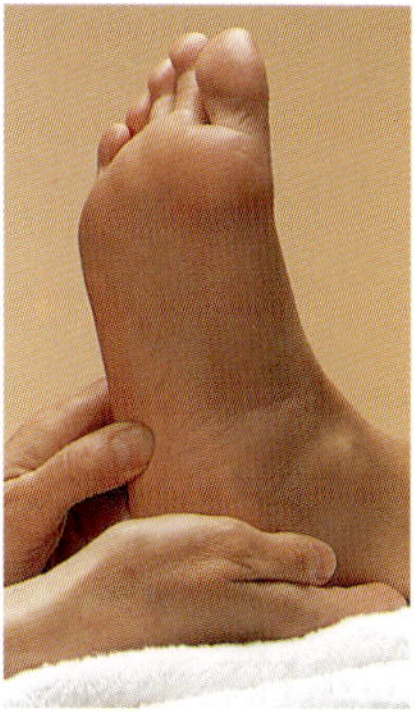

Dickdarm

Die Reflexpunkte für die verschiedenen Bereiche des Dickdarms finden sich auf beiden Füßen. Der aufsteigende und Teile des queren Dickdarms liegen nur rechts.

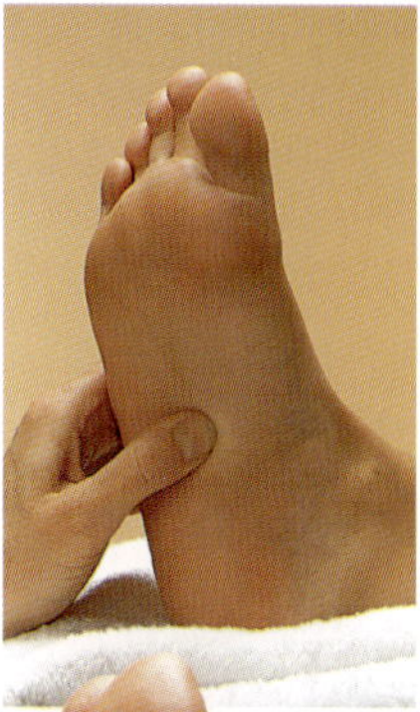

Niere

Der Nierenreflex ist auf der Fußsohle in Höhe der Taillenlinie in den Zonen 2 und 3.

Blase

Die Behandlung der Nieren- und Blasenreflexe an der Fußkante bzw. an der Sohle hilft dem Körper, nicht benötigte Flüssigkeit in Form von Urin auszuscheiden.

Ischiasnerv

Am Beginn der Ferse sowie zu beiden Seiten der Achillessehne findet sich der Reflex für den Ischiasnerv.

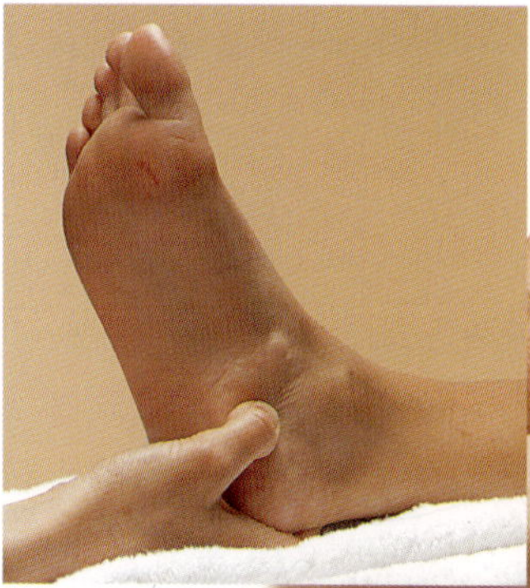

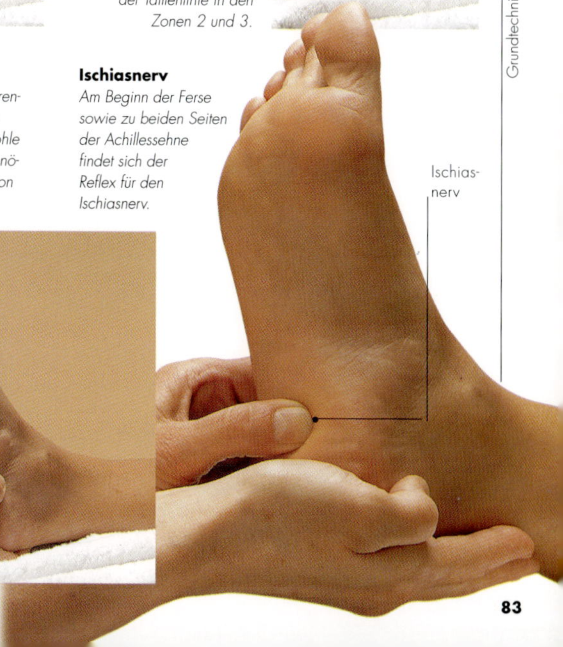

Linker Fuß • Theorie

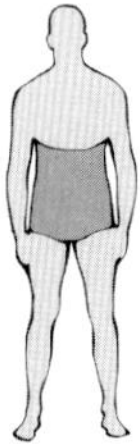

Einzelorgane
Die Reflexe für Herz und Milz finden sich nur auf dem linken Fuß.

Setzt der Therapeut seine Behandlung mit dem linken Fuß fort, so wird er alle Reflexe, die er rechts bereits behandelt hat, auch links bearbeiten. Zusätzlich wird er sich aber auch um jene Reflexzonen kümmern, die ausschließlich auf diesem Fuß zu finden sind. Dazu gehören das Herz, die Milz und die unteren Teile des Dickdarms.

Wie zuvor wird der Therapeut damit beginnen, Kopf und Gehirn zu behandeln, und sich dann systematisch den linken Fuß in Richtung Ferse hinunterarbeiten. Wiederum wird er solchen Reflexen, die beim Patienten besonders empfindliche Reaktionen auslösen, gesteigerte Aufmerksamkeit widmen. Auch wird der Therapeut Reflexe, die in Verbindung mit akuten Beschwerden oder mit Energieblockaden stehen, zusätzlich bearbeiten. Einige Reflexe des linken Fußes können von größerer Wichtigkeit sein, wenn der Patient auf dieser Körperseite Beschwerden hat, z. B. Probleme mit dem Knie oder mit der Hüfte.

Herz

Auch wenn das Herz bei der großen Mehrzahl der Menschen auf der linken Körperseite liegt, erstreckt es sich doch bis in Zone 1 der rechten Seite. Seine Reflexzone liegt jedoch nur auf dem linken Fuß in Zone 2 und 3.

Die Behandlung des Herzreflexes stärkt den gesamten Kreislauf und kann auch bei bestimmten Beschwerden, z. B. bei Angina Pectoris, helfen. Zudem kann man auf diese Weise bei gesunden Menschen Herz-Kreislauf-Erkrankungen vorbeugen.

Milz

Die Behandlung der Milz stärkt das Immunsystem, denn die Milz erzeugt die Lymphozyten (weiße Blutkörperchen), die eine wichtige Rolle bei der Immunabwehr des Körpers spielen. Sie liegt auf der linken Seite des Körpers oberhalb der Taille. Ihr Reflexpunkt befindet sich auf dem linken Fuß.

Dickdarm

Die Reflexe für die unteren Teile des Dickdarms – von Teilen des queren über den absteigenden Dickdarm bis zum s-förmigen Dickdarm und dem Rektum – liegen alle nur auf dem linken Fuß.

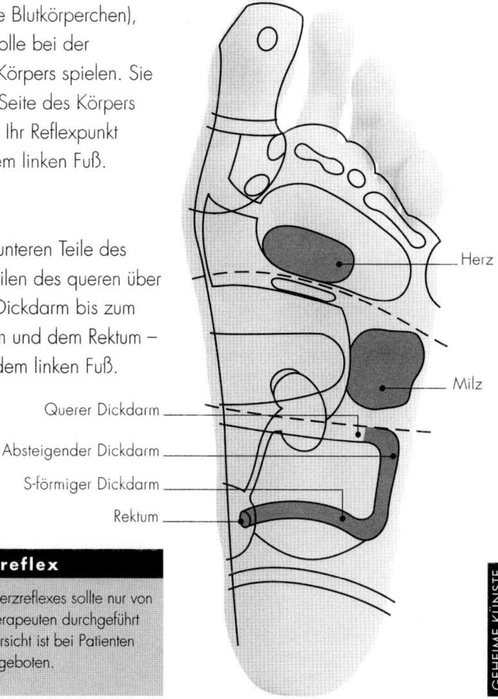

Herzreflex

Die Behandlung des Herzreflexes sollte nur von wirklich erfahrenen Therapeuten durchgeführt werden. Besondere Vorsicht ist bei Patienten mit Herzerkrankungen geboten.

LINKER FUSS • PRAXIS

Die Reflexzonen der Fortpflanzungsorgane befinden sich auf beiden Füßen, wobei die gleichen Zonen jeweils die unterschiedlichen männlichen und weiblichen Körperteile repräsentieren. Es gibt außerdem einen zusätzlichen Reflexpunkt am Fußgelenk oberhalb der Ferse auf jeder Seite der Achillessehne. Neben der Milz ist auch das Lymphsystem ein wichtiger Teil der Immunabwehr des Körpers. Eine Behandlung dieser Reflexe ist vor allem wichtig, wenn der Körper sich wirkungsvoll gegen Infektionen zur Wehr setzen soll.

Herz

Obwohl sich das Herz selbst teilweise in der rechten Körperhälfte befindet, liegen seine Reflexe nur auf dem linken Fuß in den Zonen 2 und 3 oberhalb der Zwerchfelllinie.

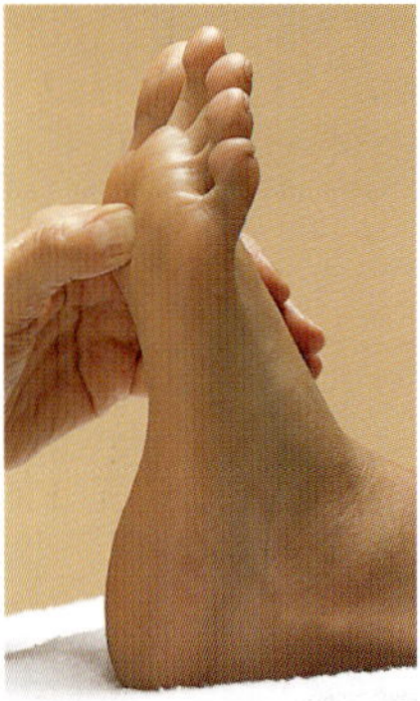

Knie

Dieses Gelenk wird auf der Fußaußenseite repräsentiert. Die halbkreisförmige Fläche beginnt an der Taillenlinie und erstreckt sich bis zur Mitte zwischen Taillenlinie und Ferse.

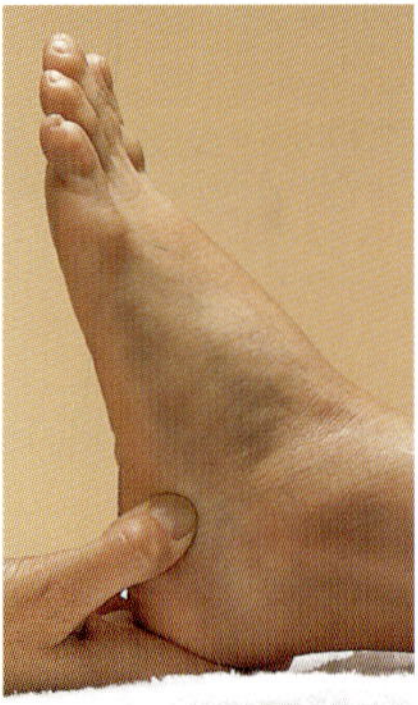

Hüfte

Der Hüftreflex wird auch bei Problemen des oberen Beins behandelt. Die halbkreisförmige Fläche liegt an der Fußaußenseite, beginnt an der Ferse und reicht bis zum Kniereflex.

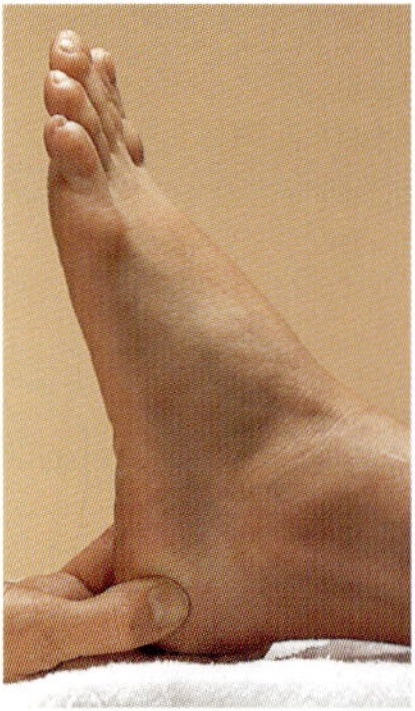

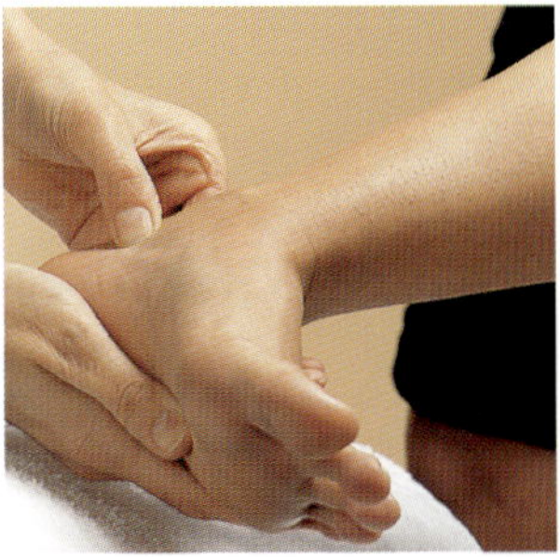

Gebärmutter/Prostata

Diese Reflexe liegen auf der Fußinnenseite, ebenfalls mittig zwischen Ferse und Knöchel.

Eierstöcke/Hoden

Diese Reflexe sind auf der Fußaußenseite mittig zwischen Ferse und Gelenkknöchel zu finden.

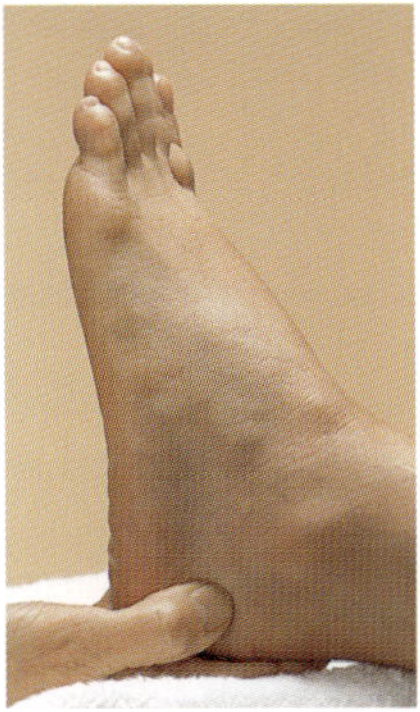

Lymphsystem

Die Reflexe der Hals-, Brust-, Bauch-, Becken-, Leisten- und Achselhöhlenlymphknoten befinden sich an der Oberseite des Fußes, zwischen der Basis der Zehen und dem Fußgelenk, abhängig von ihrer Lage im Körper.

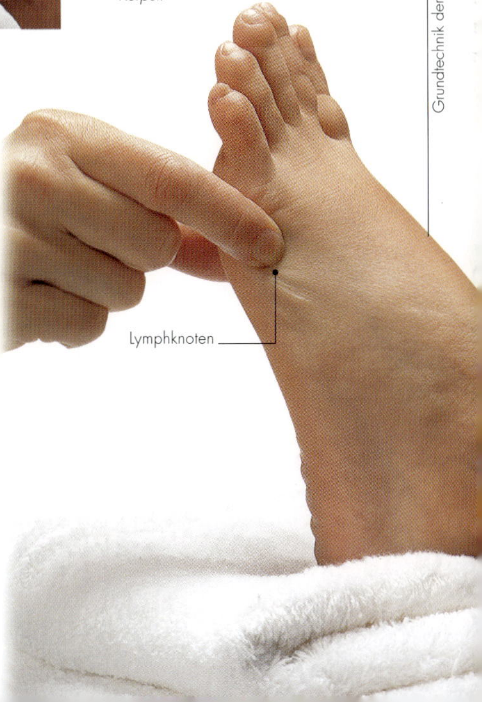

Entspannung

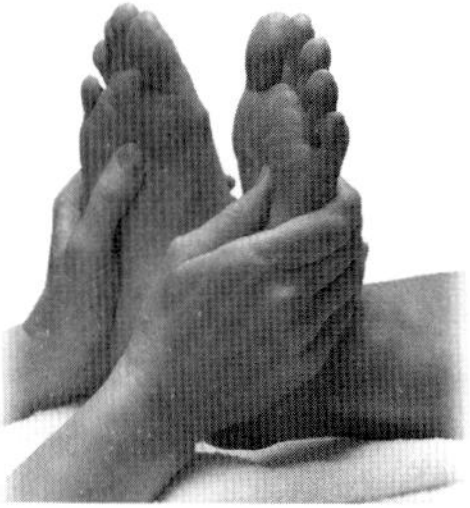

Spannungen lösen
Nach Abschluss der Behandlung sind Entspannungsübungen wichtig.

Am Ende einer gründlichen Behandlung sollten beide Füße völlig entspannt und geschmeidig sein, sodass sie leicht und einfach zu bewegen sind. Daher werden in der Schlussphase einer Behandlung allgemeine Übungen zur Stärkung des Entspannungseffekts durchgeführt. Obwohl diese ein wichtiger und keinesfalls auszulassender Teil der Reflexzonenmassage sind, nehmen sie nur etwa drei Minuten der gesamten Behandlungszeit in Anspruch und sind einfach durchzuführen.

Entspannungsübungen

Diese Übungen verstärken den Gesamteffekt der Behandlung und helfen dem Patienten, nach Ende der Massage wieder „zurückzukommen". Einige Therapeuten wenden diese Übungen auch zu Beginn einer Sitzung an, besonders wenn der Patient nervös, besonders angespannt oder ängstlich sein sollte. Sollten einige Bereiche der Füße aufgrund von Funktionsstörungen im Körper überempfindlich sein, sind diese Übungen ebenfalls anzuraten. Bei der abwechselnden Behandlung beider Füße erfahren die zugehörigen Körperteile eine Dehnung; dies hilft bei der Lösung von noch vorhandenen Verspannungen.

Die Entspannungsübungen beginnen an den Zehen. Jede Zehe wird zunächst einige Male kreisförmig in die eine, dann in die andere Richtung bewegt. Dies löst Verspannungen im Nackenbereich. Sollte das Gelenk der Großzehe besonders steif sein, zeigt das an, dass auch der Nacken besonders verspannt ist. Es ist vor allem wichtig, die Zehen nicht zu schnell zu bewegen, sonst kann es zu Schwindel beim Patienten kommen.

Der Therapeut arbeitet sich dann den Fuß entlang, zunächst mit einer drehenden Bewegung. In der nächsten Stufe knetet er die Fußsohle. Auf diese Weise bearbeitet er das Zwerchfell und den gesamten restlichen Körper. Abschließend werden die Fußknöchel sehr vorsichtig kreisförmig bewegt, zunächst in die eine, dann in die andere Richtung. Es ist sehr wichtig, dass der Therapeut und nicht der Patient diese Bewegung kontrolliert, damit der Knöchel entspannt bleibt. Eine vorsichtige Rotation hilft, Verspannungen im Beckenbereich zu lösen und stimuliert den freien Energiefluss durch den gesamten Körper.

Zeitpunkt

Diese Entspannungsübungen werden am besten am Ende der Sitzung durchgeführt, da der Fuß des Patienten dann entspannt und gut beweglich ist

FUSSENTSPANNUNG

Während einer Behandlung sollte der Therapeut ständig seine Stützhand überprüfen, um dem Patienten eine bequeme und entspannte Lage zu ermöglichen. Zudem sollte er den behandelten Fuß bzw. die Hand ohne Verletzungsgefahr für sich selbst halten können. Während einer Behandlung ist der richtige Halt für den Fuß wichtig, um dem Patienten Entspannung zu ermöglichen und kein Gefühl der Überanstrengung oder des Unbehagens aufkommen zu lassen.

Zehenrotation
Während die eine Hand an der Spitze der Zehen eine rotierende Bewegung ausführt, sichert die Stützhand mit festem Griff die Basis der Zehen, um die Gelenke zwischen Zehen- und Mittelfußknochen zu stützen.

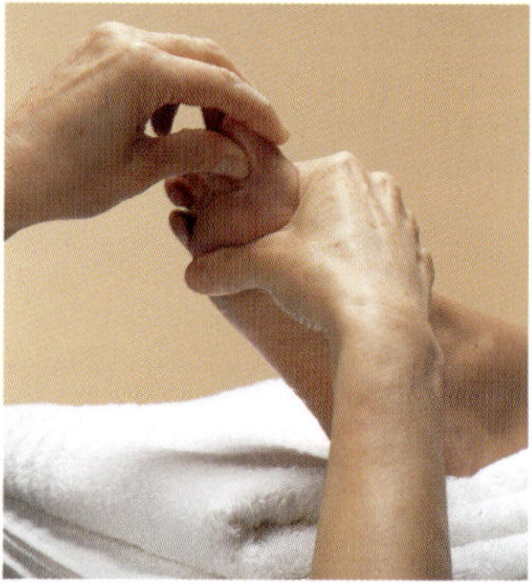

Wringen
Hierfür werden beide Hände eingesetzt. Eine Hand stützt den Fuß von unten. Ihre Finger umgreifen die Außenseite und ruhen auf dem Fußrücken. Die andere Hand umfasst die Innenseite, die Daumen ruhen auf der Fußsohle.

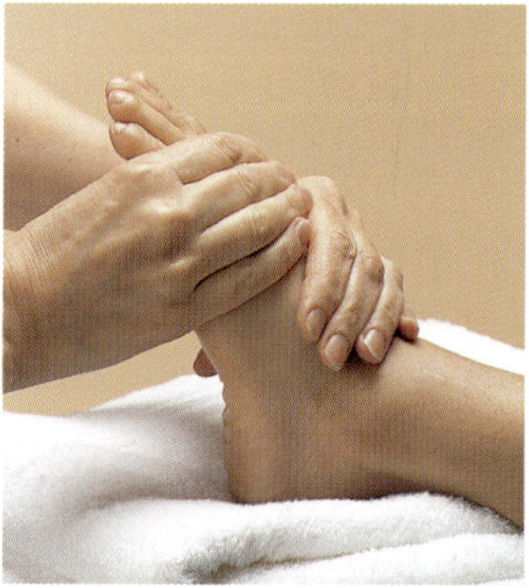

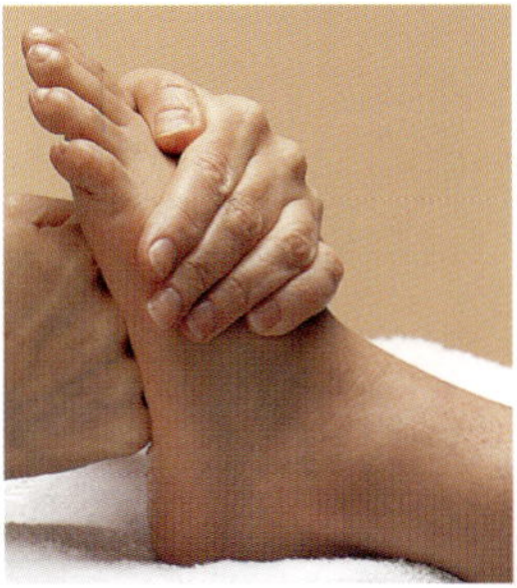

Solarplexus (Atmung)

Dieser Teil der Behandlung (im Detail umseitg beschrieben) ist wichtig, um einen tiefen Entspannungszustand herbeizuführen.

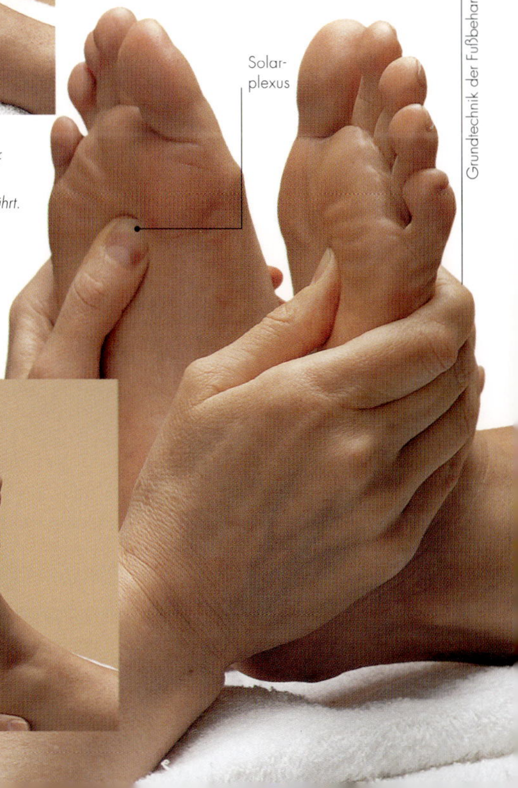

Kneten

Die Stützhand befindet sich auf dem Fußrücken, während die andere Knetbewegungen ausführt.

Knöchelrotation

Die Stützhand wird unter der Ferse platziert, während die andere Hand die Zehen hält und den Knöchel rotiert.

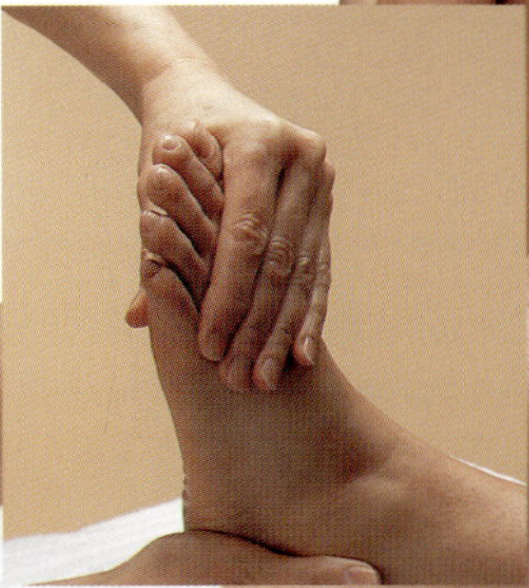

Der Abschluss

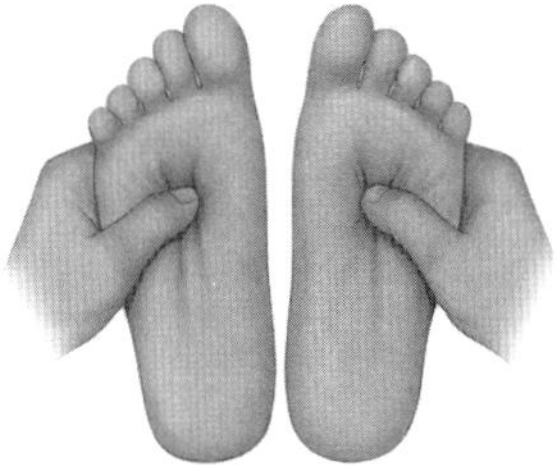

Abschluss
Eine Behandlung des Solarplexus bringt die Sitzung zum Abschluss.

Um den aktiven Teil der Sitzung abzuschließen, wird zuletzt eine so genannte Solarplexus-Atmungs-Übung durchgeführt.

Solarplexus-Atmung

Der Therapeut umfasst beide Füße ungefähr auf halber Höhe. Die Finger ruhen auf den Fußrücken, während die Daumen sich auf den Solarplexus-Reflexpunkten der Fußsohle befinden. Der Patient atmet dann tief ein, wobei der Therapeut festen Druck auf die Reflexpunkte ausübt. Zugleich drückt er den Fuß sanft nach oben und in Richtung des Patienten. Der Patient atmet dann langsam aus. Gleichzeitig wird dabei der Druck auf die Reflexe verrringert und die Füße werden wieder sanft nach unten bewegt.

Dieser Ablauf wird vier- oder fünfmal wiederholt, um dem Therapeuten die Kontrolle der Patientenatmung zu erlauben und nochmals völlige Entspannung zu vermitteln.

Diskussion und Planung

Die letzten Minuten einer Sitzung dienen dazu, über das Erreichte zu sprechen und die nächsten Schritte zu planen. Dies ist eine gute Gelegenheit sich auszutauschen: Wie fühlte sich der Patient während der Behandlung, wie fühlt er sich nun, was konnte der Therapeut über den Gesundheitszustand und ein mögliches Energieungleichgewicht herausfinden?

Bei Bedarf können zukünftige Behandlungen geplant werden und der Therapeut kann in den nächsten Stunden und Tagen zu erwartende Reaktionen auf die Massage erläutern.

Nebenwirkungen

Häufiger auftretende, geringe Nebenwirkungen sind z. B. eine leichte Übelkeit, eine laufende Nase (durch die Entleerung der Nebenhöhlen) sowie ein erhöhter Harn- und Stuhldrang, da der Körper nun vermehrt Giftstoffe ausscheidet. Einige Patienten verspüren nach der Behandlung Müdigkeit, doch andere fühlen sich vital und erfrischt. Alle Symptome sollten jedoch innerhalb von 24 bis maximal 48 Stunden vorüber sein.

Heilungsrückschritte

Eine vorübergehende Verschlechterung der Gesundheit, z. B. Husten oder Ausschlag, ist ein Zeichen, dass der Körper Giftstoffe ausscheidet, kann aber auch auf eine „Überbehandlung" hindeuten.

GRUNDTECHNIK DER HANDBEHANDLUNG

Sollte etwas gegen die Behandlung der Füße sprechen, kann sich der Therapeut auch zu einer Massage der Hände entschließen. Mögliche Gründe sind eine ausgedehnte Infektion oder eine Verletzung der Füße. Manche Menschen mögen es aber auch einfach nicht, wenn ihre Füße massiert werden, z. B. weil sie sehr empfindlich oder einfach kitzlig sind. Der Behandlungsablauf ist an den Händen der gleiche wie an den Füßen, die Behandlungszeit ist jedoch kürzer, da die Hände im Vergleich kleiner sind. Für eine Selbstbehandlung sind die Hände geeigneter als die Füße.

surface of the

Die Handbehandlung

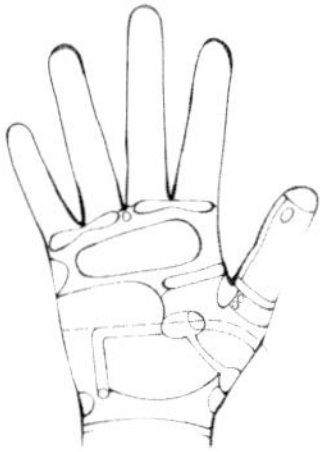

Handbehandlung
Eine Behandlung aller Handreflexe sollte nur ein Therapeut vornehmen.

Die für die Fußbehandlung geltenden Grundsätze treffen auch auf die Hände zu. Die Längszonen sind nach dem gleichen Prinzip angeordnet, von Zone 1 an der Innenseite der Hand am Daumen bis zu Zone 5 an der Außenseite am kleinen Finger. Die Querzonen sind an der Hand weniger klar gegliedert und haben nicht den offensichtlichen Bezug zur Skelettstruktur wie die Querzonen des Fußes. Da die Hände kleiner als die Füße sind, ist es oft schwieriger einige Reflexe ausfindig zu machen, besonders die kleineren.

Behandlung

Während einer Sitzung werden alle Reflexe auf beiden Händen gründlich bearbeitet.

Eine Reflexzonenmassage der Hand benötigt weniger Zeit als eine Behandlung der Füße, da weniger Hautoberfläche zu bearbeiten ist. Diese Tatsache führt auch dazu, dass die Reflexzonen der Hand im Vergleich kleiner sind als die auf den Füßen, sodass dem Therapeuten noch mehr Sorgfalt und Genauigkeit abverlangt werden.

Selbstbehandlung

Wenn auch viele Handreflexe bei einer Selbstbehandlung einfacher zugänglich sind, bedeutet ihre schwierigere Lokalisation jedoch, dass sich die Massage praktischerweise auf die Behandlung einiger Symptome beschränken sollte. Eine Behandlung sämtlicher Körperreflexe auf der Hand wird am besten von einem ausgebildeten Reflexzonentherapeuten durchgeführt. Jedoch sind die Hände an sich wesentlich geeigneter für eine Selbstbehandlung, die zudem jederzeit durchgeführt werden kann, z. B. zwischen den geplanten Sitzungen, oder um momentane Erleichterung, etwa bei Stress, zu bringen.

Ablauf der Behandlung

Einige Therapeuten bevorzugen es, mit der linken Hand zu beginnen, andere widmen sich abwechselnd beiden Händen, doch die Mehrzahl wird zunächst die rechte Hand massieren, bevor sie mit der linken fortfährt, um gegebenenfalls am Ende der Sitzung zu problematischen Reflexen zurückzukehren.

Zunächst behandelt man Kopf und Gehirn, die an der Spitze und Seite des Daumens repräsentiert werden. Von dort aus arbeitet man sich in Richtung Handgelenk vor.

Unterschiede

Während die meisten Körperteile auf beiden Händen repräsentiert werden, finden sich einige wichtige Organe und Strukturen nur auf einer Hand, wie das Herz und die Leber.

RECHTE HAND 1 • PRAXIS

Eine Behandlung der Reflexzone für die Hirnanhangsdrüse unterstützt die Regulierung der Hormonausschüttung der endokrinen Drüsen und hilft, zwischen diesen Drüsen ein Gleichgewicht zu bewahren. Weitere Teile der Anatomie des Kopfes werden ebenso behandelt, unter anderem das Gehirn sowie Hals- und Brustwirbelsäule. Diese Körperregionen sind bei jeder Art von Kopfschmerzen von Bedeutung, auch bei Migräne, ebenso bei Verspannungen und Schmerzen im Nackenbereich und im Rücken.

Kopfoberseite

Der Reflex für die Kopfoberseite und die dortigen Hirnregionen befindet sich auf dem Daumenballen, direkt unter und hinter dem Daumennagel.

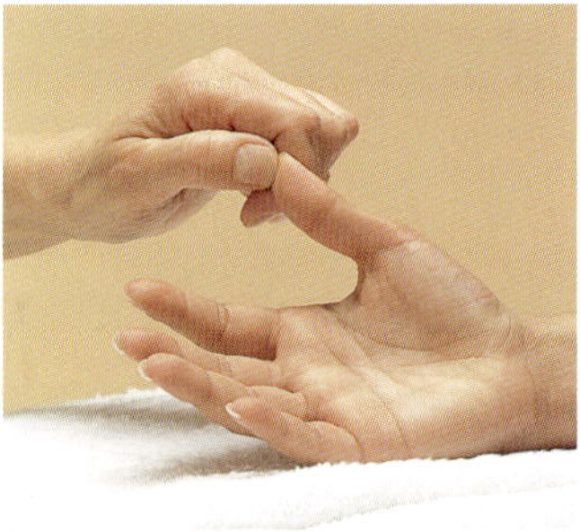

Kopfseite

Die Kopfseite und die zugehörigen Hirnareale werden auf der Innenseite des Daumens repräsentiert, parallel zum Zeigefinger.

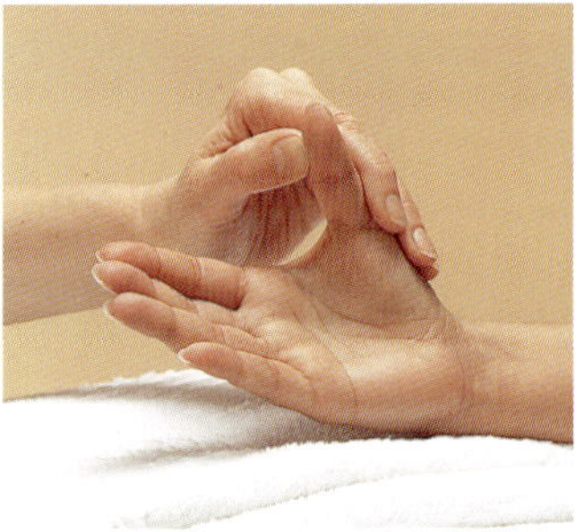

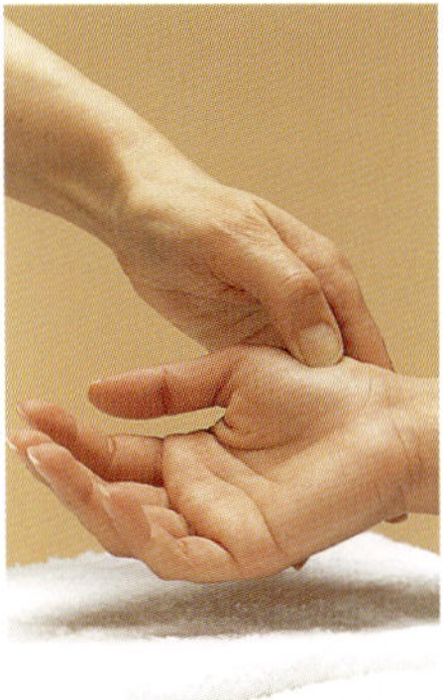

Halswirbelsäule

Die Halswirbelsäulenreflexe findet man auf der Handinnenseite, direkt unterhalb der Basis des Daumenknochens.

Hals/Nacken

Die Reflexe von Hals und Nacken befinden sich auf der Handober- und der Handunterseite an der Daumenbasis.

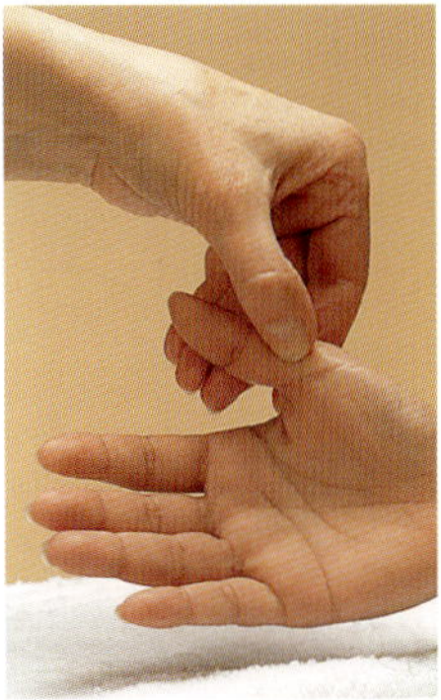

Hirnanhangsdrüse

Die Hirnanhangsdrüse wird manchmal auch als „Dirigent des Hormonorchesters" bezeichnet und findet sich in der Mitte des Daumenballens.

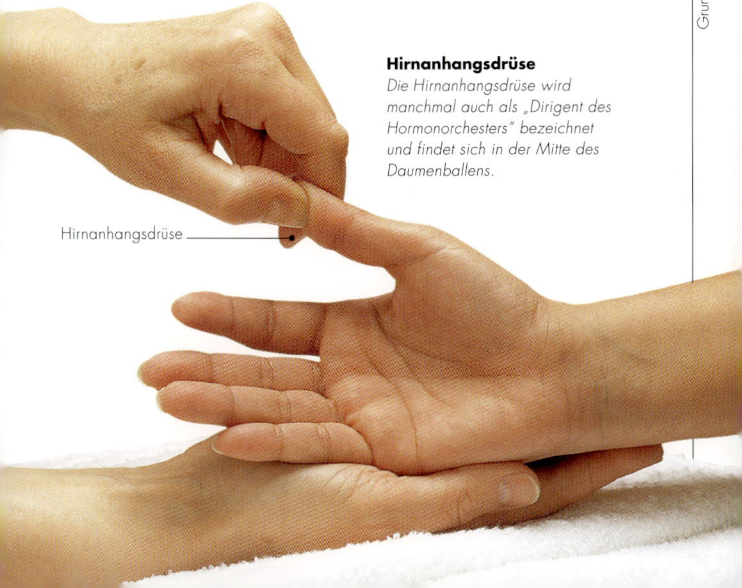

Rechte Hand 3 • Theorie

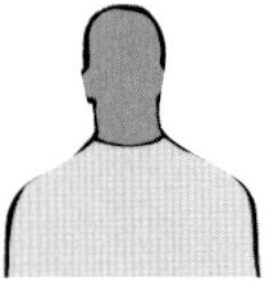

Der Kopf
Alle Reflexe in diesem Bereich müssen mit Bedacht behandelt werden.

Bei der Behandlung der Gesichtsreflexe bearbeitet der Therapeut einige ausgesprochen kleine Zonen, z. B. jene für die Eustachischen Röhren oder für die Nebenhöhlen, sodass mit sehr großer Genauigkeit gearbeitet werden muss.

Gesicht, Zähne und Zahnfleisch

Durch die Behandlung der Gesichtsreflexe lassen sich verspannte Muskeln lösen und Nervenschmerzen lindern. Zudem kann man so Aften und wunde Stellen im Mundraum behandeln. Eine Behandlung der Reflexe der Zähne und des Zahnfleisches hilft, diese gesund zu erhalten, und lindert Zahnschmerzen oder Zahnfleischentzündungen.

Nebenhöhlen und Eustachische Röhren

Die Nebenhöhlen und Eustachischen Röhren müssen frei sein. Mitunter verstopfen oder entzünden sich diese jedoch als Folge einer Infektion oder einer Allergie, was zu Schmerzen sowie zu Atem- und Hörproblemen führen kann.

Augen und Ohren

Der Therapeut behandelt die Reflexe der Augen und Ohren, indem er sich vom Daumen abwärts in Richtung Handfläche bewegt. Das Ziel ist hierbei, jede Blockade oder Unausgewogenheit der Energie zu beheben, sodass der Patient so gut wie möglich hört und sieht und man möglichen Problemen vorbeugt.

Eine Reflexzonenmassage kann auch bei Bindehautentzündung und Gerstenkörnern helfen. Eine Behandlung der Ohren hilft dem Körper, Infektionen zu bekämpfen. Zudem lindert sie Ohrenschmerzen und Tinnitus. Zusätzlich wirkt sie bei Patienten mit Gleichgewichtsstörungen oder Übelkeit. In Verbindung mit einer Behandlung der entsprechenden Hirnreflexe kann diese Behandlung außerdem Menschen mit eingeschränktem Seh- oder Hörvermögen helfen, ihre begrenzten Fähigkeiten bestmöglich zu nutzen.

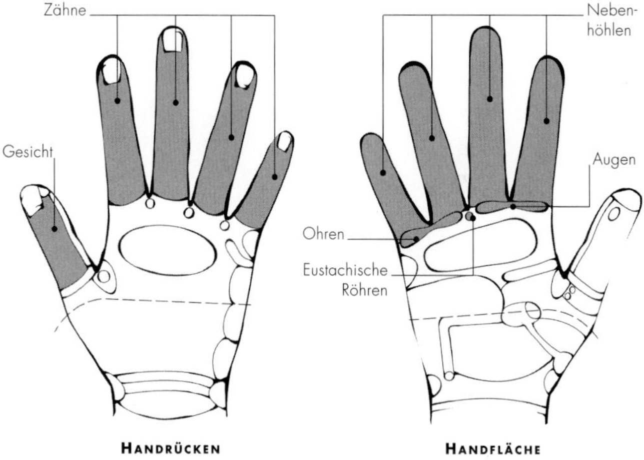

RECHTE HAND 2 • PRAXIS

Die Reflexzone des Gesichts befindet sich genau unter der Basis des Daumennagels. In der gleichen Position auf dem Rücken der Finger finden sich die Zahnreflexe. Die Eustachischen Röhren sind im Normalfall unterhalb der Verbindung zwischen drittem und viertem Finger auf der Handfläche lokalisiert. Unterhalb der anderen Finger befinden sich kleine Reflexzonen, die zu Augen und Ohren gehören. Die Nebenhöhlenreflexe liegen an den Fingerspitzen und -seiten.

Gesicht

Die Reflexzone des Gesichts befindet sich unter der Basis des Daumennagels auf dem Handrücken.

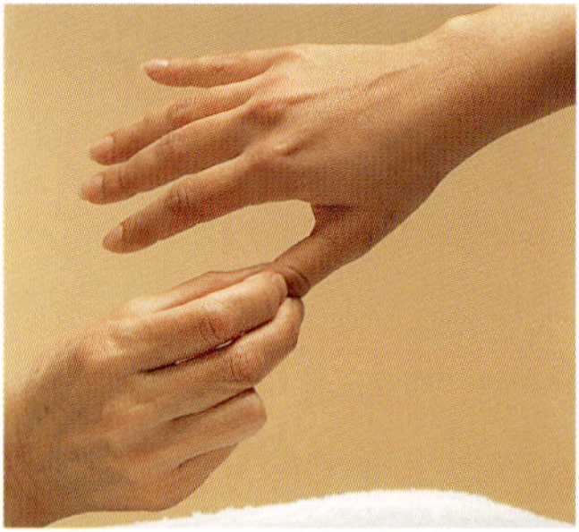

Zähne

Die Reflexe der Schneidezähne liegen auf dem kleinen Finger, die der seitlichen und hinteren Zähne verteilen sich über die anderen Finger.

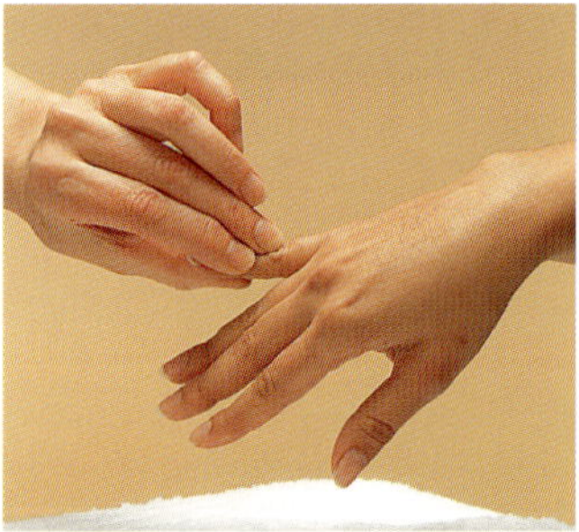

Augen

Die Augenreflexe liegen unterhalb des Punktes, an dem der zweite und dritte Finger die Handfläche treffen.

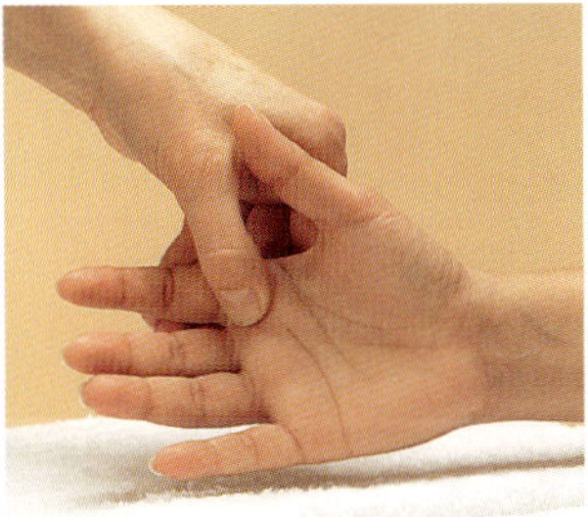

Nebenhöhlen

Die Reflexpunkte der Nebenhöhlen befinden seitlich an den Fingern, unterhalb des ersten Fingergelenks.

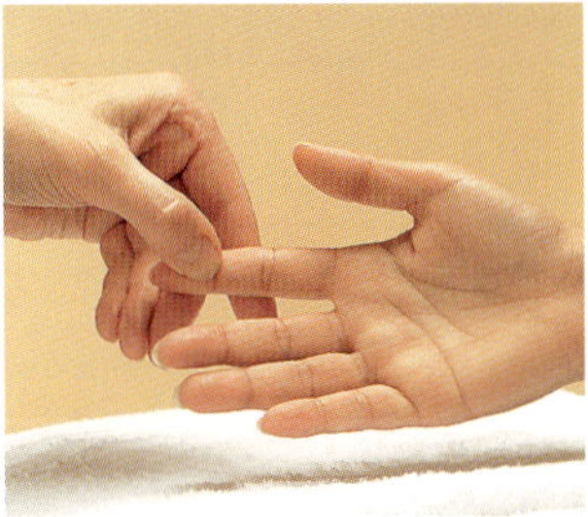

Ohren

Diese Reflexe liegen unterhalb der Basis des vierten und fünften Fingers auf der Handfläche.

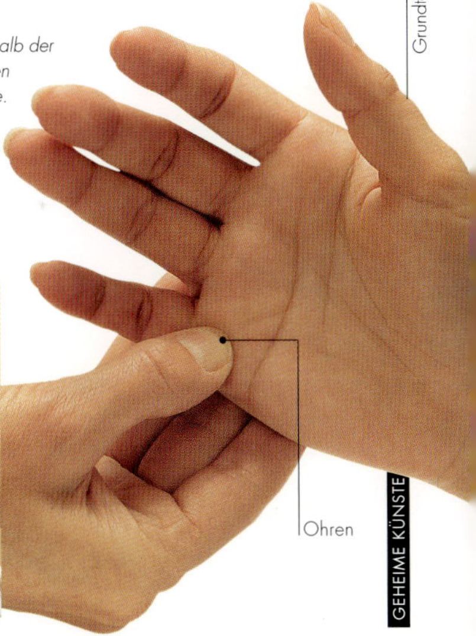

Eustachische Röhren

Die Reflexe der Eustachischen Röhren liegen zwischen dem dritten und vierten Finger auf der Handfläche.

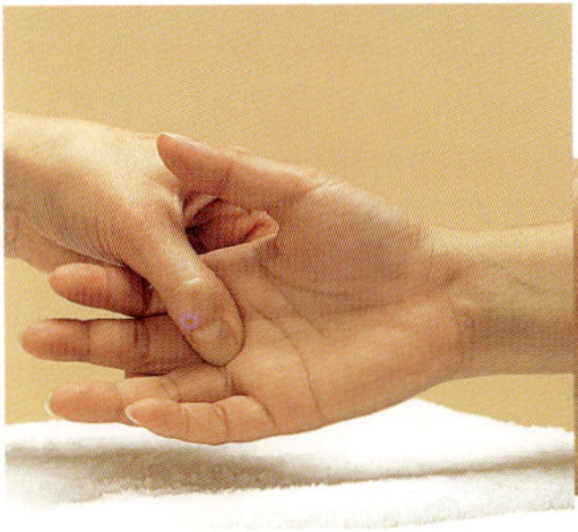

Rechte Hand 3 • Theorie

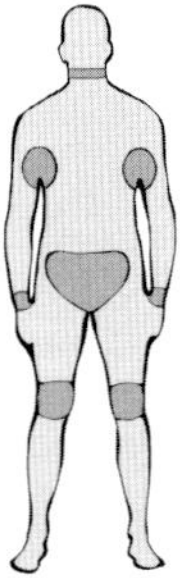

Wichtige Organe
Ein Energiegleichgewicht in diesen Bereichen fördert das Wohlbefinden.

Im Laufe der Massage der rechten Hand massiert der Therapeut alle dortigen Reflexpunkte, um auf diese Weise den gesamten Körper des Patienten zu behandeln, einschließlich jener Punkte, die sich nur auf dieser Handseite finden. Unter den wichtigsten befinden sich die Punkte für die Leber, die Gallenblase und den oberen Dickdarm. Sollte eines dieser Organe nicht einwandfrei arbeiten, kann der Patient unter Verdauungsstörungen leiden oder sich unwohl fühlen. Arbeitet die Milz – ein wichtiges Immunorgan – nicht richtig, kann der Patient auch für Infektionen anfällig sein.

Lymphsystem

Auch das Lymphsystem spielt eine wichtige Rolle bei der körpereigenen Abwehr infektiöser Organismen. Die Lymphknoten dienen als Filter, um schädliche Bakterien und andere Krankheitserreger abzufangen. Diese Knoten befinden sich an verschiedenen Stellen im Körper, etwa am Hals, in den Achselhöhlen und in den Leisten. Jede dieser Knotengruppen ist durch ihre eigene kleine Reflexzone auf dem Handrücken vertreten. Die durch die Lymphgefäße fließende Lymphflüssigkeit transportiert Giftstoffe und andere Abfallprodukte der Blutzellen, damit diese in den Lymphknoten ausgefiltert werden können. Um eine gute Lymphdrainage zu ermöglichen, bearbeitet der Therapeut einen Reflexpunkt an der Verbindung zwischen dem Daumen und der Zeigefingerbasis auf dem Handrücken.

Verletzungen

Eine Massage der Hand kann der des Fußes vorgezogen werden, falls beispielsweise eine Verletzung die Behandlung der Füße erschwert. So kann etwa eine Verletzung des rechten Knies oder der rechten Hüfte sowie Arthritis in diesen Gelenken mit Hilfe der entsprechenden Reflexpunkte auf der rechten Hand behandelt werden, besonders bei älteren Menschen. Eine Behandlung dieser Reflexe lindert die Schmerzen und vermindert die Steifheit der Gelenke.

Fortpflanzungsorgane

Um das Handgelenk herum befinden sich die Reflexpunkte der männlichen und weiblichen Fortpflanzungsorgane. Ihre Behandlung fördert eine gesunde Sexualität und hilft bei der Wiederherstellung des Energiegleichgewichts. Zudem lindert die Reflexzonenmassage Menstruations- sowie Prostataprobleme und fördert die Fruchtbarkeit.

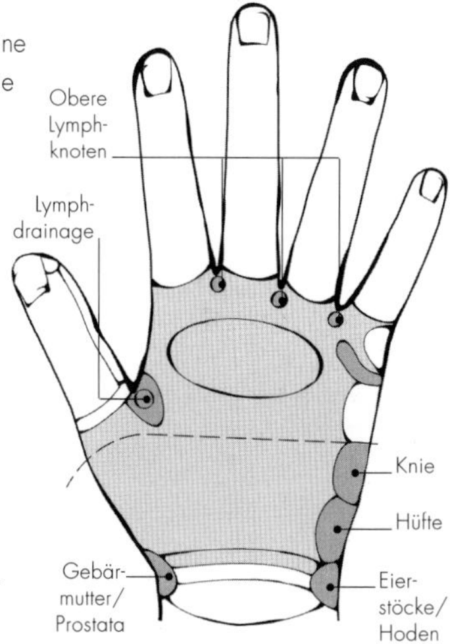

HANDRÜCKEN

RECHTE HAND 3 • PRAXIS

Die Reflexpunkte für die Hüfte und das Knie, welche auch den oberen und unteren Teil des Beins repräsentieren, liegen auf dem Handrücken. Unmittelbar unter dem Hüftreflex – auf dem Übergang der Hand in das Handgelenk – ist der Reflex für die Eierstöcke bzw. Hoden angesiedelt. Vor dem Handgelenk, auf der Innenseite der Hand, liegt der Gebärmutter- bzw. Prostatareflex. Das Lymphsystem hat seine Reflexpunkte auf dem Handrücken.

Knie

Der Kniereflex liegt nahe der Innenseite der Hand, auf halbem Weg zwischen dem kleinen Finger und dem Handrücken.

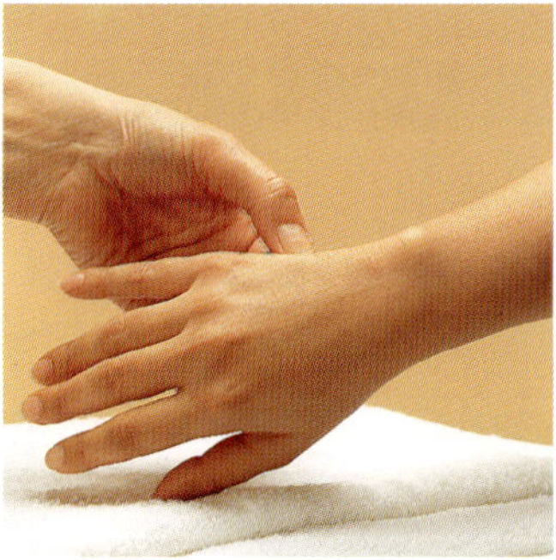

Hüfte

Der Hüftreflex, der auch das obere Bein repräsentiert, liegt direkt unterhalb des Kniereflexes, nur ein Stück näher am Handgelenk.

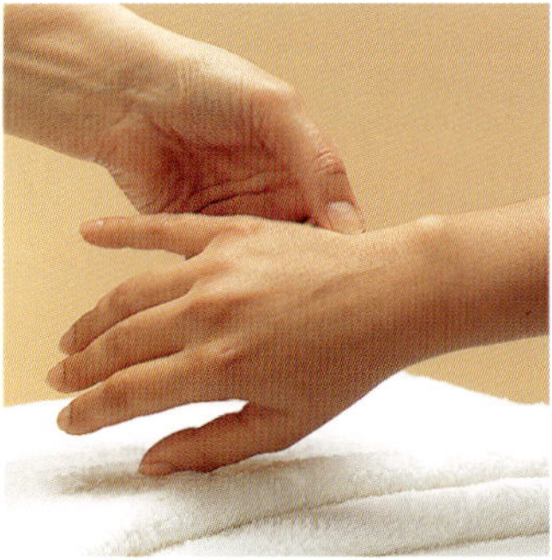

Gebärmutter/Prostata

Die Reflexe der weiblichen Gebärmutter und der männlichen Prostata ziehen sich von der Handfläche bis auf den Handrücken.

Eierstöcke/Hoden

Dieser Reflexpunkt unterhalb des Hüftreflexes erstreckt sich ebenso von der Handfläche bis auf den Handrücken.

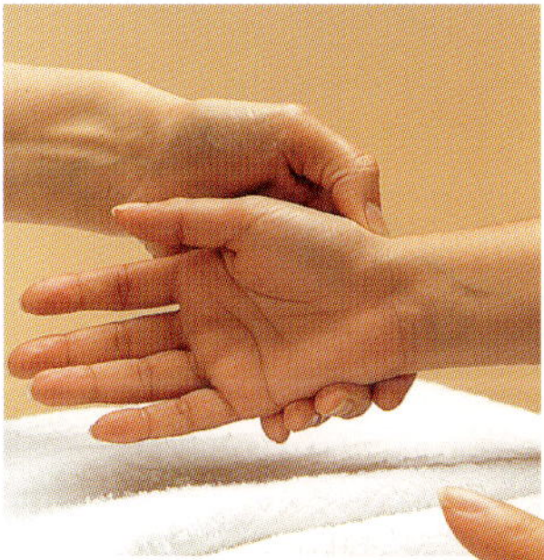

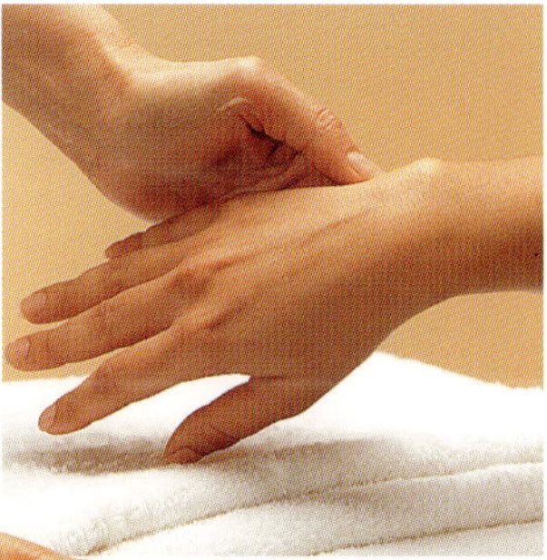

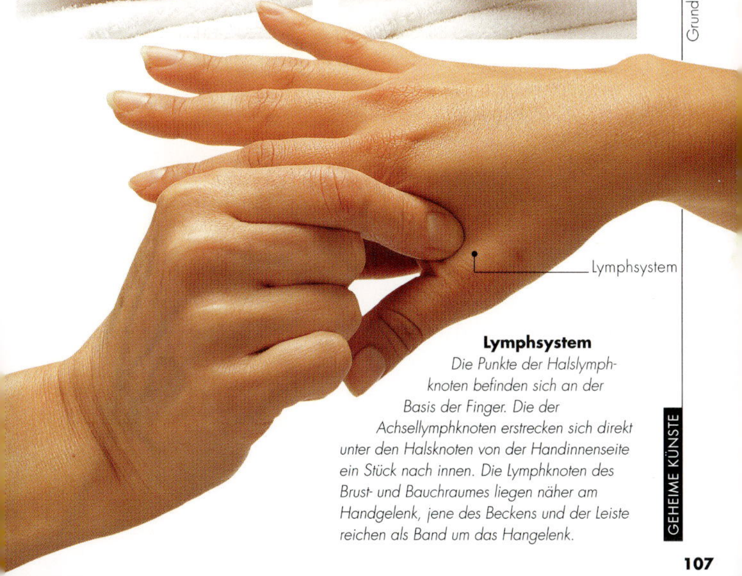

Lymphsystem

Die Punkte der Halslymphknoten befinden sich an der Basis der Finger. Die der Achsellymphknoten erstrecken sich direkt unter den Halsknoten von der Handinnenseite ein Stück nach innen. Die Lymphknoten des Brust- und Bauchraumes liegen näher am Handgelenk, jene des Beckens und der Leiste reichen als Band um das Hangelenk.

Linke Hand • Theorie

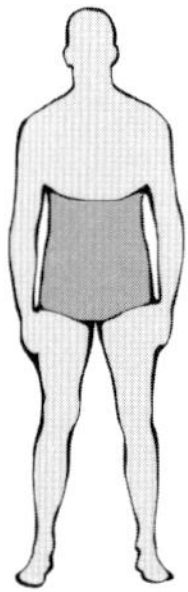

Einseitige Reflexe
Das Herz und Teile des Verdauungssystems zeigen sich nur auf der linken Hand.

Bei der Fortsetzung der Behandlung mit der linken Hand wird der Therapeut nicht nur Reflexe bearbeiten, die er schon rechts massiert hat, sondern sich auch jenen zuwenden, die nur links vorkommen.

Herz

Einer der wichtigsten ausschließlich links vorkommenden Reflexe ist der Herzreflex. Er befindet sich in Zone 2 und 3 auf der Handfläche, ungefähr 2,5 cm unterhalb der Finger. Die Behandlung des Herzreflexes erfordert große Vorsicht, besonders bei vorher bekannten Herzerkrankungen. Der Reflex eignet sich daher nicht für eine Selbstbehandlung, es sein denn unter Anleitung eines erfahrenen Therapeuten. Richtig eingesetzt kann dieser Reflexpunkt jedoch den Kreislauf unterstützen, der wichtig zur Versorgung des Körpers mit Sauerstoff und Nährstoffen ist und der dafür sorgt, dass Abfall- und Giftstoffe wie beispielsweise Kohlendioxid auch wieder ausgeschieden werden können.

Dickdarm

Wie schon bei den Füßen verteilen sich die Reflexpunkte für den Dickdarm auf beide Hände. Die unteren Teile des Verdauungstraktes gewinnen aus den sie durchlaufenden, unverdaulichen Nahrungsanteilen das für den Körper überlebenswichtige Wasser zurück. Arbeitet der Dickdarm nicht fehlerfrei, kann es zu Durchfall, Verstopfung oder im schlimmsten Fall auch zur Austrocknung kommen. Auf der linken Hand befinden sich die Reflexpunkte für das Ende des queren Dickdarms, die für den s-förmigen und den absteigenden Dickdarm sowie der Reflexpunkt für das Rektum.

Nieren

Die Nieren extrahieren aus dem sie durchströmenden Blut zahlreiche Stoffe und leiten vom Körper nicht benötigte Flüssigkeit an die Blase weiter, wo diese als Urin ausgeschieden werden kann.

Nebennieren

Unsere beiden Nebennieren liegen jeweils direkt oberhalb der zugehörigen Niere und produzieren eine Vielzahl von Hormonen, darunter auch das Adrenalin. Die dort hergestellten Hormone spielen zudem bei der Regulierung des Stoffwechsels und bei der Reaktion das Körpers auf Allergene und Verletzungen eine zentrale Rolle.

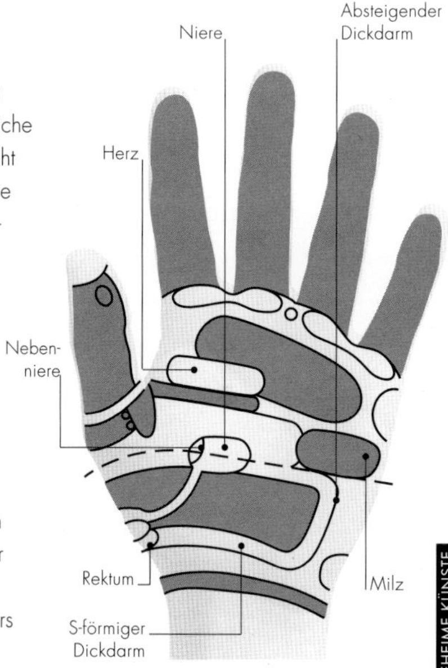

HANDFLÄCHE

LINKE HAND • PRAXIS

Die Reflexpunkte des Herzens und der Milz befinden sich auf der linken Handfläche. Der Reflex des queren Dickdarms erstreckt sich über die Handfläche, biegt in Richtung Handgelenk ab, um in den Reflexpunkt des absteigenden Dickdarms überzugehen, verläuft dann im rechten Winkel weiter und wird so zum Reflexpunkt des s-förmigen Teils des Dickdarms. Der Reflex des Rektums befindet sich in Zone 1.

Herz

Der Herzreflex befindet sich in Zone 2 und 3, direkt oberhalb der Taillenlinie.

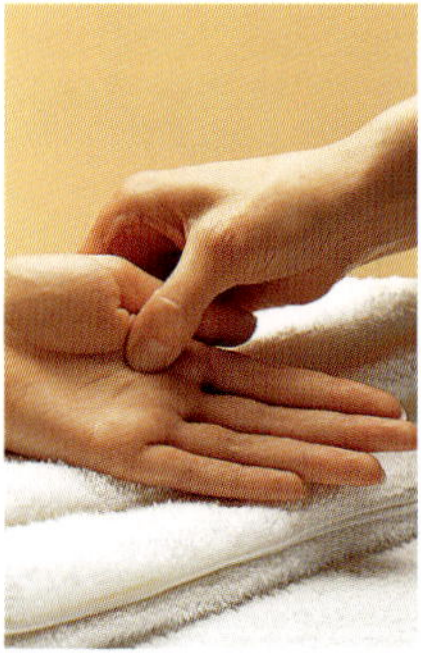

Milz

Die Milz liegt nur auf der linken Hand in Zone 4 und 5, genau oberhalb der Taillenlinie.

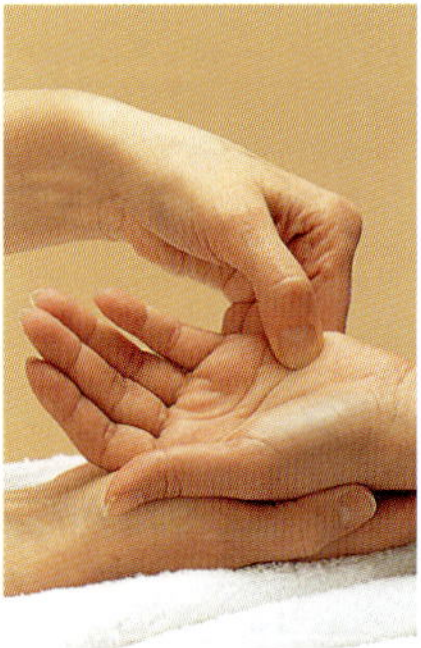

Niere

Der Nierenreflex liegt in Zone 2 und 3 um die Taillenlinie herum.

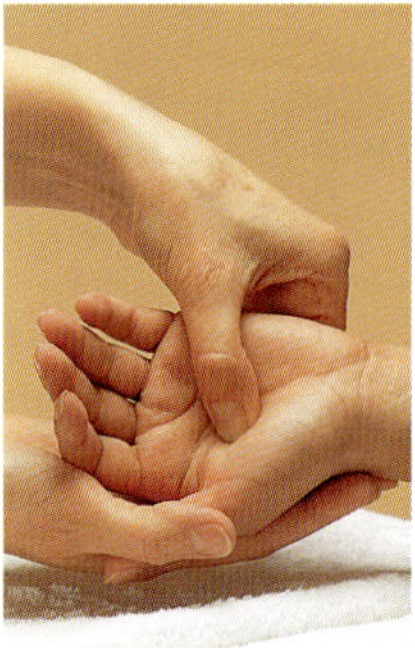

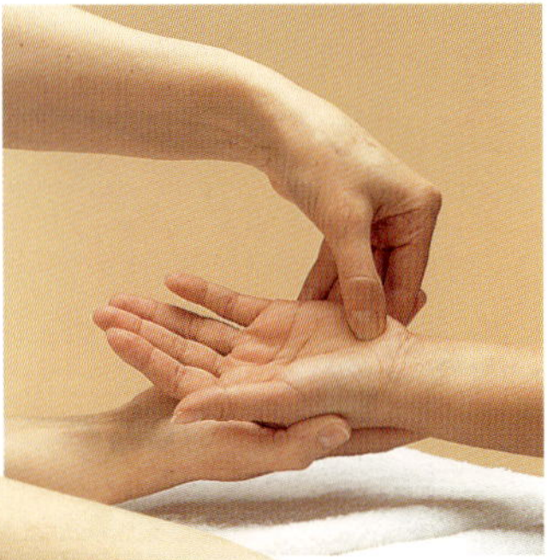

Dickdarm

Der Reflex des queren Dickdarms liegt ein kurzes Stück unterhalb der Basis des Daumens und der Finger. In Zone 4 und 5 knickt er in Richtung Hangelenk ab, um so den Reflexpunkt des absteigenden Dickdarms zu bilden. Genau vor dem Gelenk verläuft er dann im rechten Winkel durch alle fünf Zonen und bildet den Reflexpunkt des s-förmigen Dickdarms. Der Rektumreflex liegt in Zone 1.

Nebennieren

Dieser Reflexpunkt ist sehr klein und befindet sich neben dem der Nieren auf der Handfläche an der Taillenlinie.

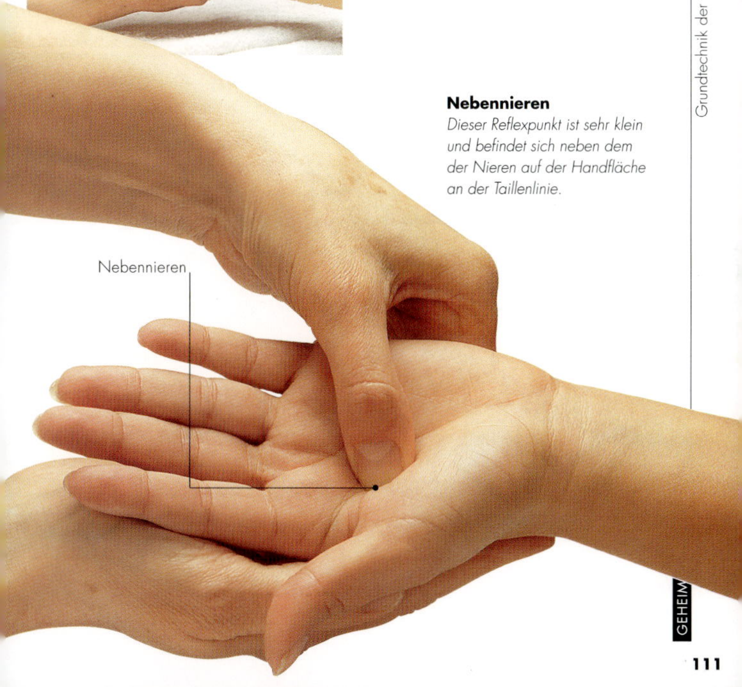

Selbstbehandlung der Hände

Symptombehandlung
Die Selbstbehandlung der Hände kann eine wirksame erste Hilfe sein.

Obwohl die Selbstbehandlung der Hände keinen Ersatz für eine vollständige Reflexzonenmassage durch einen ausgebildeten Therapeuten darstellt, kann sie doch als Überbrückungselement zwischen einzelnen Sitzungen dienen oder bestimmte Beschwerden lindern.

Sie können eine vollständige Behandlung durchführen, wie in den vorangegangenen Kapiteln beschrieben – dies ist bei einer Selbstbehandlung jedoch recht schwierig. Sie können auch nur die Reflexpunkte jener Körperteile behandeln, die Ihnen akute Beschwerden bereiten.

Behandlung

Wählen Sie für die Behandlung einen ruhigen Ort, an dem Sie ungestört sind. Legen Sie Ihre rechte Hand so auf ein Kissen in Ihrem Schoß, dass Sie mit der linken Hand bequem arbeiten können. Streuen Sie ein wenig Körperpuder über die zu behandelnde Hand. Benutzen Sie die Handkarten auf den Seiten 35 ff., um die Reflexpunkte zu finden. Viele Punkte sind sehr klein, da auch die Hände relativ klein sind, sodass große Genauigkeit erforderlich ist.

Im Allgemeinen üben Sie den Druck mit der Daumenspitze aus. Passen Sie die Druckstärke Ihren Bedürfnissen an. Denken Sie daran, den Daumen gebeugt zu halten. Bei schwierig zu erreichenden Gebieten benutzen Sie besser Ihren Zeigefinger. Behandeln Sie alle Reflexe und beachten Sie vor allem jene sehr genau, die sehr empfindlich sind oder die zu Körperteilen gehören, von denen Sie wissen oder spüren, dass sie nicht richtig arbeiten. Fahren Sie danach mit Ihrer linken Hand fort. Zum Abschluss führen Sie die Entspannungsübungen durch, wie sie auf den folgenden Seiten gezeigt werden. Dabei werden Sie natürlich nicht beide Solarplexusreflexe gleichzeitig behandeln können.

Selbstbehandlung

Haben Sie die Position der entsprechenden Reflexe einmal gelernt, können Sie auf sehr einfache Weise und jederzeit Beschwerden wie Rücken- oder Kopfschmerzen behandeln.

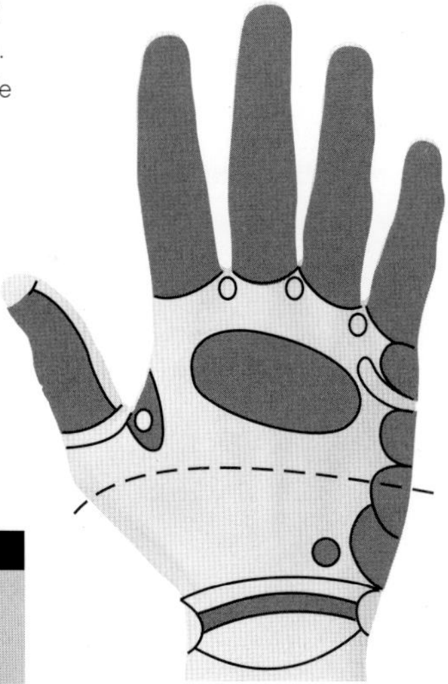

HANDFLÄCHE

Entspannung

Vollständige Entspannung ist bei der Selbstbehandlung nur schwer zu erreichen. Sollten Sie gehetzt oder angespannt sein, erwägen Sie, lieber einen Therapeuten aufzusuchen.

ENTSPANNUNG DER HÄNDE

Hat der Therapeut die grundlegende Behandlung beider Hände beendet, schließt er die Sitzung mit Entspannungsübungen ab. Wie bei den Füßen werden die Übungen im Allgemeinen am Ende der Sitzung durchgeführt, wenn die Hände schon etwas entspannter und beweglicher sind, doch kann dies in manchen Fällen auch zu Beginn der Massage geschehen, falls der Patient und somit auch seine Hände besonders angespannt sind.

Druck

Verschiedene Formen des Drucks und der Bewegung werden angewendet, um die entsprechenden Körperstellen zu dehnen und dem Patienten zu helfen, nach der Sitzung wieder „zu sich zu kommen".

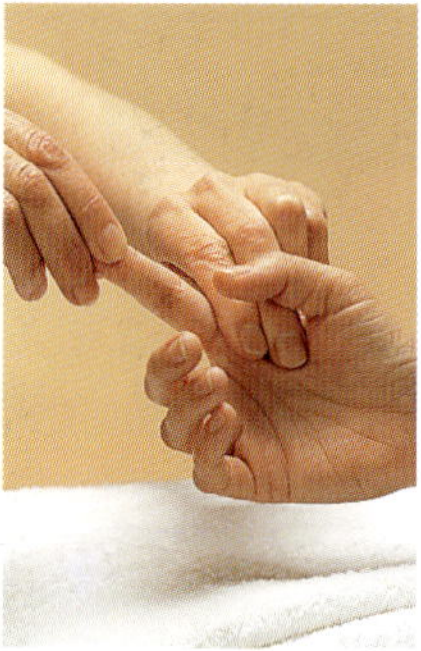

Kneten

Der Therapeut knetet mit seiner Faust die Handfläche und rotiert dann beide Handgelenke in beide Richtungen, um eventuell noch vorhandene Energieblockaden aufzulösen.

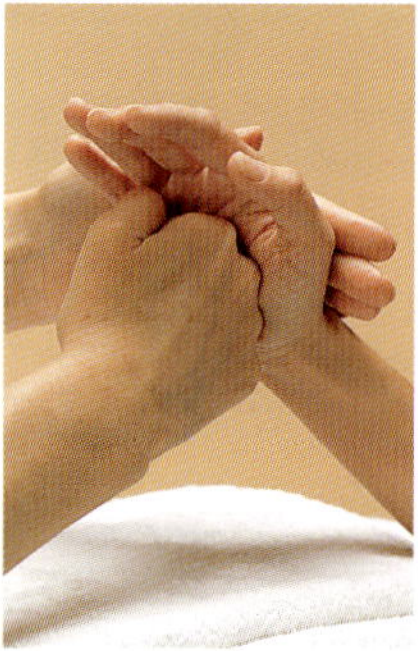

Rotation

Bei einer weiteren Übung dreht der Therapeut zunächst an der rechten Hand, dann links, sanft jeden Finger erst in die eine, dann in die andere Richtung. Dann „wringt" er die Handfläche aus.

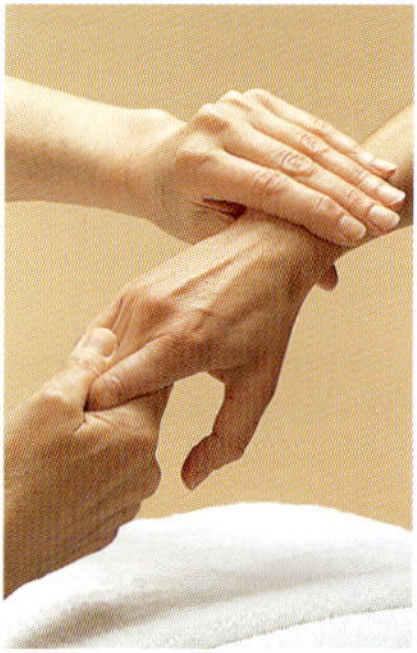

Solarplexus-Atmung

Der Reflex für dieses große Nervenbündel findet sich auf der Handfläche in den Zonen 2 und 3, direkt unterhalb der Taillenlinie.

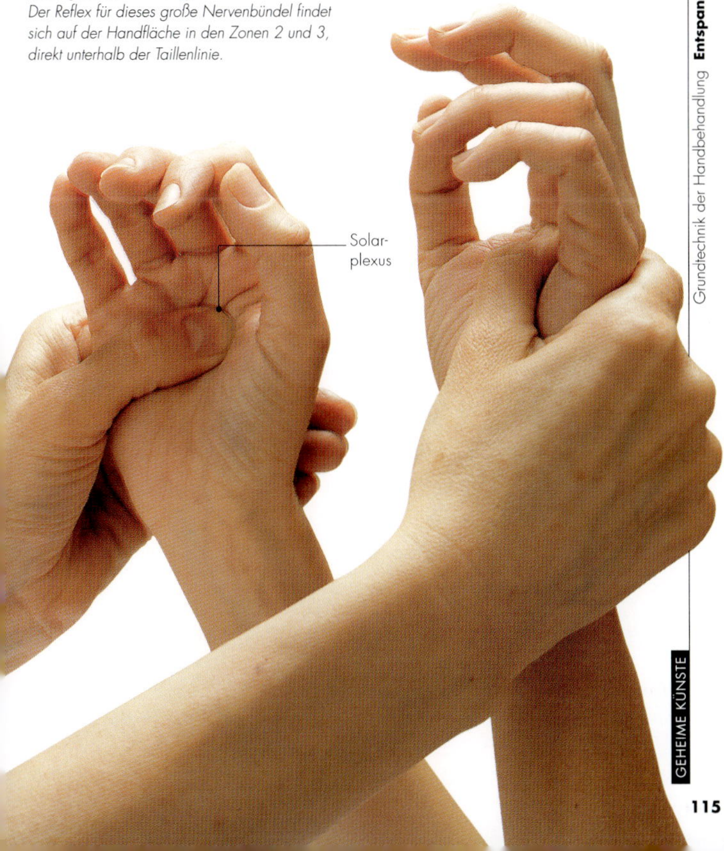

Der Abschluss

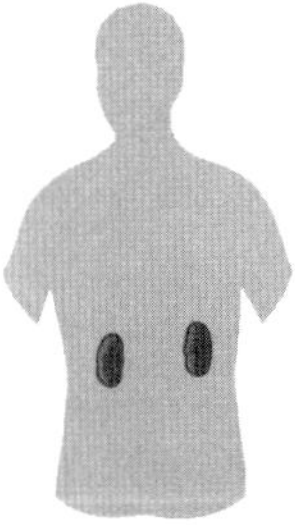

Giftstoffe
Als Nebenfunktion scheiden die Nieren zusätzlich Giftstoffe aus.

Der aktive der Teil der Behandlung wird mit der so genannten Solarplexus-Atmungs-Übung abgeschlossen. Diese dient dazu, den Patienten ruhig werden zu lassen und die Massage sanft abzuschließen.

Solarplexus-Atmung

Der Therapeut arbeitet nun mit beiden Händen. Er legt seine Hände auf die Solarplexusreflexe der Handflächen und platziert seine Finger auf den beiden Handrücken, um dem Patienten Halt zu vermitteln. Dann atmet der Patient tief ein. Gleichzeitig übt der Therapeut Druck aus, während er sanft die Hände des Patienten anhebt und in dessen Richtung drückt. Dann atmet der Patient aus. Der Therapeut verringert dabei den Druck und lässt die Hände wieder sinken.

Diskussion und Planung

Wie bei der Fußbehandlung können sich Patient und Therapeut in den letzten Minuten der Sitzung austauschen, wie die Massage verlaufen ist, wie der Patient sich während der Behandlung fühlte und wie er sich nun fühlt. Der Therapeut kann auf besonders empfindliche Reflexpunkte eingehen oder anzeigen, dass bestimmte Körperteile nicht so arbeiten, wie sie sollten. Zudem kann er Empfehlungen geben, welche weitere Behandlung anzuraten wäre.

Nebenwirkungen

Der Therapeut wird außerdem erklären, dass – obwohl natürlich jeder Patient anders auf die Behandlung reagiert – geringfügige Nebenwirkungen möglich sind. Häufig sind beispielsweise Übelkeit oder eine laufende Nase, da sich nun die Nebenhöhlen entleeren. Auch verstärkter Harn- und Stuhldrang kann vorkommen, da der Körper nun vermehrt Giftstoffe ausscheidet. Sich nach der Behandlung entweder voller Energie oder müde zu fühlen sind ebenfalls übliche Nebenwirkungen, sollten aber – wie alle anderen oben genannten auch – innerhalb von spätestens 48 Stunden vorüber sein.

Rückmeldung

Sollten Sie unter schweren oder länger anhaltenden Nebenwirkungen leiden, teilen Sie dies dem Therapeuten mit, damit er bei Bedarf die Behandlung verändern kann.

BEHANDLUNG HÄUFIGER BESCHWERDEN

Obwohl während einer Reflexzonenmassage alle Reflexpunkte bearbeitet werden, wird der Therapeut doch jenen besondere Aufmerksamkeit widmen, die mit Beschwerden in Verbindung stehen. Dabei werden sowohl alle Aspekte des Lebens des Patienten als auch besondere Symptome berücksichtigt. Die Wiederherstellung des natürlichen Energiegleichgewichts hilft dem Körper, seine Selbstheilungskräfte zu aktivieren. Zur Linderung bestimmter Beschwerden kann sich die Massage auch auf wenige Punkte konzentrieren oder man kann sich selbst behandeln, doch die besten Ergebnisse werden bei einer umfassenden Behandlung aller Reflexe durch einen Therapeuten erzielt. Karten aller Reflexpunkte des Körpers finden Sie auf den Seiten 30–37.

of the right lung is

Atemwegserkrankungen

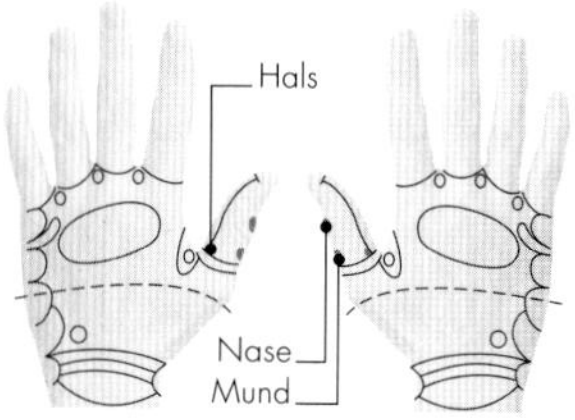

HANDRÜCKEN

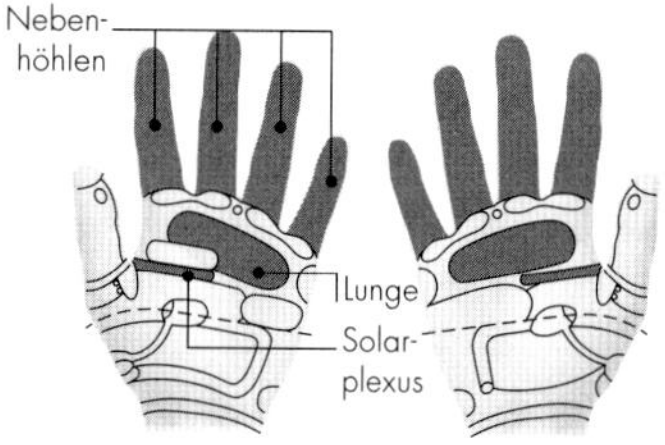

HANDFLÄCHEN

Atemwegsprobleme sind überaus häufig, dennoch können sie eine Vielzahl von Ursachen haben und – wie etwa Asthma – durch äußere Faktoren wie Stress oder Lebensweise beeinflusst werden.

Ursachen

Die Mehrzahl der Atemwegsinfektionen wird durch Viren verursacht, mitunter sind jedoch auch Bakterien beteiligt. Antibiotika können daher nützlich sein, sollten aber nur verschrieben werden, wenn es wirklich notwendig ist. Asthmatiker sollten ihre Medikamente weiternehmen. Bei erfolgreicher Behandlung kann jedoch der behandelnde Arzt die Dosis neu einstellen.

Asthma

Direkt behandelt werden müssen die Reflexe der Lunge und der Bronchien (Leitungssystem, das die Luft von der Luftröhre in die Lunge transportiert), sowie zusätzlich der Solarplexus- und der Zwerchfellreflex (zur Förderung der Entspannung), die Hals- und Brustwirbelsäulenreflexe (von dort gehen Nerven aus, welche Lunge und Bronchien versorgen) sowie die Nebennierenreflexe (zur Behandlung von Stress und allergischen Reaktionen).

Erkältungen

Direkt behandelt werden sollten die Reflexe der Nase und der Nebenhöhlen, zusätzlich zur Abmilderung der

Entzündungserscheinungen die der Nebennieren sowie zur Infektionsbekämpfung die Reflexe der oberen Lymphknoten.

Schnupfen

Hierbei sind die gleichen Reflexe wie bei einer Erkältung zu behandeln. Dazu spielen, abhängig von der Ursache, folgende Reflexe eine Rolle: obere Lymphknoten (Infektion), Nebennieren (Allergie) oder Kopf (Kopfschmerz).

Husten

Direkt zu behandeln sind die Reflexe der Lunge und des Halses. Zur Infektionsbekämpfung kann zusätzlich das Lymphsystem behandelt werden.

Nebenhöhlenentzündung

Neben den Reflexen für die Nebenhöhlen sollten auch die für Gesicht, Nase, Kopf, Augen und Ileozökalklappe behandelt werden.

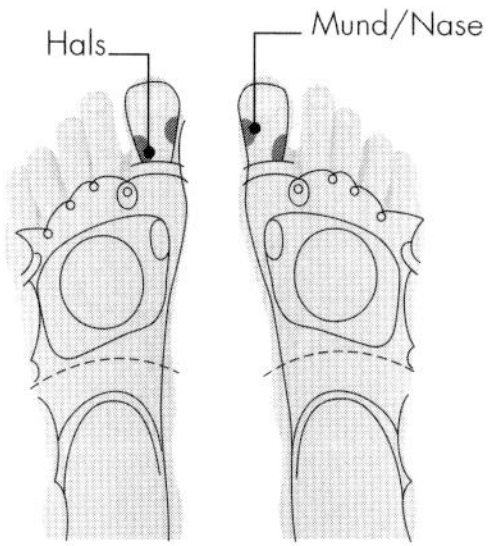

FUSSRÜCKEN

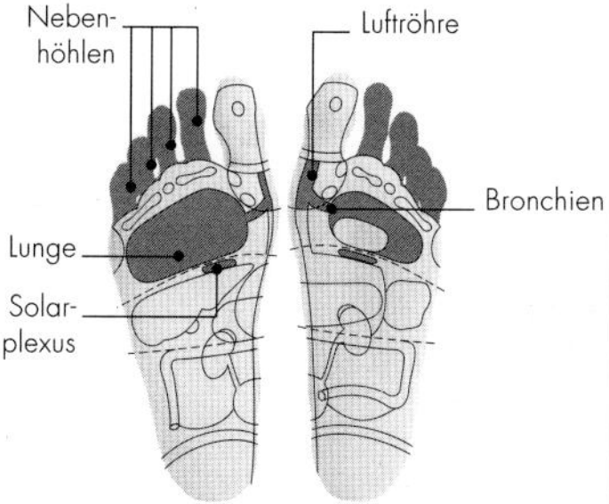

FUSSSOHLEN

BEHANDLUNGSABLAUF

Bei einer Erkrankung können von der Nase bis zur Lunge selbst alle Teile des Atemwegs betroffen sein. Neben den direkt betroffenen Reflexpunkten behandelt der Therapeut auch solche Punkte, die nur indirekt mit den Beschwerden in Verbindung stehen, z. B. um Entzündungen zu unterdrücken und dem Immunsystem zu helfen, Infektionen abzuwehren. Die Lymphknoten der Halsregion spielen bei Atemwegsinfektionen eine besonders wichtige Rolle.

Erkältungen
Der Nasenreflex befindet sich innerhalb des Gesichtsreflexes, an der Spitze der Großzehe unterhalb des Nagels.

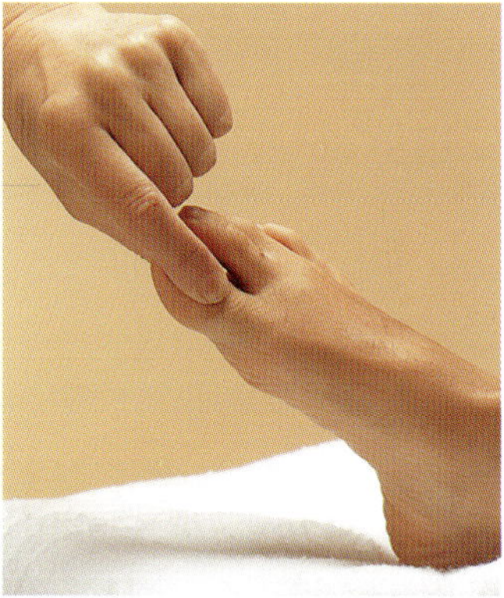

Nebenhöhlenentzündung
Die Reflexe der Nebenhöhlen befinden sich an den Basen und Seiten der Zehen sowie an den Fingerspitzen und -seiten.

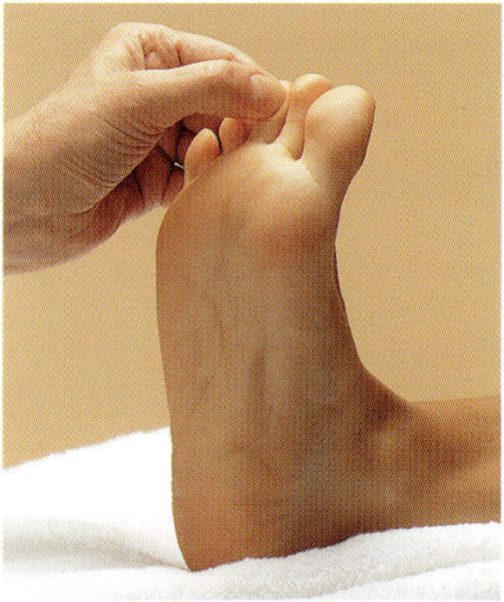

Asthma

Der Lungenreflex befindet sich auf dem Fußballen unterhalb der Zehen. Auf der Handfläche liegt er direkt unterhalb des Ansatzes der Finger.

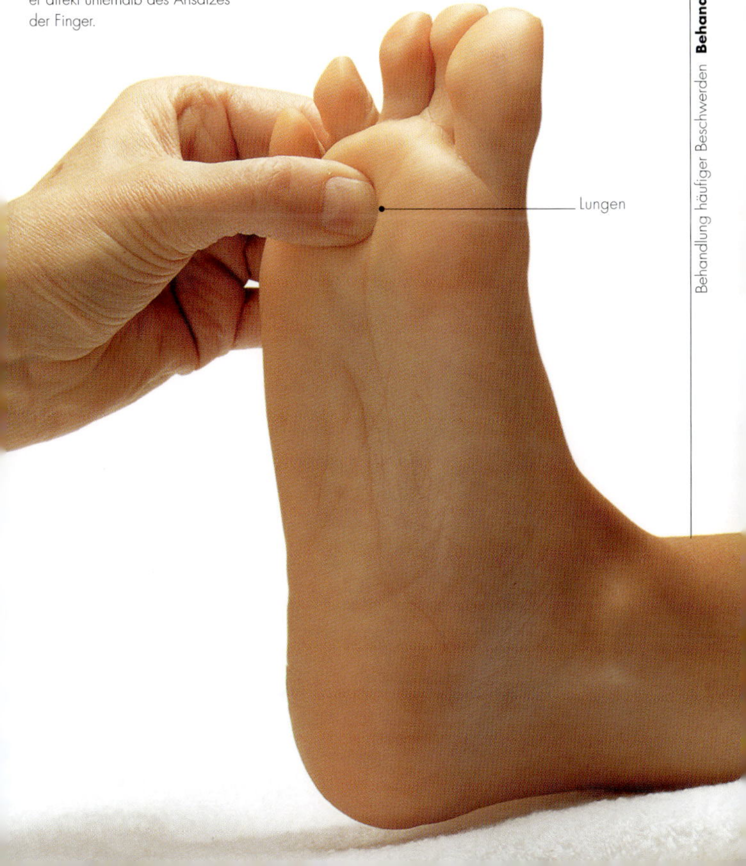

Verdauungsstörungen

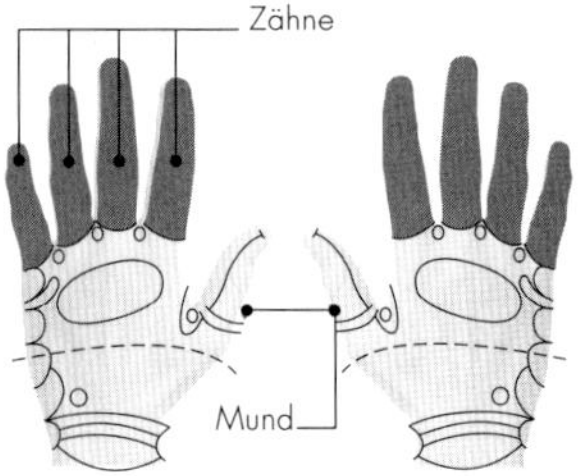

HANDRÜCKEN

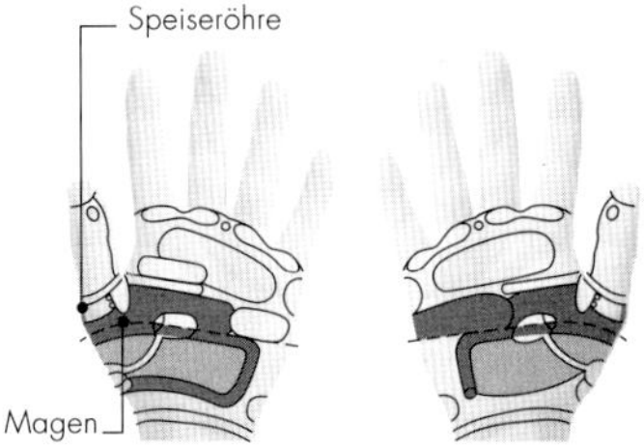

HANDFLÄCHE

Die meisten Menschen haben von Zeit zu Zeit Beschwerden mit ihrem Verdauungssystem, doch betrachten wir dies für gewöhnlich nur als Unannehmlichkeit, besonders wenn der Grund offensichtlich eine zu fette oder zu scharf gewürzte Mahlzeit war. Nichtsdestotrotz sollten häufiger auftretende Beschwerden oder Beschwerden, die erstmals bei älteren Menschen auftreten, ärztlich untersucht werden, denn mitunter sind dies Anzeichen für eine ernsthafte Erkrankung. Im Allgemeinen kann man solche Ursachen jedoch ausschließen und die Verdauungsbeschwerden werden durch z. B. Rauchen, Alkohol oder falsches bzw. zu schnelles Essen verursacht.

Auch wenn es normalerweise nicht schadet, rezeptfreie Medikamente zur Linderung dieser Beschwerden zu nehmen, ist es doch sinnvoller, der Wurzel des Problems beizukommen. Hierbei kann eine Reflexzonenmassage hilfreich sein, besonders wenn die Ursachen Stress und Spannungszustände sind.

Wunde Stellen im Mund

Aus medizinischer Sicht sind wunde Stellen im Mund unbedeutend, dennoch können sie für den Betroffenen sehr schmerzhaft sein und ihm den Spaß am Essen verderben. Daher sollten nicht heilende oder häufig wiederkehrende Beschwerden dieser Art durch einen

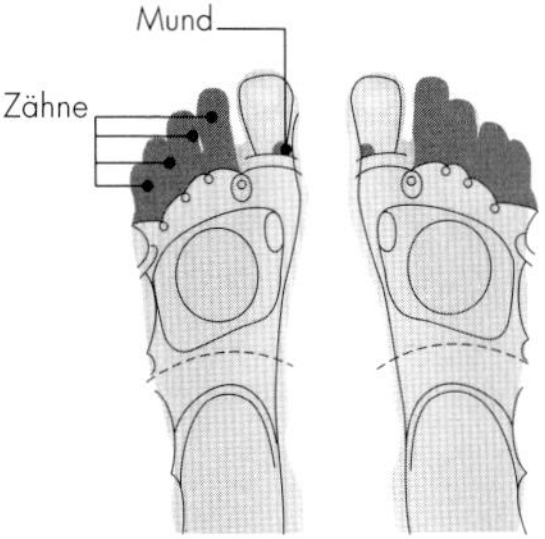

FUSSRÜCKEN

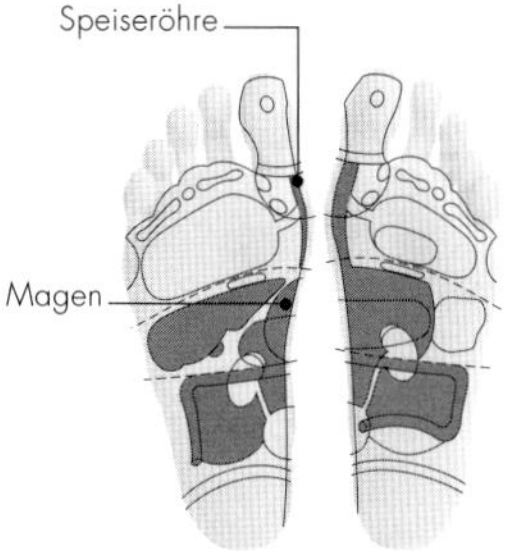

FUSSSOHLE

Arzt kontrolliert werden, um ernsthafte Ursachen auszuschließen. Eine Reflexzonenmassage kann auch hier durch die Förderung der Selbstheilungskräfte von hohem Nutzen sein.

AUSSENSEITE LINKS

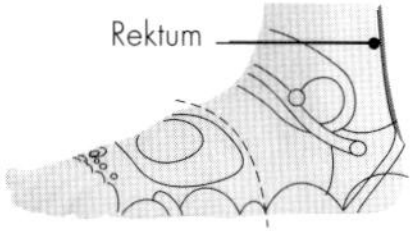

INNENSEITE RECHTS

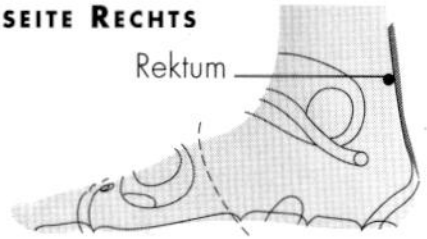

Magenverstimmung

Häufig liegt die Ursache in der Lebensweise, z. B. bei falscher Ernährung oder Stress. Direkt zu behandeln ist zunächst der Magenreflex, doch kommt noch Sodbrennen hinzu, sollten auch die Reflexpunkte von Speiseröhre und Zwerchfell beachtet werden (siehe auch Durchfall und Verstopfung auf S. 132–135)

AUSSENSEITE RECHTS

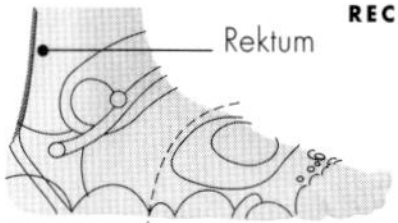

INNENSEITE LINKS

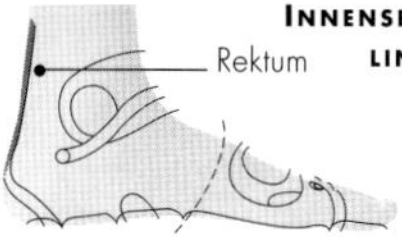

BEHANDLUNGSABLAUF

Das Ziel des Reflexzonentherapeuten ist die Linderung von Schmerzen sowie die Stärkung der körpereigenen Heilkräfte, indem das natürliche Energiegleichgewicht wiederhergestellt wird. Bei wunden Stellen im Mund bearbeitet man die Gesichts-, Zahn- und Halslymphknotenreflexe. Die Behandlung von Beschwerden des Magens und der Speiseröhre beinhaltet die Reflexpunkte für die Speiseröhre, den Magen, den Solarplexus und das Zwerchfell sowie für die Nebennieren.

Mund

Die Reflexe für das Gesicht liegen an der Spitze der Großzehe und des Daumens unterhalb des Nagels. Da die Punkte sehr klein sind, bedarf es großer Genauigkeit, um die richtigen Stellen zu behandeln.

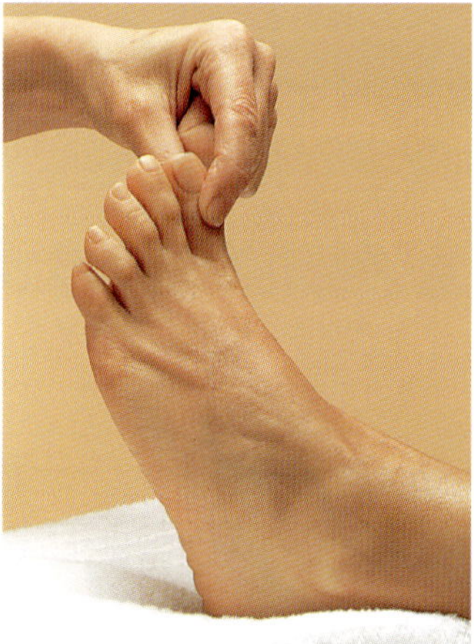

Speiseröhre

Der Speiseröhrenreflex des Fußes erstreckt sich von der Großzehe bis zur Zwerchfelllinie. Auf der Hand liegt er am Rand der Handfläche oberhalb der Stelle, an der sich Daumen und Hand treffen.

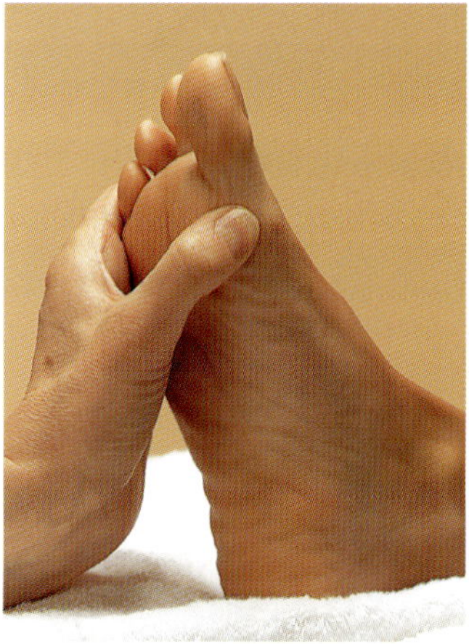

Magen

Der Magenreflex liegt hauptsächlich auf der linken Fußsohle sowie in der linken Handfläche.

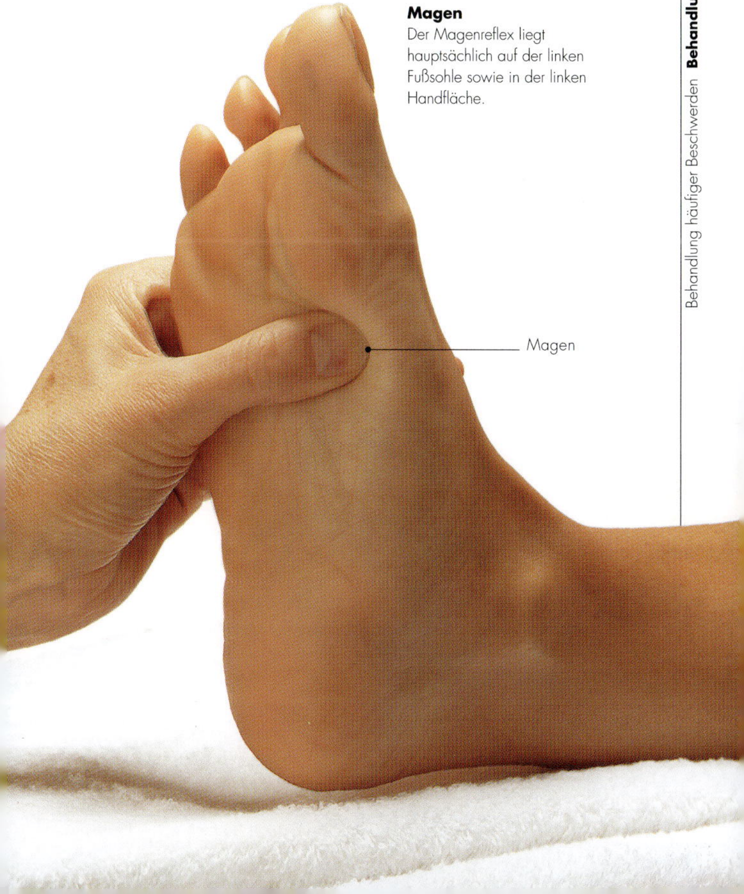

Erkrankungen der Leber und Gallenblase

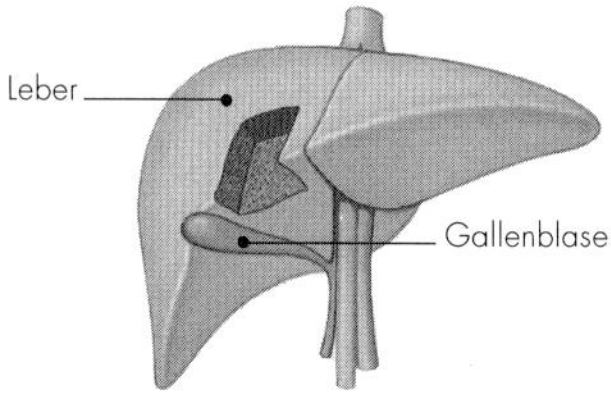

Die Leber
Die Leber ist eines der wichtigsten Organe des Körpers.

Leber und Gallenblase sind wichtige Bestandteile unseres Stoffwechsels, da mit beider Hilfe die Nahrung in vom Körper verwertbare Nährstoffe umgewandelt wird.

Funktion

Die Leber kontrolliert zahlreiche lebenswichtige chemische Prozesse, darunter die Lagerung und Freisetzung von Glukose, wichtigen Vitaminen und Mineralien sowie die Aufspaltung von Fett, Alkohol und anderen Giftstoffen. Die in der Leber produzierte Gallenflüssigkeit wird in der Gallenblase gelagert. Von dort gelangt sie in den Darm, um bei Bedarf das Fett der Nahrung aufzuspalten.

Erkrankungen

Jede Erkrankung, welche die Funktion dieser beiden Organe beeinträchtigt, muss ärztlich untersucht und durch Medikamente oder gegebenenfalls durch eine Operation behandelt werden. Lebererkrankungen, deren erstes Anzeichen häufig eine Gelbsucht ist, sind sehr gefährlich und können unbehandelt sogar zum Tode führen. Arbeitet die Gallenblase nicht richtig, kann es zu Störungen der Fettverdauung kommen, was zu Unwohlsein und zu hellen, übel riechenden Stühlen führt.

Genesung

Ist die Ursache der Erkrankung einmal gefunden und hat die notwendige schulmedizinische Behandlung begonnen (oder ist schon beendet), kann eine Reflexzonentherapie als ergänzende Behandlung die Genesung beschleunigen und noch vorhandene Beschwerden lindern.

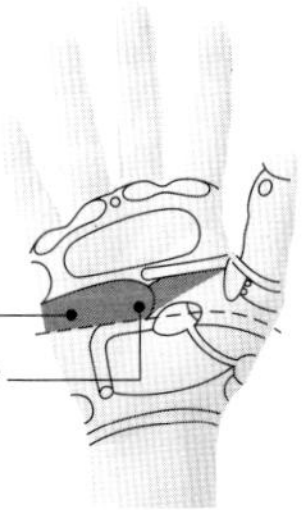

Rechte Handfläche

Regeneration

Die Leber ist als einziges unserer inneren Organe in der Lage, sich selbst zu regenerieren, sobald die Ursache der Erkrankung behandelt und unschädlich gemacht wurde. Unbedingte Voraussetzung ist allerdings, dass das Problem rechtzeitg erkannt und beseitigt wurde. Die Reflexzonentherapie kann im Anschluss an eine konventionelle Behandlung sehr hilfreich sein, da sie die natürlichen Selbstheilungskräfte unterstützt.

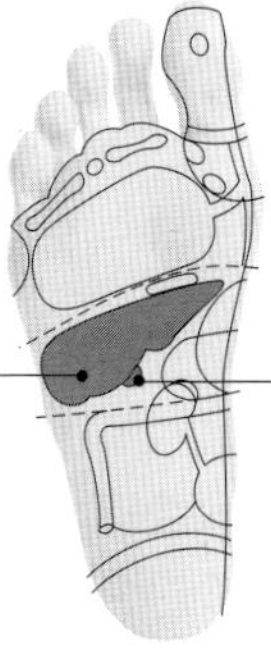

Rechte Fusssohle

Gallensteine

Massive Schmerzen im rechten Oberbauch können ein Zeichen von Gallensteinen sein. Gallensteine bestehen aus Cholesterin, Kalziumsalzen sowie Gallenbestandteilen und bilden sich mitunter in der Gallenblase.

BEHANDLUNGSABLAUF

Bei schlechter Fettverdauung werden die Reflexpunkte für die Leber, die Gallenblase und den Magen behandelt. Bei Gelbsucht – oftmals ein Anzeichen von Lebererkrankungen – müssen die Leber, die Gallenblase und die Reflexzonen der relevanten Lymphknoten behandelt werden. Bei Gallensteinen sollten die Reflexe von Gallenblase, Leber und Solarplexus Beachtung finden.

Schlechte Fettverdauung

Der Reflexpunkt der Gallenblase befindet sich nur in Zone 3 der rechten Hand und des rechten Fußes, direkt über der Taillenlinie. Bei Bedarf kann auch der Magenreflex behandelt werden.

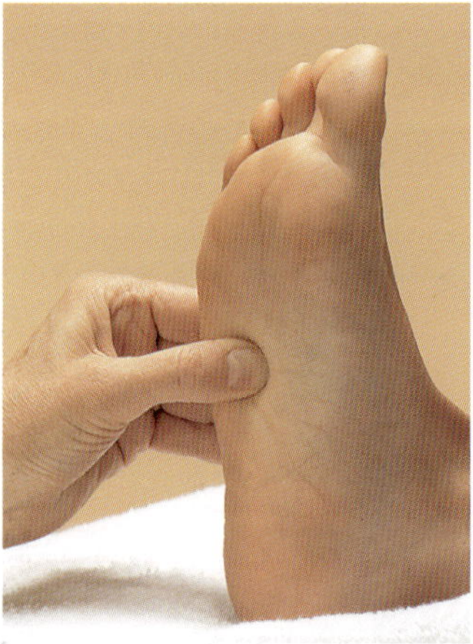

Gelbsucht

Der Leberreflex findet sich einzig auf der rechten Hand und dem rechten Fuß. Er erstreckt sich auf Handfläche und Fußsohle über alle fünf Zonen zwischen Zwerchfell- und Taillenlinie.

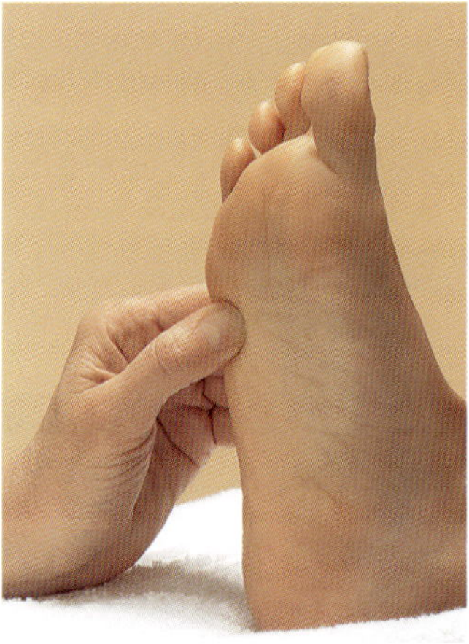

Gallensteine

Neben der Gallenblase und der Leber wird der Therapeut auch den Solarplexus behandeln, der direkt unterhalb der Zwerchfelllinie auf Fußsohle und Handfläche liegt.

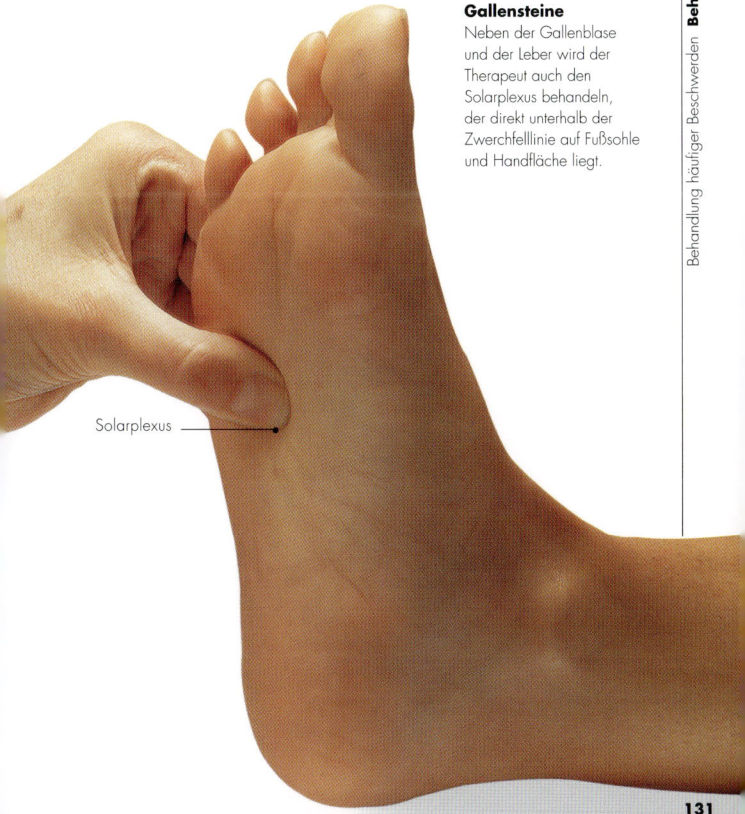

Durchfall und Verstopfung

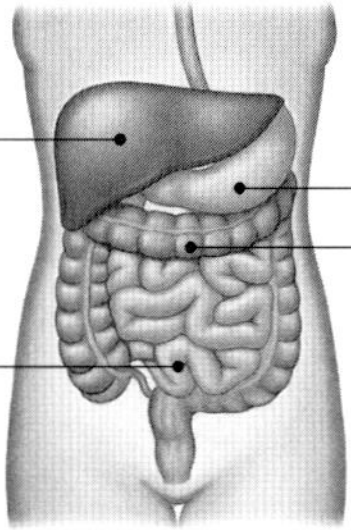

Verdauung
Enzyme spalten unsere Nahrung auf.

Bei häufig oder länger auftretenden Beschwerden sprechen Sie mit Ihrem Arzt, denn es könnten auch Anzeichen für einige ernsthafte Erkrankungen wie Colitis ulcerosa, Morbus Crohn oder sogar Krebs sein. Teilen Sie ihm auch mit, ob Sie in Ländern waren, in denen Sie sich mit Krankheiten wie etwa Thyphus infiziert haben könnten. Beschwerden, die nur wenige Tage anhalten, sind wahrscheinlich ernährungsbedingt. Durchfall ist beispielsweise oftmals die Folge einer leichten Lebensmittelvergiftung bzw. einer Infektion und geht in den meisten Fällen ohne Behandlung schnell wieder vorbei.

Reizdarm

Der Reizdarm ist eine komplizierte Erkrankung, die sowohl Verstopfung als auch Durchfall verursachen kann und durch Stress sowie durch Spannungszustände negativ beeinflusst wird. Doch sind die Ursachen der Erkrankung noch nicht geklärt. In einem solchen Fall behandelt man die Reflexzonen für den Dickdarm, die Leber, die Nebennieren und für den Solarplexus.

Durchfall

Dabei wird die Reflexzone des Dickdarms behandelt, denn bei Durchfall durchläuft der Stuhl diesen zu schnell, sodass nicht genügend Wasser vom Körper zurückgewonnen wird, was zu Austrocknung führen kann. Ist die Ursache eine Infektion, sind auch die Lymphknoten des Bauchraumes zu behandeln. Zur Förderung der Entspannung behandelt man die

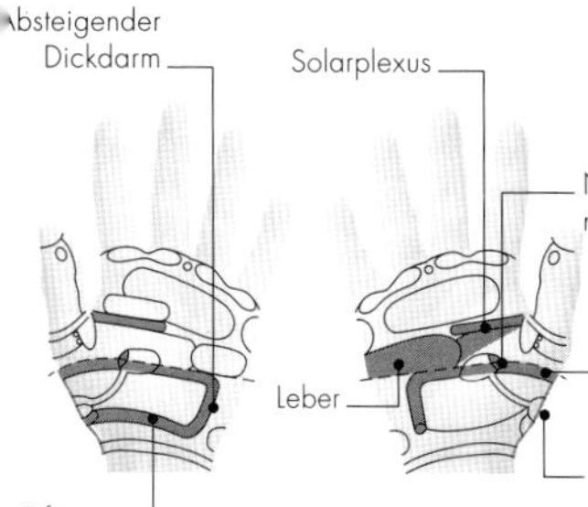

HANDFLÄCHE

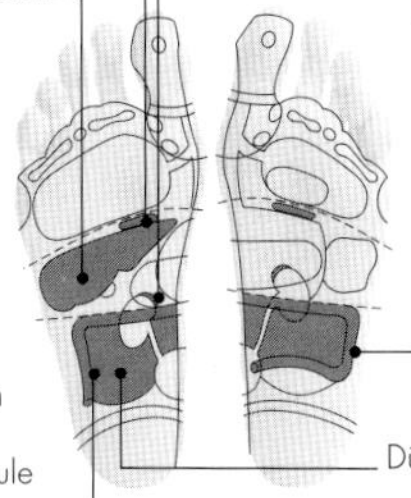

FUSSSOHLE

Reflexzonen für den Solarplexus und die Nebennieren. Schließlich kann auch der Dünndarm betroffen sein.

Verstopfung

Bei Verstopfung ist es notwendig, den trägen aufsteigenden und s-förmigen Dickdarm durch die Behandlung ihrer Reflexzonen anzuregen. Zudem werden die Reflexe des Dünndarms, der Leber, der Nebennieren und der unteren Wirbelsäule bearbeitet.

RECHTE INNENSEITE

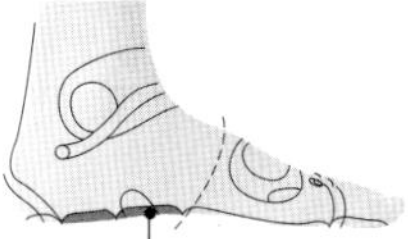

LINKE INNENSEITE

Lebensweise

Sollten Durchfall oder Verstopfung länger anhalten, obwohl Ihr Arzt keine Ursache finden kann, werden die Beschwerden wahrscheinlich durch Ihre Lebensweise hervorgerufen.

BEHANDLUNGSABLAUF

Nachdem wichtige Punkte zur Lebensweise – besonders Ernährung und Stress – besprochen wurden, muss der Therapeut bei der Behandlung dieser Beschwerden eine Reihe von Reflexzonen massieren. Bei Durchfall sind es Teile des Dickdarms, die Reflexe der Lymphknoten im Bauchraum, des Solarplexus, der Nebennieren und des Dünndarms. Bei Verstopfung sind es ebenso Teile des Dickdarms, des Dünndarms, der Leber, der Nebennieren und des Solarplexus.

Dickdarm

Um die Reflexzone des Dünndarms herum befindet sich die des Dickdarms, die aus verschiedenen Teilen besteht. Einige liegen auf dem rechten Fuß bzw. der rechten Hand, andere links. Der aufsteigende und Teile des queren Dickdarms liegen rechts, der restliche quere Dickdarm, der absteigende und s-förmige Teil sowie das Rektum befinden sich links.

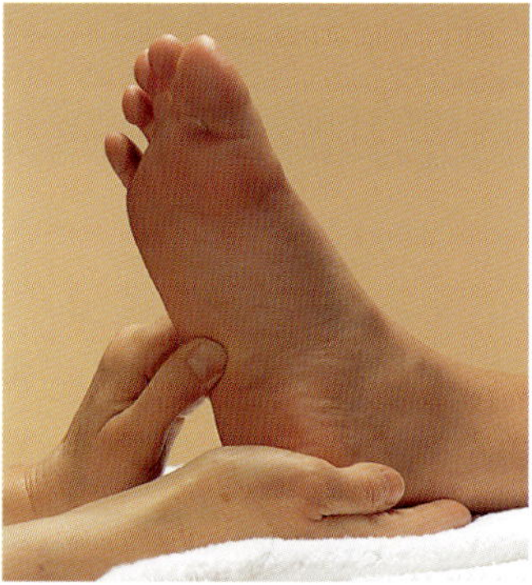

Dünndarm

Die Reflexzone des Dünndarms befindet sich auf beiden Fußsohlen direkt oberhalb der Ferse und verläuft über die Zonen 1 bis 4. Auf der Hand liegt diese zwischen Taillenlinie und Handgelenk über die gleichen Zonen verteilt.

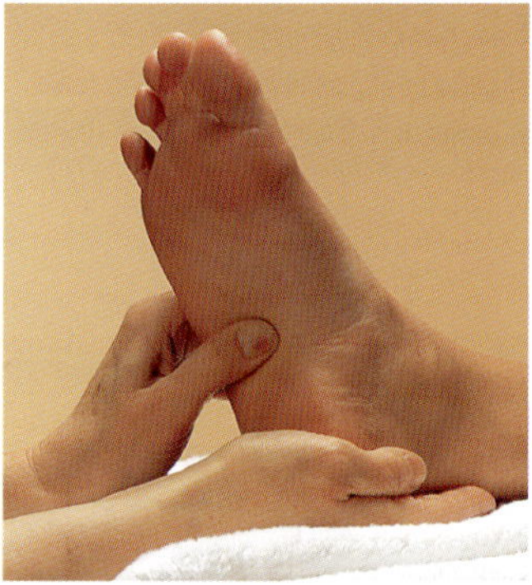

Leber

Der Leberreflex liegt auf der rechten Fußsohle (und der rechten Handfläche) zwischen Taillen- und Zwerchfelllinie und zieht sich über alle fünf Zonen.

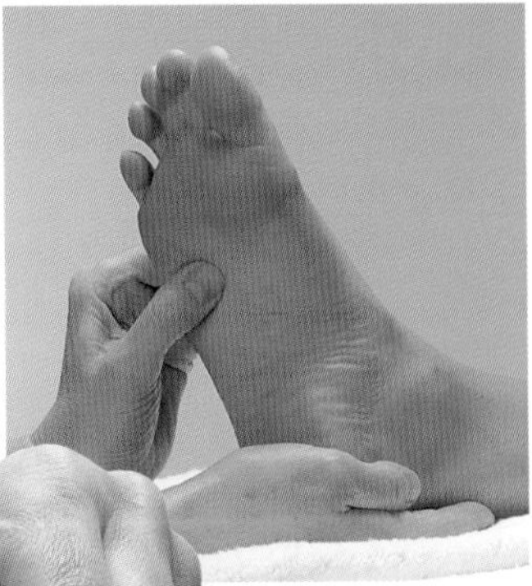

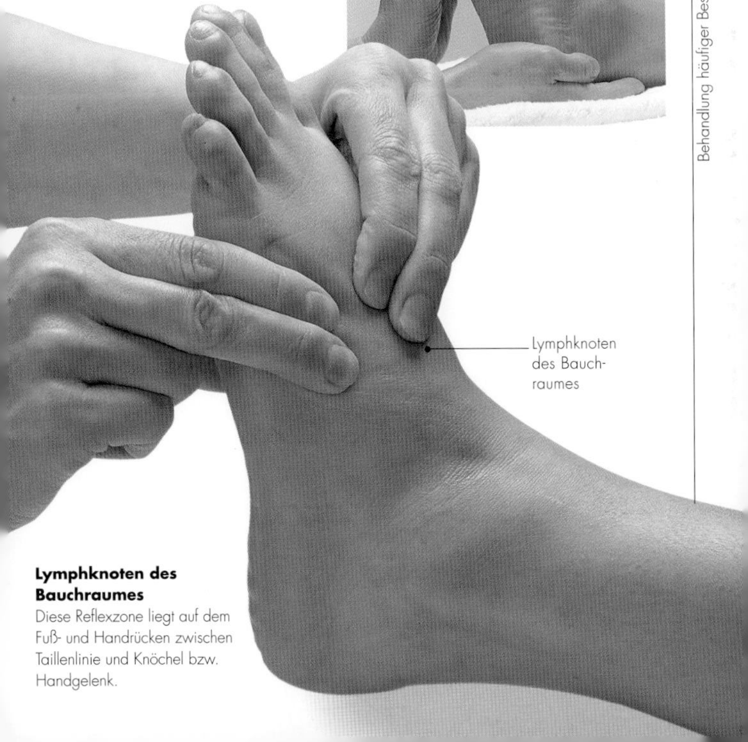

Lymphknoten des Bauchraumes

Diese Reflexzone liegt auf dem Fuß- und Handrücken zwischen Taillenlinie und Knöchel bzw. Handgelenk.

Herz-Kreislauf-Erkrankungen

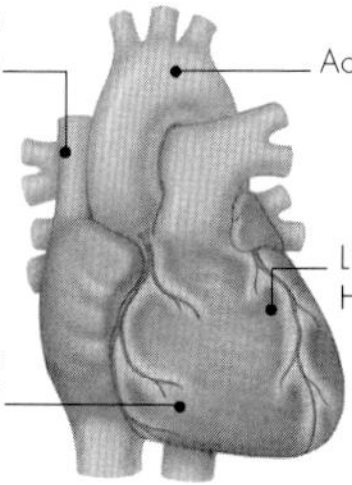

Das Herz
Das Herz versorgt den Körper mit sauerstoffreichem Blut.

Patienten mit Herzerkrankungen sollten nur mit großer Vorsicht und von sehr erfahrenen Reflexzonentherapeuten behandelt werden. Eine Reflexzonenmassage kann jedoch bei Beschwerden, die mit schlechter Durchblutung in Zusammenhang stehen, durchaus zuträglich sein, z. B. bei Angina Pectoris, Herzrhythmusstörungen, kalten Extremitäten oder Krampfadern. Auch bei der Stärkung des Kreislaufs ist sie überaus hilfreich.

Ein Teil jeder vollständigen Behandlung ist die Bearbeitung der entsprechenden Reflexe zur Verbesserung der Herztätigkeit und der Durchblutung, wobei der Therapeut besonderes Gewicht auf den linken Fuß und die linke Hand legen wird, auf denen der Herzreflexpunkt liegt.

Angina Pectoris

Hierbei treten Schmerzen im Brustraum bei erhöhtem Sauerstoffbedarf auf, z. B. beim Treppensteigen. Sie tritt auch oft bei kaltem, windigem Wetter auf. Ausgelöst wird Angina Pectoris durch eine Verengung der Blutgefäße in Herznähe. Diese Erkrankung spricht jedoch gut auf eine schulmedizinische Behandlung an.

Herzrhythmusstörungen

Ein unregelmäßiges Schlagen des Herzens muss unbedingt ärztlich untersucht werden, doch häufig lässt sich dennoch keine Ursache finden.

Eine Reflexzonentherapie kann helfen, da sie Stress lindert und die Energiebalance des Körpers verbessert.

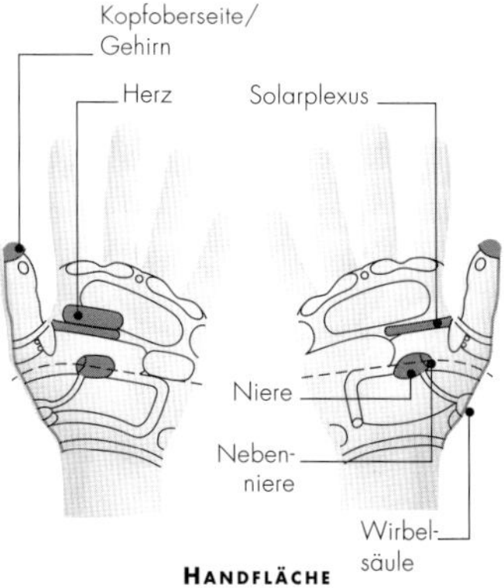

Handfläche

Durchblutungsstörungen

Durchblutungsstörungen können zu weiteren unangenehmen, jedoch in den meisten Fällen ungefährlichen Beschwerden führen, z. B. zu Krampfadern. Schlecht durchblutete Hände und Füße sind kälteempfindlich und sehen häufig bleich oder bläulich aus. Behandelt werden sollten in diesem Fall die Reflexzonen von Herz, von Dick- und Dünndarm, von der Wirbelsäule sowie die Zonen der betroffenen Körperteile selbst.

Frostbeulen

Durchblutungsstörungen können zu juckenden, roten Schwellungen führen – Frostbeulen. Zumeist entwickeln sich diese bei kaltem, nassem Wetter an den Zehen, besonders wenn die Blutgefäße nicht richtig auf Kälte reagieren.

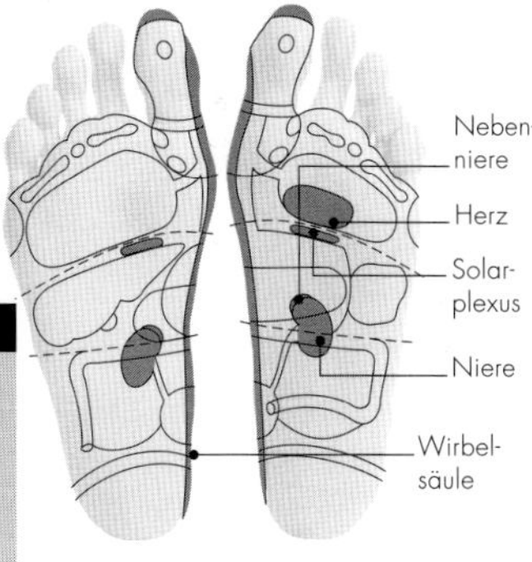

Fusssohle

BEHANDLUNGSABLAUF

Zur Anregung der Durchblutung und zur Beseitigung von Energieblockaden kann die Reflexzonentherapie bei jeder Form von Herz-Kreislauf-Erkrankungen dienlich sein. Die Behandlung von Herz-, Solarplexus- und Nebennierenreflex nützt bei Herzrhythmusstörungen und Angina Pectoris. Eine schlechte Durchblutung behandelt man über die Reflexe des Herzens, des Dünn- und Dickdarms, der Wirbelsäule und der betroffenen Gebiete. Die Behandlung der Nebennierenreflexe kann den Blutdruck senken, ersetzt aber keine medikamentöse Therapie.

Angina Pectoris

Die Reflexzone des Herzens befindet sich nur auf dem linken Fuß und der linken Hand. Auf dem Fuß liegt sie direkt über der Zwerchfelllinie im unteren Ballenbereich, auf der Handfläche in den Zonen 2 und 3 über der Zwerchfelllinie.

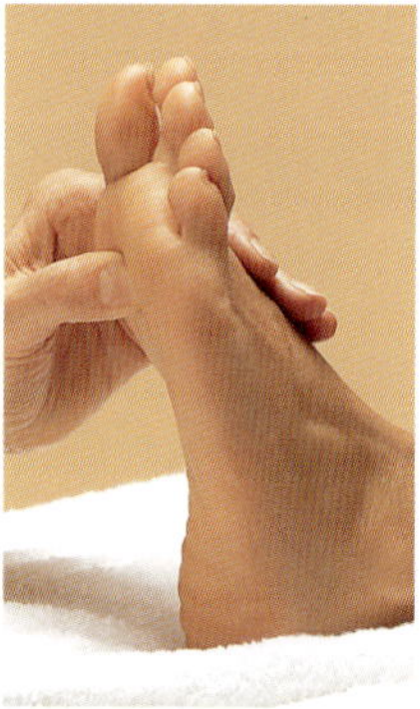

Herzrhythmusstörungen

Hierbei sollte der Solarplexusreflex behandelt werden, der direkt unter der Zwerchfelllinie in den Zonen 2 und 3 auf der Fußsohle liegt. Auf der Handfläche befindet er sich im oberen Viertel unterhalb der Finger.

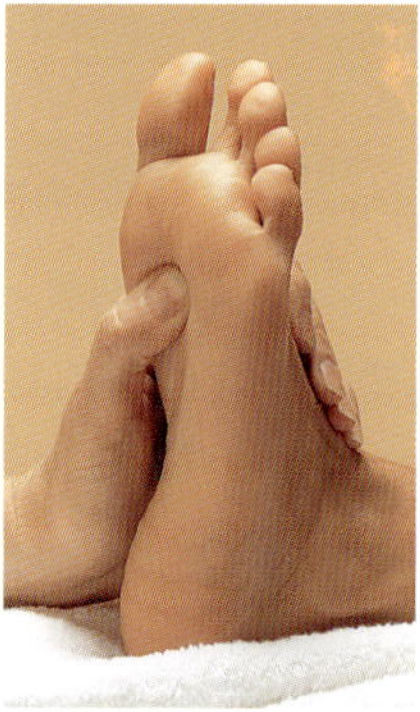

Bluthochdruck

Bluthochdruck behandelt man über die Nebennieren. Deren Reflexpunkte liegen über der Zwerchfelllinie in Richtung Innenseite, auf Fußsohle und Handfläche gleichermaßen.

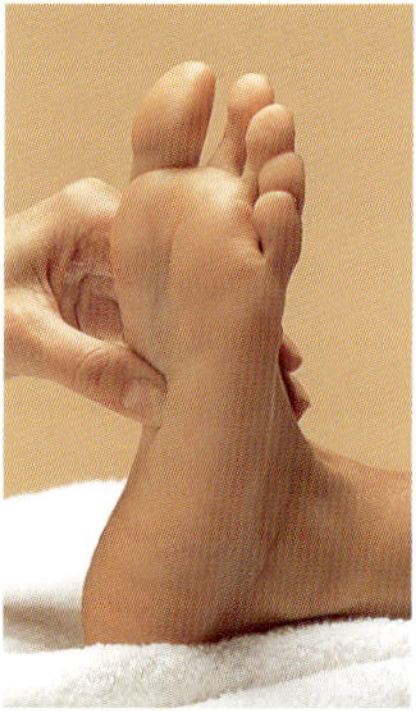

Durchblutungs-störungen
Eine Massage der Zehen kann die Durchblutung der Finger verbessern, da diese in den gleichen Längszonen liegen.

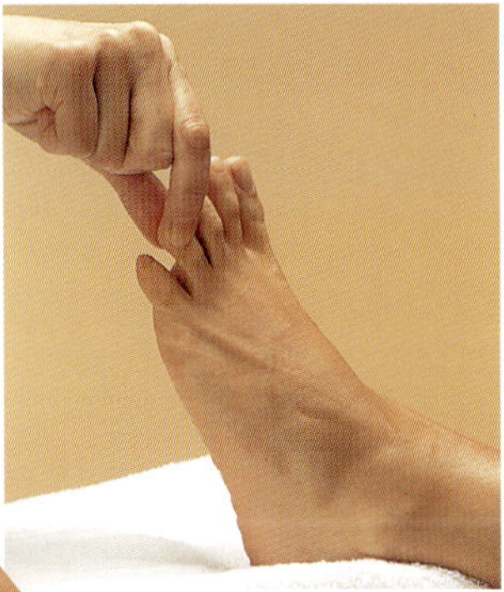

Knie
Der Kniereflex an der Fußaußenseite wird bei Durchblutungsstörungen des Unterschenkels, z. B. bei Krampfadern, behandelt.

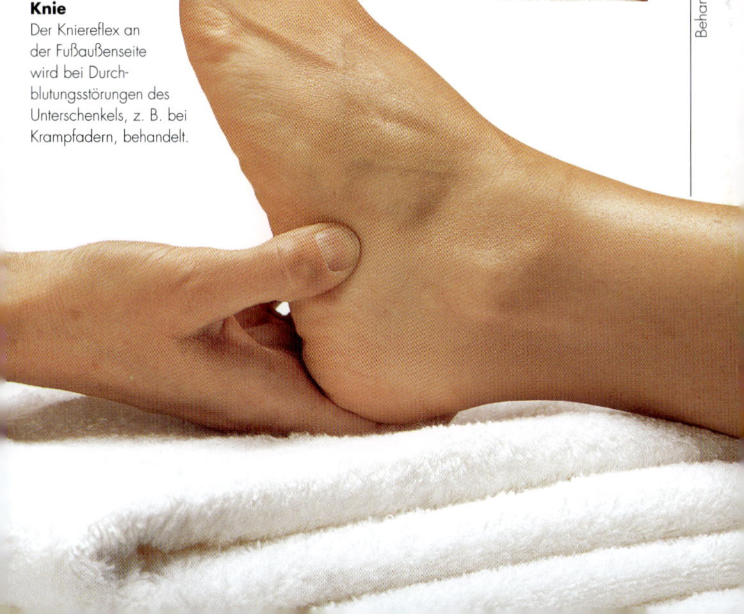

Das Lymphsystem

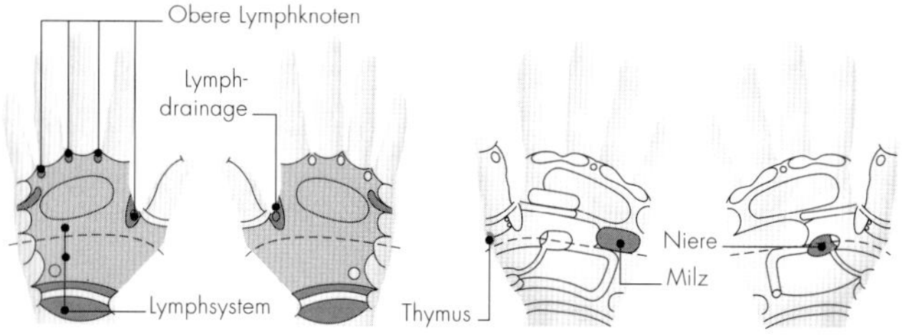

HANDRÜCKEN **HANDFLÄCHE**

Das Lymphsystem ist Teil der komplexen und wichtigen Immunabwehr, die den Körper gegen Krankheitserreger schützt und als „Abflusssystem" dafür sorgt, dass verschiedene Abfall- und Giftstoffe ausgeschieden werden können. Das Lymphsystem besteht aus einem feinen Gefäßnetzwerk, ähnlich dem Kreislaufsystem. Durch dieses fließt die gelbliche Lymphflüssigkeit, welche die Gewebszellen mit Nährstoffen versorgt und deren Abfallprodukte abtransportiert. Lymphknoten (oder Lymphdrüsen) liegen an den Schnittstellen des Systems, um dort Krankheitserreger auszufiltern. Zudem bilden die Knoten einen Teil der weißen Blutkörperchen (Lymphozyten), welche die Antikörper zum Kampf gegen Krankheitserreger herstellen.

Probleme

Zahlreiche Faktoren können das Immunsystem schwächen, darunter z. B. Stress, Immunsupressiva oder auch Infektionen aller Art von Erkältungen bis zu HIV. Unter solchen Umständen kann sich ein Teufelskreis entwickeln, bei dem der Körper nicht mehr in der Lage ist, Infektionen oder Erkrankungen selbst zu bekämpfen, was wiederum die Wirksamkeit der Immunabwehr weiter schwächt. Lymphstauungen sind häufig ein Symptom des PMS (prämenstruelles Syndrom) und können auch in der

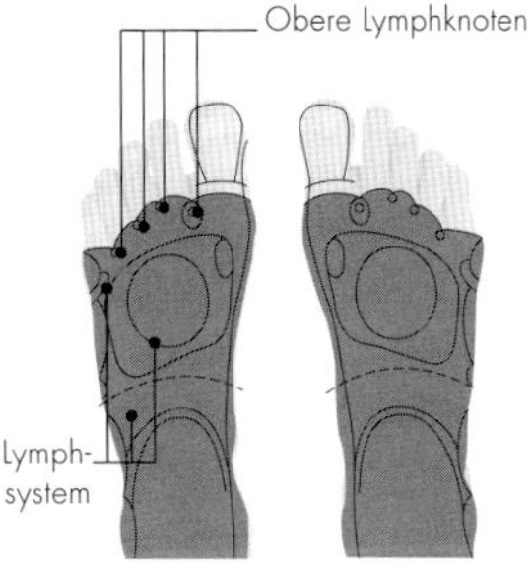

FUSSRÜCKEN

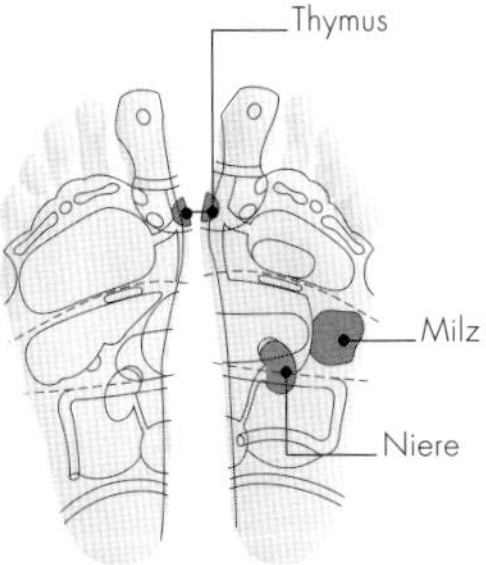

FUSSSOHLE

Schwangerschaft zu geschwollenen Gelenken führen.

Geschwollene Lymphknoten

Viele wissen aus eigener Erfahrung, dass die Lymphknoten bei Infektionen anschwellen, z. B. am Hals, wenn man an einer Halsentzündung leidet. Dies gehört zu den Anstrengungen des Immunsystems, der Infektion Herr zu werden und ihre weitere Ausbreitung durch den Körper zu verhindern.

LINKE AUSSENSEITE

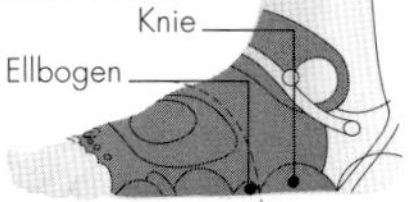

RECHTE INNENSEITE

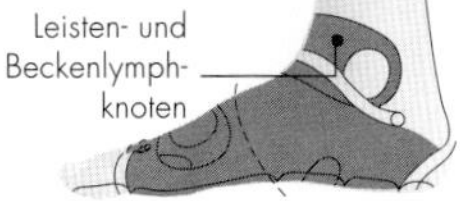

RECHTE AUSSENSEITE

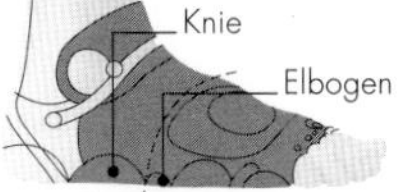

LINKE INNENSEITE

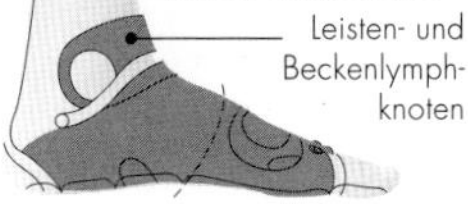

Geschwächtes Immunsystem

Stress, Ernährung oder Lebenswandel können das Immunsystem belasten. Zuviel Sport oder Nikotin sowie Schlafmangel können die Immunabwehr ebenfalls beeinträchtigen.

BEHANDLUNGSABLAUF

Die Hauptreflexzonen bei Lymphstauungen sind die der Nieren, doch auch die Behandlung des Lymphsystems, des Harnleiters, der Blase, der Hirnanhangsdrüse und des Herzens sowie der betroffenen Körperregion(-en) selbst kann sinnvoll sein. Bei einer schlechten Immunabwehr behandelt man die Reflexe des Lymphsystems. Geschwollene Lymphknoten werden über die Reflexpunkte der betroffenen Lymphknoten und über den Milzreflex behandelt.

Lymphstauungen

Die Nierenreflexe liegen auf der Fußsohle und Handfläche, auf Höhe der Taillenlinie in den Zonen 2 und 3. Die Behandlung dient dazu, den Körper zu einer vermehrten Flüssigkeitsausscheidung anzuregen.

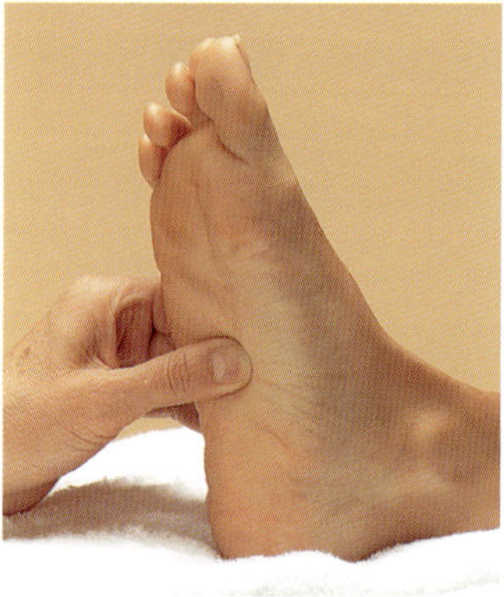

Schlechte Immunabwehr

Der Reflexpunkt der Milz, die ein wichtiges Immunorgan ist, liegt nur auf der linken Fußsohle bzw. der linken Handfläche, zwischen Taillen- und Zwerchfelllinie in den Zonen 4 und 5.

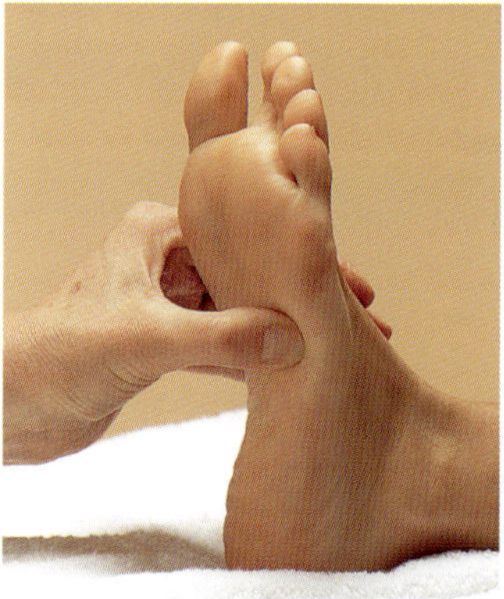

Geschwollene Lymphknoten

Das obere Lymphsystem, das im Fall von geschwollenen Lymphknoten behandelt wird, hat seine Reflexpunkte an der Spitze und Außenseite der Füße bzw. des Handrückens, zwischen dem Ansatz der Zehen bzw. Finger und dem Fuß- bzw. Handgelenk.

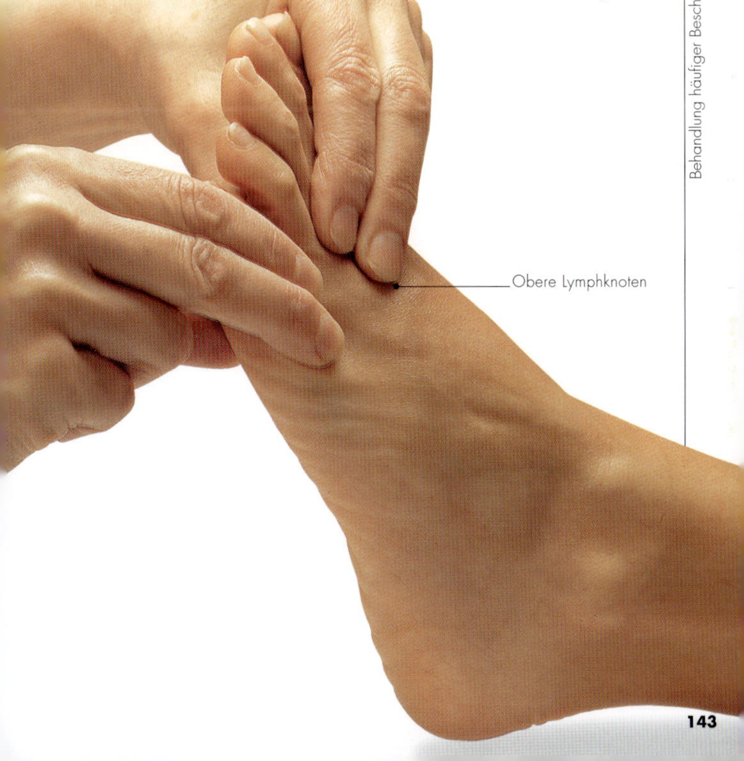

Harnwegserkrankungen

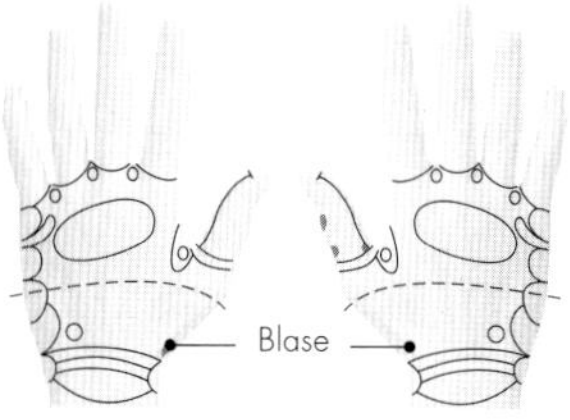

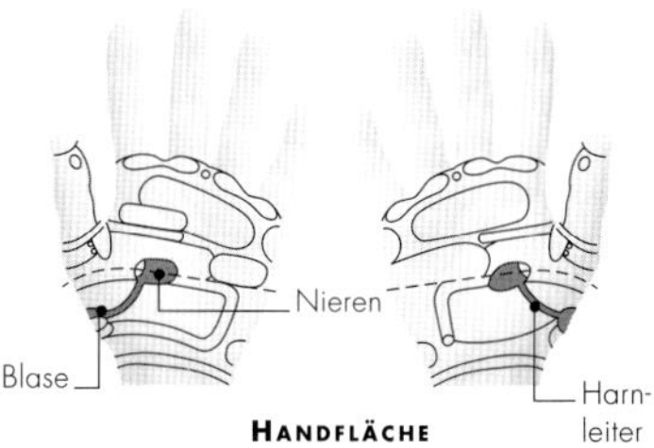

Schmerzen oder andere das Harnwegssystem betreffende Beschwerden können eine Vielzahl von Ursachen haben. Am häufigsten treten jedoch Infektionen durch Bakterien auf. Über die Harnröhre können die Krankheitserreger bis zur Blase und zu den Nieren vordringen.

Blasenentzündung

Frauen sind häufiger von Blasenentzündungen betroffen, da ihre Harnröhre kürzer ist und näher am Anus liegt als bei Männern, was eine potenzielle Infektionsquelle darstellt. Hat sich eine Entzündung einmal festgesetzt, ist diese meistens recht hartnäckig, obwohl Antibiotika durchaus helfen können. Sollten die zunächst verschriebenen Antibiotika nicht anschlagen, muss eine Urinprobe zur genauen Bestimmung des Bakterienstammes durchgeführt werden. Zur Schmerzlinderung kann es schon helfen, viel Wasser oder harntreibende Getränke, z. B. Brennnesseltee, zu trinken. Der Therapeut wird sich dann besonders den Reflexzonen der Harnblase und ihren angegliederten Organen widmen. Ferner wird er versuchen, die Immunabwehr allgemein zu stärken (siehe S. 140–143).

Blasenprobleme

Vor allem ältere Männer haben aufgrund einer vergrößerten Prostata, welche die Harnröhre verengt, häufig Probleme beim Wasserlassen. Drückt die Prostata auf die Blase, kann eine Infektion hinzukommen, was zusätzlich schmerzt (siehe S. 212 f.). Wenn Sie Schwierigkeiten beim Urinieren haben, suchen Sie stets zuerst Ihren Arzt auf.

Ein verstärkter Harndrang ist während einer Schwangerschaft aufgrund des erhöhten Drucks auf die Blase normal. Einige Frauen leiden aber auch nach der Entbindung an einer Blasenschwäche, da die Beckenbodenmuskulatur, die den Harnfluss kontrolliert, geschädigt ist.

In allen anderen Fällen muss jede Form des verstärkten Harndrangs zunächst ärztlich untersucht werden, um ernsthafte Erkrankungen, wie beispielsweise einen Diabetes (siehe S. 148 f.), auszuschließen.

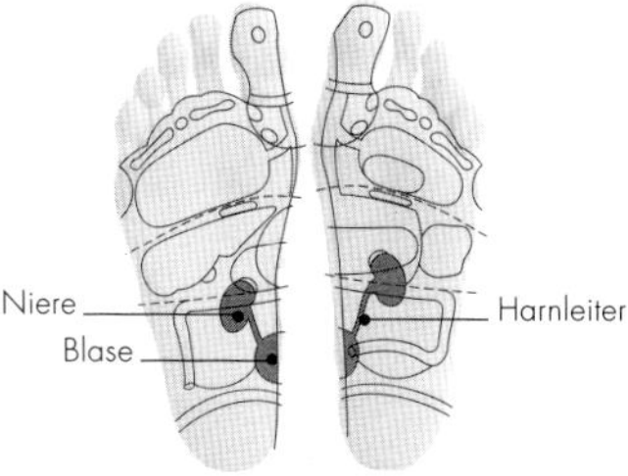

FUSSSOHLE

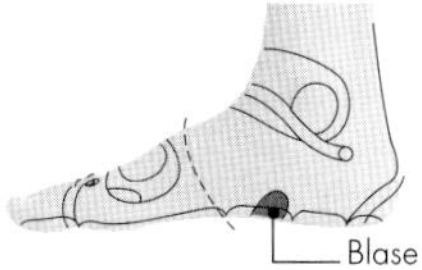

RECHTE INNENSEITE

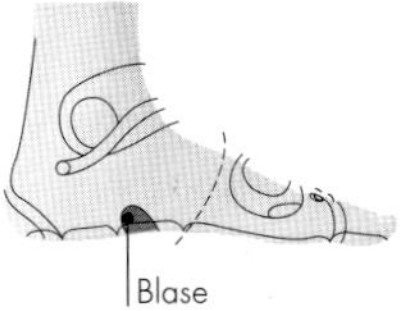

LINKE INNENSEITE

Bakterielle Infektionen

Bakterielle Infektionen des Harnwegssystems, etwa eine Harnleiterentzündung, können beim Urinieren schmerzhaft sein und sollten vom Arzt mit Antibiotika behandelt werden.

BEHANDLUNGSABLAUF

Viele Erkrankungen des Harnwegssystems werden durch bakterielle Infektionen verursacht, allerdings können auch Prostatavergrößerungen und Schwangerschaften zu Blasenbeschwerden führen. Blasenentzündungen erfordern eine Behandlung der Blasen-, Nieren- und Harnleiterreflexzonen sowie der Reflexe für die Lymphknoten des Beckenraumes. Die gleichen Reflexzonen sollten bei Nierenfunktionsstörungen behandelt werden, zusätzlich auch die Nebennieren, die Hirnanhangsdrüse und die Nebenschilddrüse (Prostata siehe S. 212 f.).

Blasenentzündungen

Der Blasenreflex liegt auf der Fußinnenseite direkt vor dem Knöchel sowie auf der Handinnenseite oberhalb des Handgelenks .

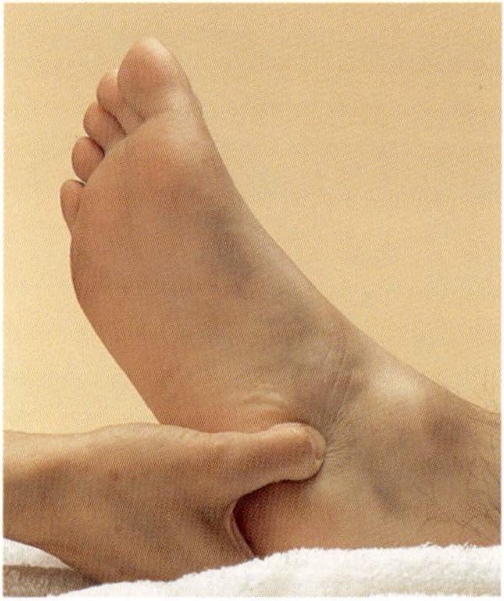

Nierenfunktionsstörungen

Die Nierenreflexe befinden sich auf der Taillenlinie der Fußsohle und der Handfläche in den Zonen 2 und 3.

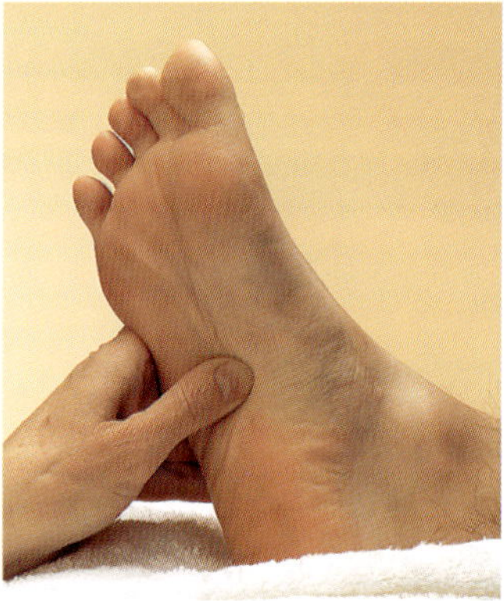

Prostatabeschwerden

Der Prostatareflex befindet sich auf der Innenseite des Fußes, auf halbem Weg zwischen Knöchel und Ferse.

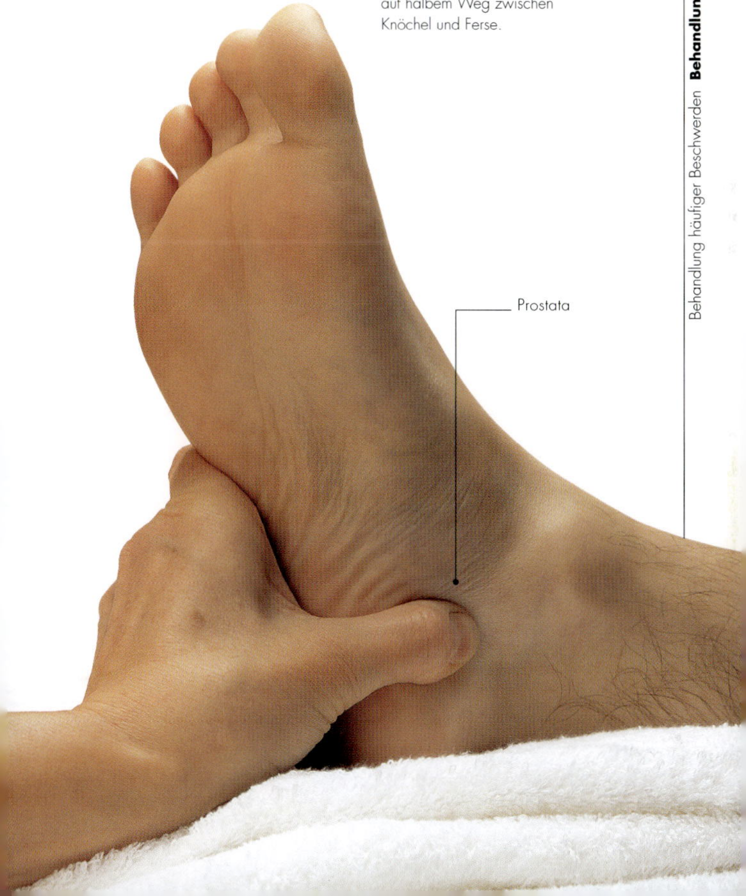

Hormonstörungen

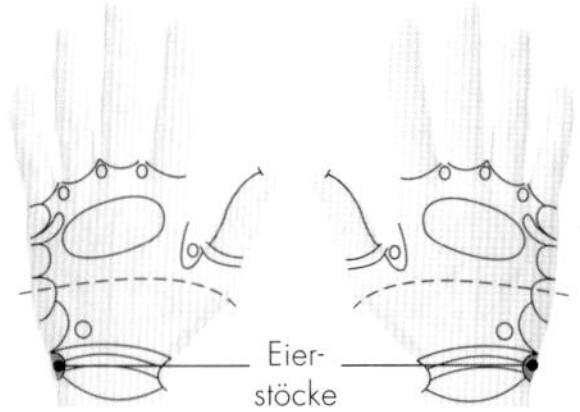

Handrücken

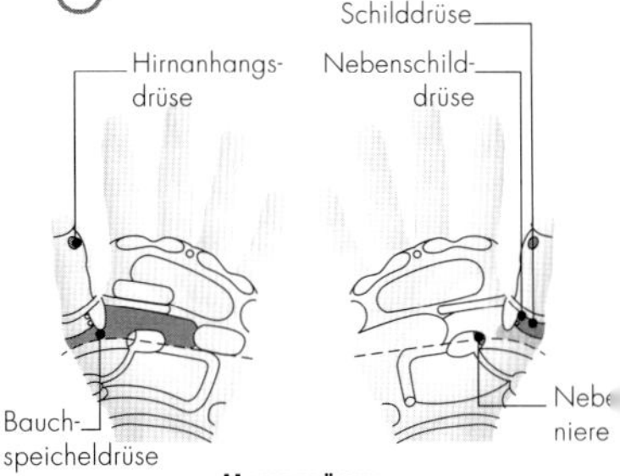

Handfläche

Ein Großteil unserer körperlichen und geistigen Gesundheit hängt von der Fähigkeit des Körpers ab, den komplizierten Haushalt der chemischen Botenstoffe (Hormone) zu kontrollieren, die eine Vielzahl von Körperfunktionen steuern.

Funktion der Hormone

Die Hormone werden von einer Reihe endokriner Drüsen gebildet, die über den gesamten Körper verteilt sind und von der an der Schädelbasis sitzenden Hirnanhangsdrüse kontrolliert werden. Arbeitet dieses System einwandfrei, löst diese Drüse die Freisetzung bestimmter Hormone aus oder hemmt sie, je nach Notwendigkeit. Ein typisches Beispiel hierfür ist die Produktion von Adrenalin und Noradrenalin durch die Nebennieren zur Vorbereitung des Körpers auf „Flucht" oder „Angriff". Andere Hormone, beispielsweise das Wachstumshormon oder das Schlafhormon Melatonin, werden regelmäßig und in bestimmten Intervallen ausgestoßen. Dieses empfindliche Gleichgewicht kann leicht gestört werden.

Abgesehen von Beschwerden, die auf die Hormone Östrogen und Progesteron zurückgeführt werden können (siehe hierzu S. 152 f.), gehören Diabetes und Schilddrüsenfehlfunktionen zu den häufigsten Erkrankungen, die durch Hormonstörungen verursacht werden.

Diabetes

Ein Diabetes entsteht, wenn die Bauchspeicheldrüse nicht mehr ausreichend Insulin herstellen kann oder der Körper nicht mehr in der Lage ist, auf Insulin richtig zu reagieren. Dieses Hormon reguliert den Glukosegehalt des Blutes. Ein Diabetes vom Typ I (insulinabhängiger Diabetes) entsteht oftmals im Jugendalter durch Störungen der Insulinproduktion. Ein Typ II (insulinunabhängiger Diabetes) trifft eher Menschen im fortgeschrittenen Alter und wird häufig mit Tabletten und/oder Diät behandelt anstatt mit Insulininjektionen.

Schilddrüsenfunktionsstörungen

Dieses vorne im Hals liegende Organ kann bei Störungen eine Vielzahl von unangenehmen Beschwerden hervorrufen. Die häufigste Erkrankung ist wahrscheinlich die Über- oder Unterproduktion von Thyroxin, das unseren Stoffwechsel reguliert. Die schulmedizinische Behandlung hierfür ist jedoch recht wirksam.

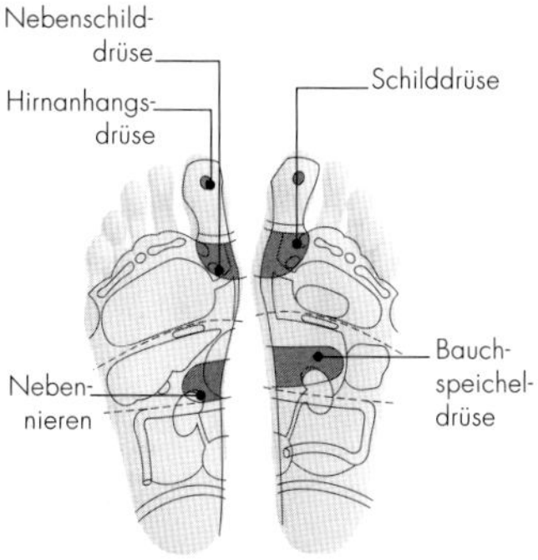

FUSSSOHLE

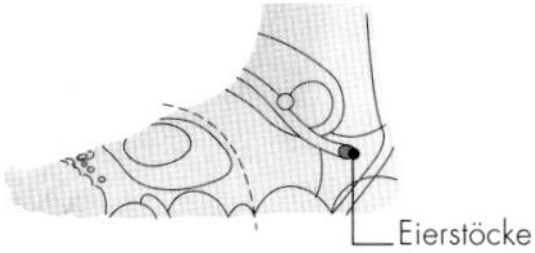

LINKE INNENSEITE

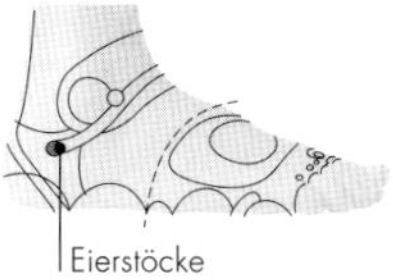

RECHTE AUSSENSEITE

BEHANDLUNGSABLAUF

Eine Reflexzonenmassage kann schulmedizinische Behandlungen ergänzen oder helfen, ein weniger schweres Energieungleichgewicht zu beheben, das zu Fehlfunktionen der Schilddrüse – sei es nun Über- oder Unterfunktion – führen kann. Diabetespatienten, die Medikamente nehmen, sollten nur durch erfahrene Therapeuten behandelt werden. Sind auch Herz, Nieren oder Augen betroffen, ist eine Behandlung weiterer Reflexzonen notwendig.

Schilddrüse

Der Reflex der Schilddrüse befindet sich über dem Fußballen direkt unter der Großzehe. Auf der Handfläche liegt er unterhalb des Übergangs vom Daumen in die Hand.

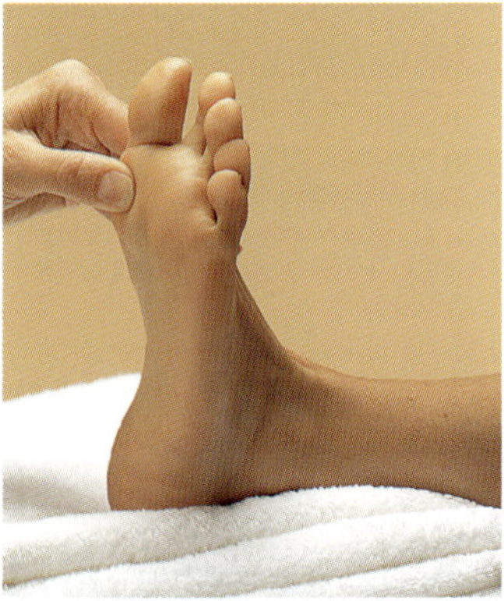

Hirnanhangsdrüse

Dieser Reflexpunkt befindet sich auf der Mitte des Ballens der Großzehe bzw. des Daumenballens.

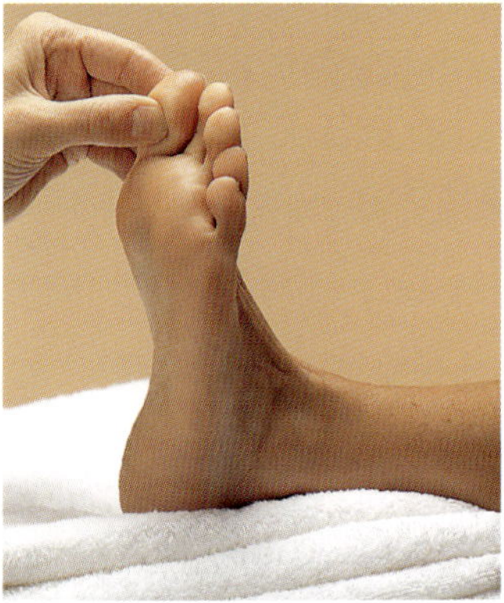

Nebennieren

Diese Reflexzone befindet sich auf den Fußsohlen in einer Linie mit der zweiten Zehe und auf den Händen in einer Linie mit dem zweiten Finger.

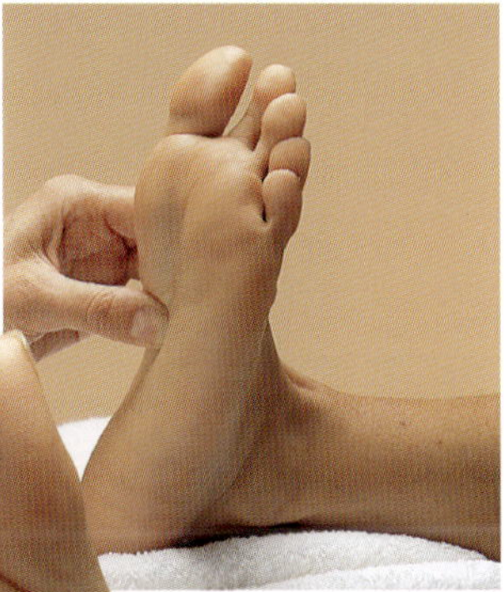

Bauchspeicheldrüse

Dieser Reflex liegt in den Zonen 1 und 2 der rechten sowie in den Zonen 2 und 3 der linken Fußsohle, oberhalb der Taillenlinie. Auf den Händen findet sich der Reflex wiederum über der Taillenlinie in den gleichen Zonen.

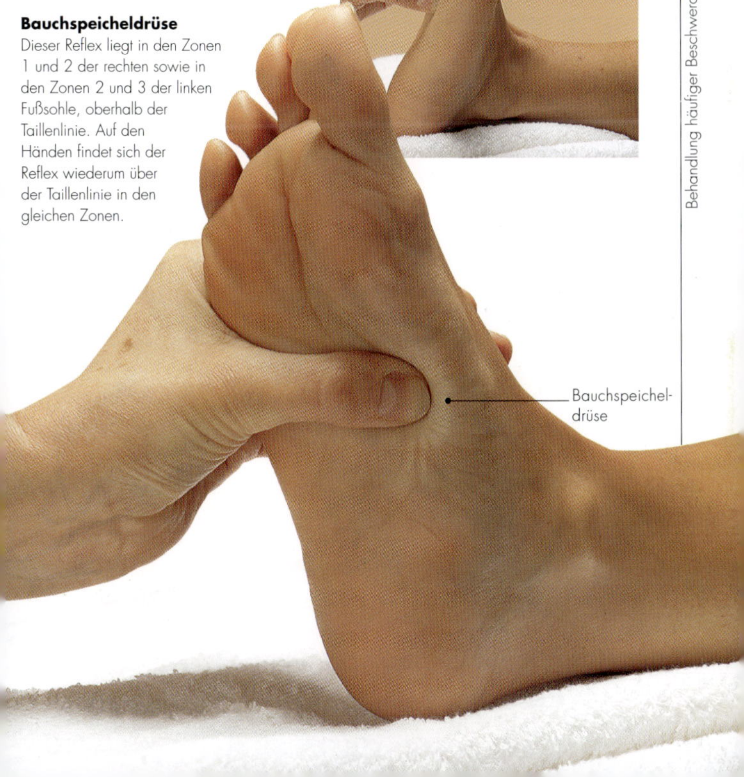

Fortpflanzungssystem

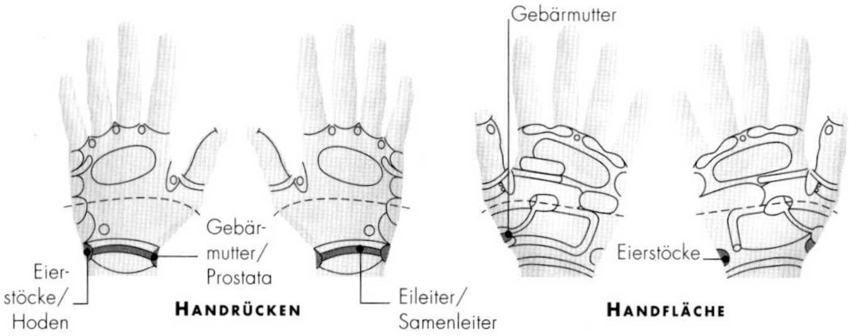

Menstruationsbeschwerden gelten schon beinahe als normal. Sie sind oft schmerzhaft und stören den gewohnten Tagesablauf. Zu den Beschwerden zählen unter anderen das prämenstruelle Syndrom, schmerzhafte und/oder massive Blutungen, unregelmäßige oder geringe Blutungen und Empfängnisprobleme sowie Probleme in den Wechseljahren. Da Männer nicht den gleichen hormonellen Einflüssen unterliegen, kommt es bei ihnen in der Regel auch zu weniger Beschwerden, dennoch können sie z. B. unfruchtbar sein oder an Erektionsproblemen leiden, die körperliche und auch psychische Ursachen haben können.

Menstruationsbeschwerden

Häufig sind die Ursachen hormonelle Schwankungen, doch mitunter liegt auch eine organische Störung vor. Beispielsweise können schmerzhafte, massive Blutungen durch gutartige Bindegewebswucherungen der Gebärmutter (Endometriose, d. h. die Wanderung eines Teils der Gebärmutterschleimhaut im Becken mit Menstruationsblutung) oder durch eine Entzündung im Beckenraum verursacht werden.

Unfruchtbarkeit

Eine Reihe von Faktoren, die einen oder auch beide Partner betreffen, können zu Unfruchtbarkeit führen, daher muss die genaue Ursache ärztlich untersucht werden. Da Stress und Anspannung eine Rolle spielen, kann die Reflexzonentherapie hilfreich sein.

Der Therapeut wird zusätzlich jene Organe behandeln, die nicht fehlerfrei arbeiten. Bei Frauen sind dies wahrscheinlich die Eierstöcke und Eileiter, die Gebärmutter sowie die Hirnanhangsdrüse. Zur weiteren Förderung der Entspannung sollte auch der Solarplexus bearbeitet werden.

Männliche Beschwerden

Eine Behandlung des Hodenreflexes kann die Spermienproduktion anregen. Behandlungen zur Verringerung von Stress und Anspannung können ebenfalls helfen.

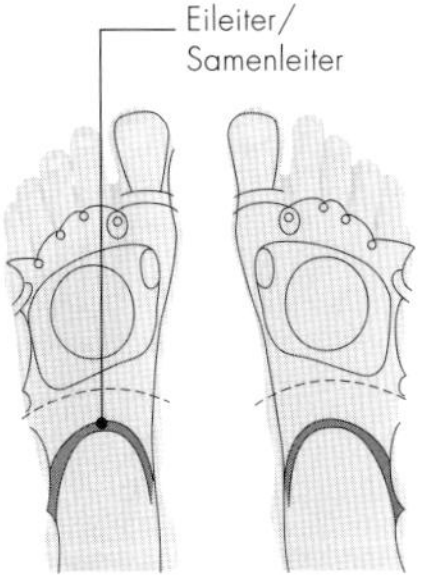

FUSSRÜCKEN

LINKE AUSSENSEITE

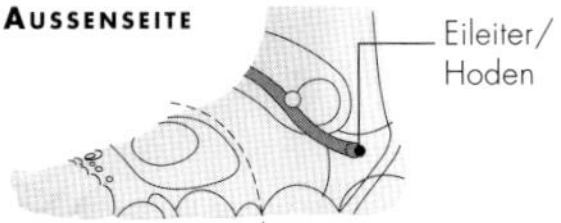

RECHTE INNENSEITE

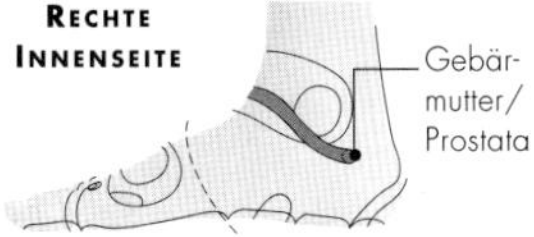

RECHTE AUSSENSEITE

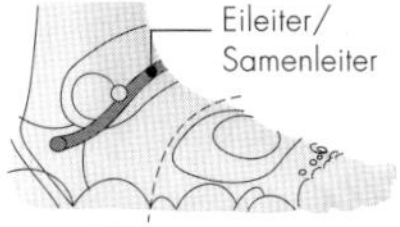

LINKE INNENSEITE

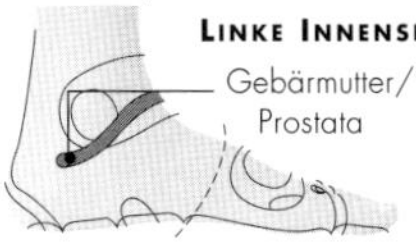

BEHANDLUNGSABLAUF

Bei der Behandlung sollten besonders die weiblichen Fortpflanzungsorgane und Hormondrüsen Beachtung finden. Männliche Unfruchtbarkeit und sexuelle Unlust behandelt man über die entsprechenden männlichen Organe, die in den gleichen Zonen liegen wie die weiblichen. So liegen die Reflexpunkte für Hoden und Eierstöcke, Ei- und Samenleiter sowie für Gebärmutter und Prostata jeweils in den gleichen Zonen.

Menstruationsbeschwerden

Der Reflex für die Gebärmutter liegt auf einer Höhe mit den Eierstöcken auf der Fußinnenseite sowie in der gleichen Position auf der Hand.

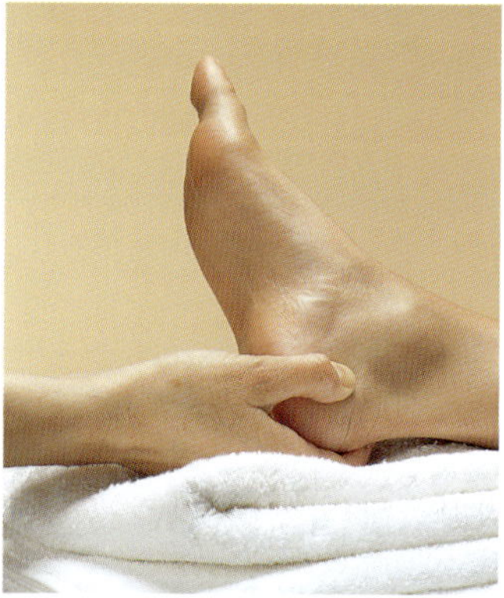

Unfruchtbarkeit

Der Eileiterreflex liegt entlang eines gedachten Bandes, das die Gebärmutter mit den Eierstöcken verbindet, auf dem Fuß- und Handrücken.

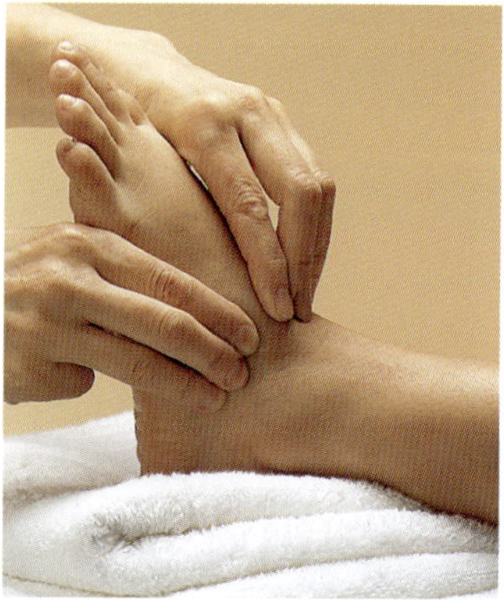

Wechseljahre (Eierstöcke)

Behandlungsbedürftige Reflexe finden sich an der Fußseite zwischen Knöchel und Ferse sowie an der oberen und unteren Handaußenseite vor dem Handgelenk.

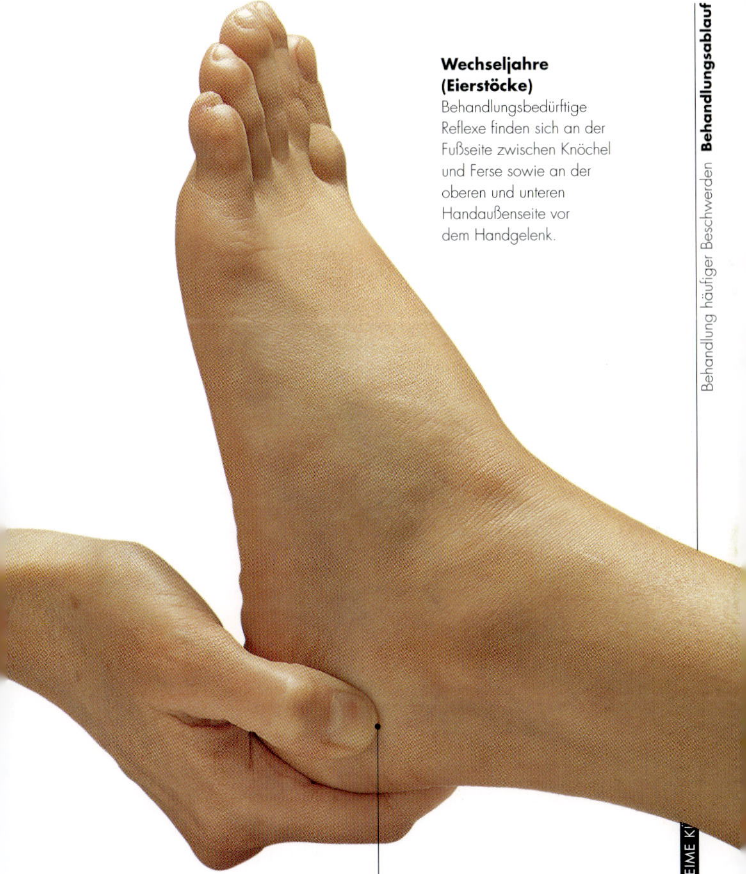

Kopfschmerz und Migräne

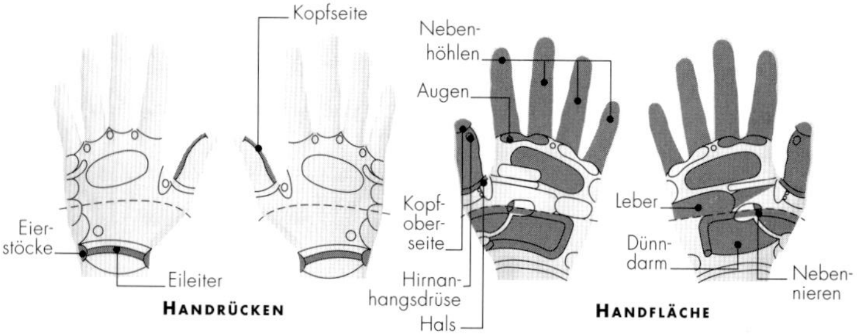

Kopfschmerz kann ein Symptom einer Vielzahl von Erkrankungen sein, von denen einige ernsthaft sein können. Die meisten Menschen leiden hin und wieder an Kopfschmerzen, ohne dass es eine grundlegende Ursache gibt. Häufiger, lang anhaltender und plötzlicher, massiver Schmerz sollten ärztlich untersucht werden – besonders wenn man zuvor nie solche Symptome hatte –, denn er könnte eventuell ein Anzeichen einer schweren Erkrankung sein. Jedoch sind die häufigsten Ursachen eine geringfügige Virusinfektion und körperlicher oder geistiger Stress. Handelt es sich um Migräne, kann es zu Sehstörungen, Übelkeit und Erbrechen kommen.

Behandlung

Wenn möglich, sollte die Ursache beseitigt werden, anstatt nur den Schmerz zu lindern. Die Ursache ist jedoch nicht immer herauszufinden und der Grund für Migräne ist noch nicht einmal vollständig wissenschaftlich geklärt, obwohl einige Patienten durchaus wissen, was genau einen Anfall bei ihnen auslöst.

Reflexzonen

Neben der Kopfregion müssen auch andere Reflexzonen behandelt werden, je nach Ursache der Kopfschmerzen und der damit verbundenen Symptome. Wird der Schmerz durch Stress oder Anspannung ausgelöst, sollte der

Therapeut den Solarplexus und die Nebennieren behandeln. Zudem sollte man Hals, Schultern und Wirbelsäule bearbeiten, falls der Stress Muskelverspannungen auslöst. Bei einer Virusinfektion werden die Lymphknoten behandelt. Wenn zusätzlich die Nebenhöhlen verstopft sind, sollten auch diese massiert werden.

Migräne

Ein Migräneanfall wird durch ein krampfartiges Zusammenziehen und Weiten der Blutgefäße des Gehirns ausgelöst, was zu massiven, stechenden Kopfschmerzen führt und oft von weiteren Symptomen begleitet ist. Demnach müssen auch deren Reflexzonen behandelt werden, z. B. der Magen bei Übelkeit und Erbrechen, die Augen bei Sehstörungen, Dünn- und Dickdarm bei Allergien sowie die Hirnanhangsdrüse, falls hormonelle Faktoren eine Rolle spielen. Bei einem Migräneanfall während der Menstruation behandelt man die Eierstöcke.

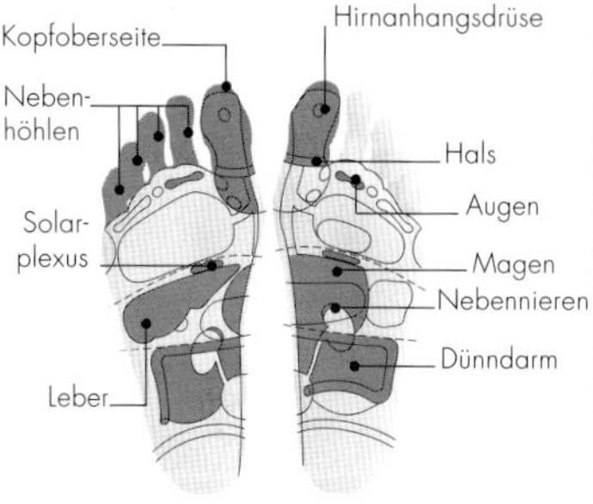

FUSSSOHLE

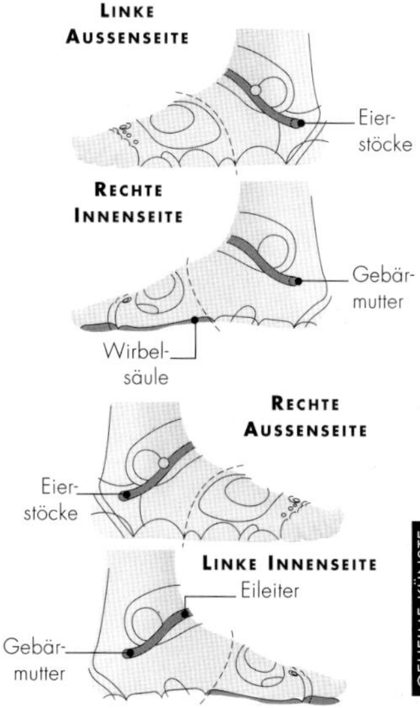

BEHANDLUNGSABLAUF

Das Ziel des Therapeuten wird nicht nur die Schmerzlinderung und eine Vermeidung des Wiederauftretens von Kopfschmerzen und Migräne sein, sondern er wird auch die Körperteile behandeln, welche diese Beschwerden auslösen. Zuvor ist jedoch eine sorgfältige Beurteilung der Symptome notwendig, da es Ungleichgewichte oder Anspannungen in verschiedenen Regionen des Körpers geben und eine Reihe von Ursachen für die Beschwerden verantwortlich sein kann.

Kopf
Die Reflexe für den Kopf liegen auf der Spitze der Außen- und Unterseite der Großzehe und beziehen sich auf das Gehirn und den Schädel. Auf der Hand liegen die Reflexe um die Spitze an der Unter- und Innenseite des Daumens.

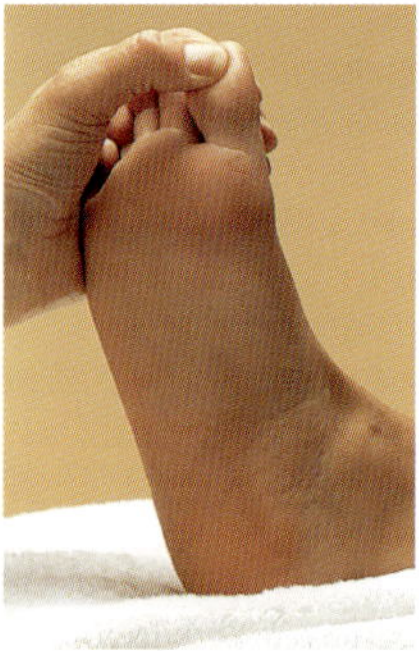

Hals und Nacken
Die Reflexzonen von Hals und Nacken liegen an der Spitze und unterhalb der Basis von Daumen und Großzehe.

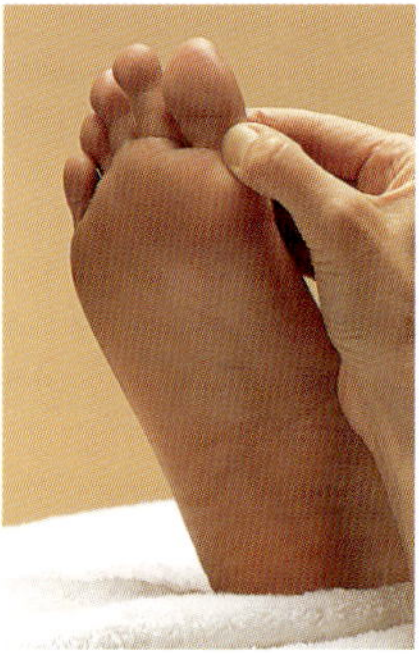

Wirbelsäule
Die Reflexe für die Halswirbel liegen an der Innenseite von Daumen und Großzehe und werden bei Verspannungen von Nacken und Schultern behandelt.

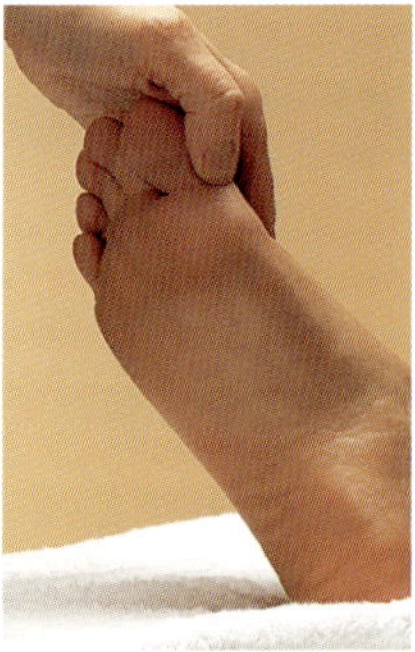

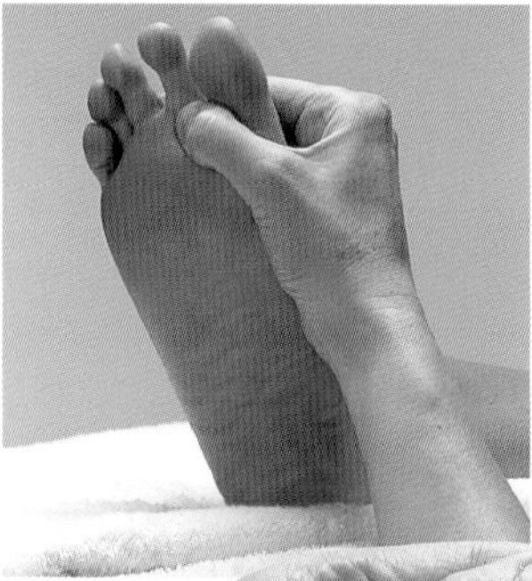

Augen

Die Reflexzone für die Augen liegt auf der Fußsohle unterhalb des Ansatzes von zweiter und dritter Zehe. Auf der Handfläche liegt sie unterhalb der Stelle, an der sich zweiter und dritter Finger treffen.

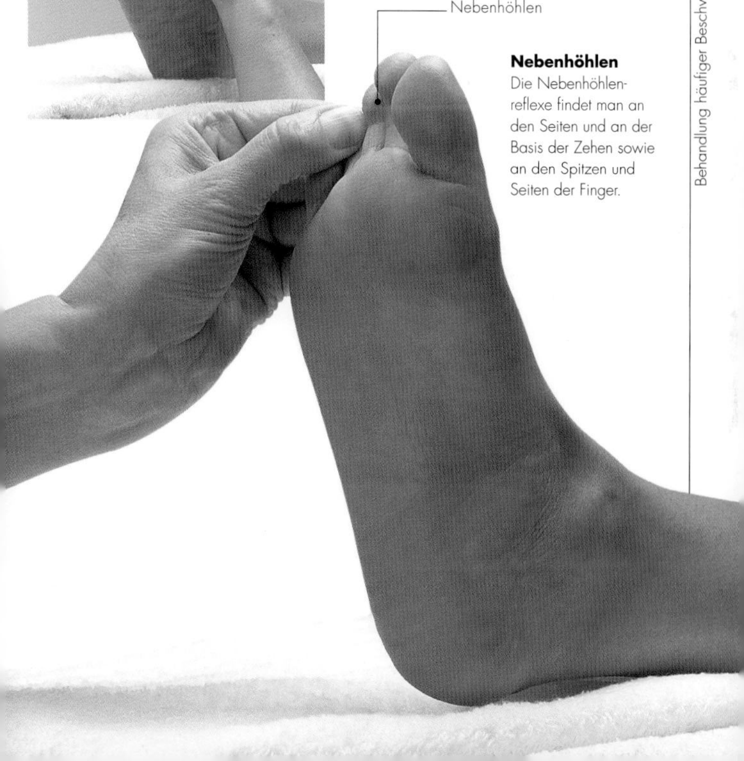

Nebenhöhlen

Die Nebenhöhlenreflexe findet man an den Seiten und an der Basis der Zehen sowie an den Spitzen und Seiten der Finger.

Angst und Depressionen

Depressionen
Depressionen sollten immer ernst genommen werden.

Zeiten, in denen man sich niedergeschlagen oder ängstlich fühlt, sind ein normaler Bestandteil des Lebens, doch macht es einen Unterschied, ob man sich ein paar Tage schlecht fühlt oder Depressionen und Angst einen ständig außer Gefecht setzen. Konstante, nicht näher begründbare Angst kann das Leben erschweren und geht oft mit weiteren Beschwerden einher, wie Verdauungs- bzw. Schlafstörungen und Kopfschmerzen.

Hilfsangebote

Sollten Sie von einer dieser Erkrankungen derart betroffen sein, dass Ihr Leben regelmäßig länger als ein paar Tage schwer beeinträchtigt wird, scheuen Sie nicht davor zurück, sich professionelle Hilfe zu suchen. Ihr Arzt wird Ihnen möglicherweise Medikamente und/ oder eine Psychotherapie empfehlen. Beides kann Ihre Stimmung erheblich verbessern. Die Psychotherapie erlaubt Ihnen zudem, sich unter Anleitung mit den Ursachen der Probleme zu beschäftigen und diese zu beseitigen. Es ist falsch und ungerecht, solche Beschwerden als Charakterfehler und Schwäche abzutun oder zu meinen, man müsse unbedingt ohne Hilfe zurechtkonmen. Die Genesung dauert oftmals lange, gelingt aber den meisten Menschen mit der richtigen Behandlung. Ernähren Sie sich vernünftig und nahrhaft. Widerstehen Sie der Versuchung, Ihre Stimmung mit Drogen oder Alkohol verbessern zu wollen. Auch körperliche und geistige Aktivität können helfen.

Nutzen der Reflextherapie

Reflexzonenmassage kann Ihnen helfen, sich besser zu fühlen. Neben der direkten Behandlung der Reflexe des Kopfes und des Gehirns wird sich der Therapeut auch den Nebennieren (Angstzustände), der Hirnanhangsdrüse und den endokrinen Drüsen (hormonelle Störungen) sowie dem Solarplexus (Entspannung) widmen.

Außer der Wiederherstellung der Energiebalance und Leistungsfähigkeit des Körpers empfinden es manche Patienten auch als wohltuend, sich dem Therapeuten gegenüber öffnen zu können, der sich für alle Aspekte ihres Lebens interessiert. Der Therapeut ist darauf vorbereitet, dass während der Sitzung Spannungen und Probleme an die Oberfläche kommen können, die emotionale Ausbrüche auslösen.

Winterdepression

Im Winter leiden viele Menschen an einer durch Lichtmangel verursachten Depression. Reflexzonenmassage, die Wohlbefinden und Entspannung fördert, kann hierbei helfen.

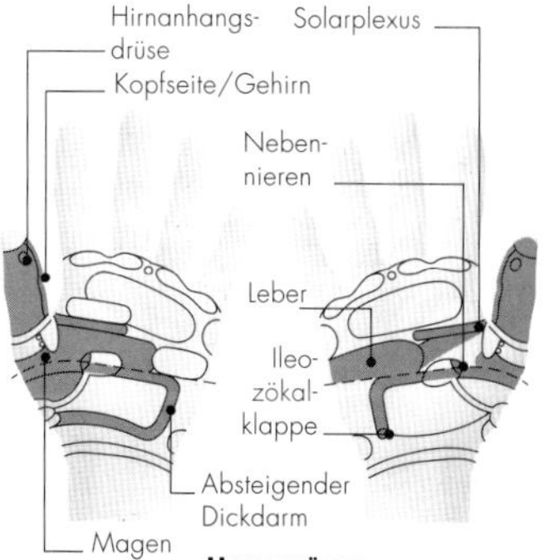

HANDFLÄCHE

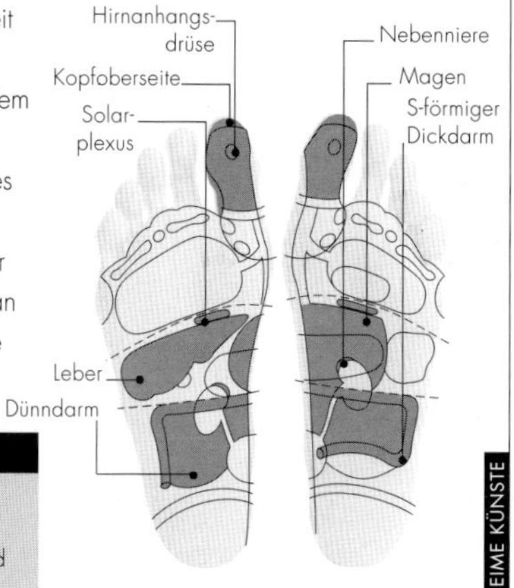

FUSSSOHLE

BEHANDLUNGSABLAUF

Eine Behandlung der Reflexzonen für den gesamten Körper in einer positiven und angenehmen Atmosphäre stärkt das Wohlbefinden, sorgt für Entspannung und stellt das natürliche Energiegleichgewicht wieder her. Besondere Aufmerksamkeit wird der Therapeut den Reflexzonen widmen, die in Zusammenhang mit individuellen Beschwerden stehen. Die Beseitigung eines Ungleichgewichts im Verdauungs- oder Hormonsystem kann die Beschwerden lindern. Die Behandlung des Solarplexusreflexes ist besonders wichtig zur Lösung von Spannungen.

Solarplexus
Der Solarplexusreflex liegt auf der Mitte der Fußsohle unterhalb des Ballens und auf der Handfläche in den Zonen 2 und 3.

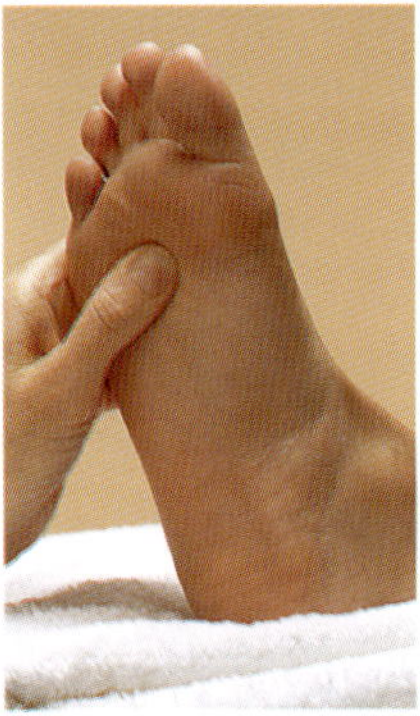

Nebennieren
Die Nebennierenreflexe liegen über der Taillenlinie auf der Fußsohle und auf den Handflächen in Richtung der Innenseiten.

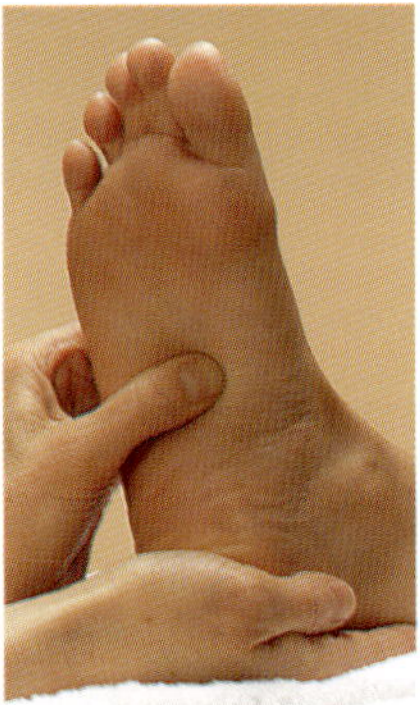

Hirnanhangsdrüse
Dieser Reflex, der mittig an der Basis der Großzehen und Daumen liegt, wird für ein gesundes Gleichgewicht der Hormone behandelt.

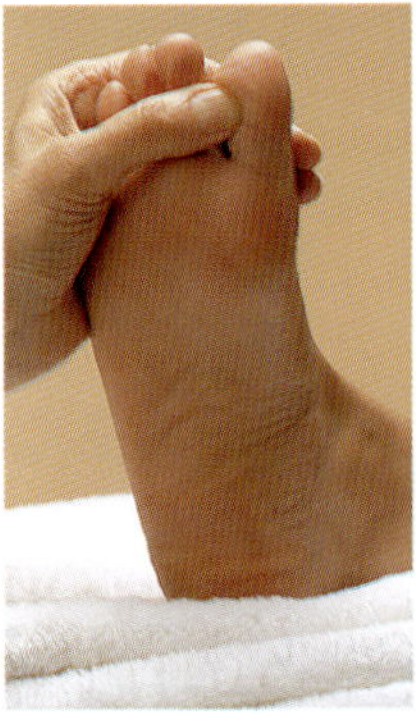

Leber

Der Reflexpunkt für die Leber liegt nur auf dem rechten Fuß und der rechten Hand. Er erstreckt sich über alle fünf Reflexzonen der Fußsohle und Handfläche zwischen Zwerchfell- und Taillenlinie.

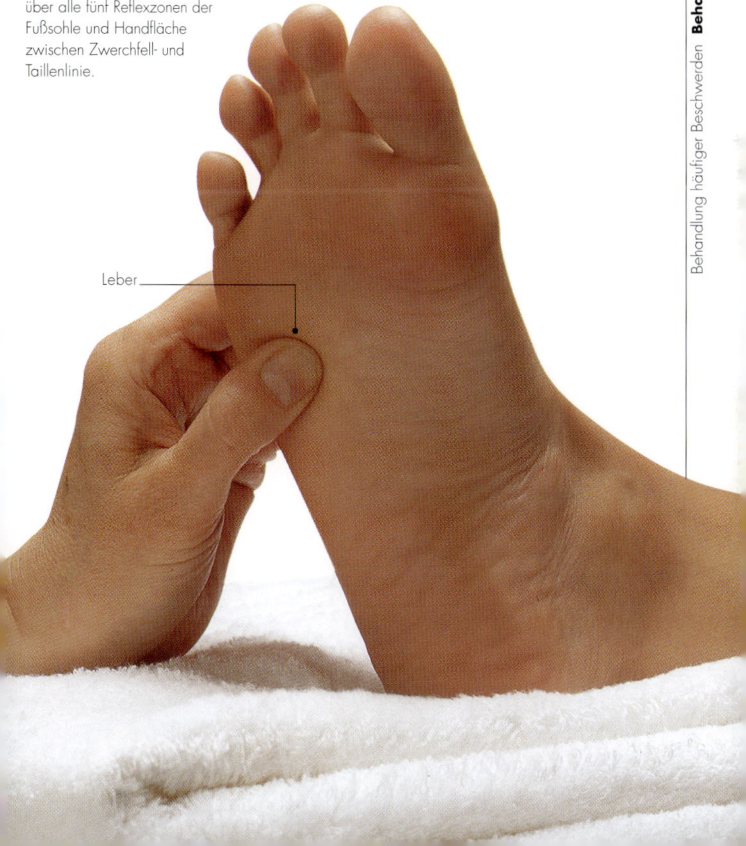

Schlafstörungen

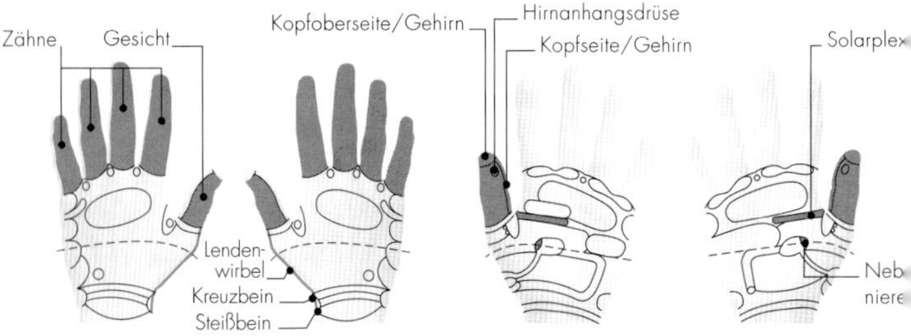

Handrücken **Handfläche**

Eines der Hauptprobleme bei länger anhaltender Schlaflosigkeit ist ein durchaus bekannter Teufelskreis: Die Sorgen um den Schlafmangel und um die Konsequenzen daraus verstärken die Schlafprobleme nur noch, was wiederum zu weiterer Schlaflosigkeit führt.

Die meisten Schlafstörungen sind jedoch kein Ergebnis einer ernsthaften Erkrankung. Auch der Schlafmangel selbst ist nicht wirklich gefährlich, allerdings führt er zu Müdigkeit, Nervosität, Gereiztheit sowie zu Konzentrationsstörungen. Bei länger andauerndem Schlafmangel kann es zudem gefährlich sein, Auto zu fahren oder Maschinen zu bedienen.

Lösungen

Ist der Schlafmangel durch bestimmte Beschwerden verursacht, z. B. durch Arthritisschmerzen oder Depressionen, konsultieren Sie Ihren Arzt. Sie können auch selbst einige Schritte für einen guten Schlaf unternehmen: Essen Sie abends nicht zu schwer und trinken Sie keine koffeinhaltigen Getränke, treiben Sie Sport und vermeiden Sie Aufregung vor dem Schlafengehen. Sorgen Sie dafür, dass Sie bequem liegen und dass Ihr Zimmer dunkel, ruhig und richtig temperiert ist.

Geistige Entspannung

Bei der Behandlung von Schlafstörungen wird man versuchen, geistige

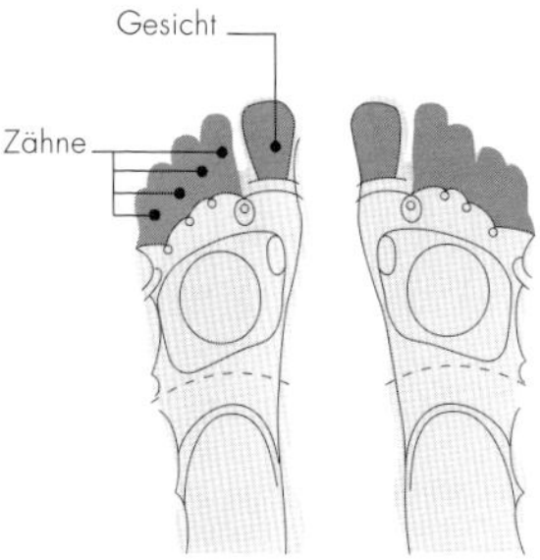

FUSSRÜCKEN

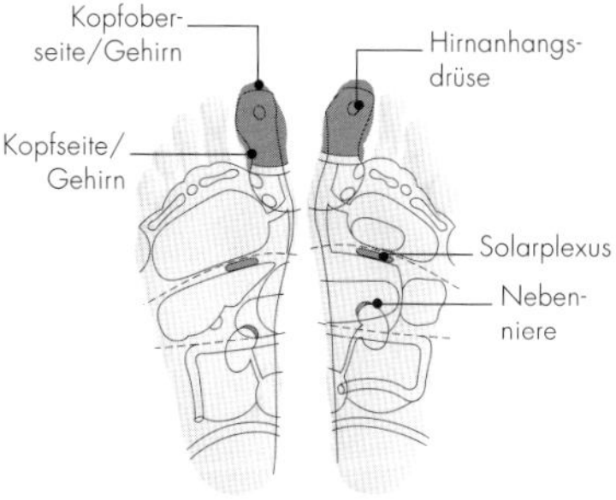

FUSSSOHLE

Entspannung durch Behandlung der Kopf- und Hirnreflexe zu ermöglichen. Zudem wird man zur Stressbekämpfung die Nebennierenreflexe bearbeiten. Bei Symptomen wie Rücken- oder Gelenkschmerzen werden auch deren Reflexe behandelt. Die Wiederherstellung einer natürlichen Energiebalance wird zusätzlich helfen, wieder gut schlafen zu können. Manche Patienten finden es zudem hilfreich über das, was sie vom Schlafen abhält, sprechen zu können.

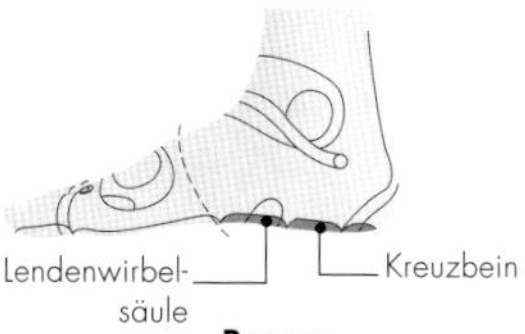

RECHTE INNENSEITE

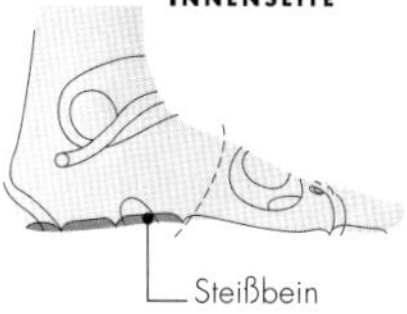

LINKE INNENSEITE

Wie viel Schlaf?

Die optimale Schlafdauer ist individuell verschieden und nimmt mit dem Alter ab. Forschungsergebnisse sind widersprüchlich, doch scheinen sechs Stunden das Minimum zu sein.

BEHANDLUNGSABLAUF

Konsultieren Sie unbedingt Ihren Arzt, wenn Ihre Schlaflosigkeit durch eine Erkrankung verursacht sein könnte, die ärztlich untersucht und behandelt werden muss. Dazu zählen z. B. Arthritis oder andere schmerzhafte Krankheiten, Depressionen oder Atemschwierigkeiten. Depressionskranke wachen häufig sehr früh auf und können dann nicht wieder einschlafen. Stress und Anspannung erschweren oft das Einschlafen oder verhindern das Durchschlafen.

Kopf/Gehirn
Die Reflexzonen von Kopf und Gehirn, die an Basis und Außenseite der Großzehe und des Daumens liegen, werden behandelt.

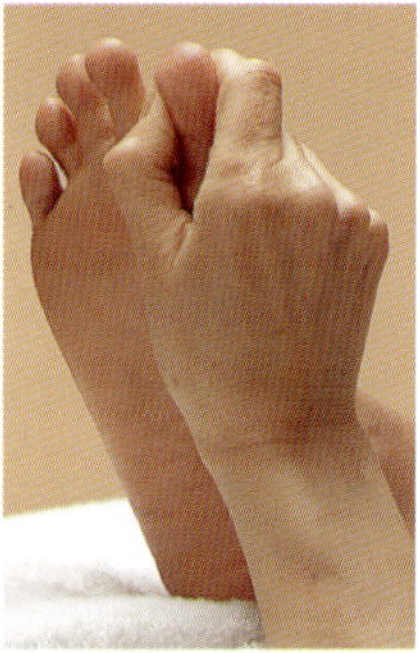

Hirnanhangsdrüse
Der Relfexpunkt für die Hirnanhangsdrüse befindet sich mittig auf dem Ballen der Großzehe und des Daumens.

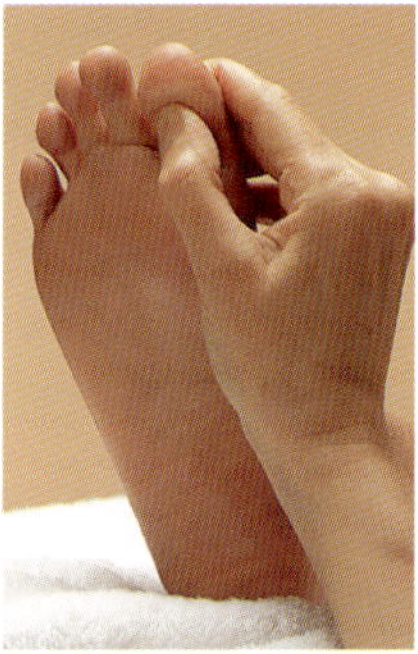

Solarplexus
Die Reflexzone für den Solarplexus liegt in den Zonen 2 und 3 direkt unter der Taillenlinie auf der Fußsohle und der Handfläche.

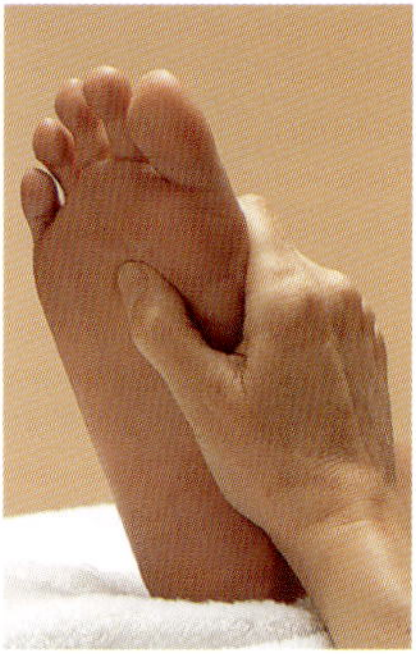

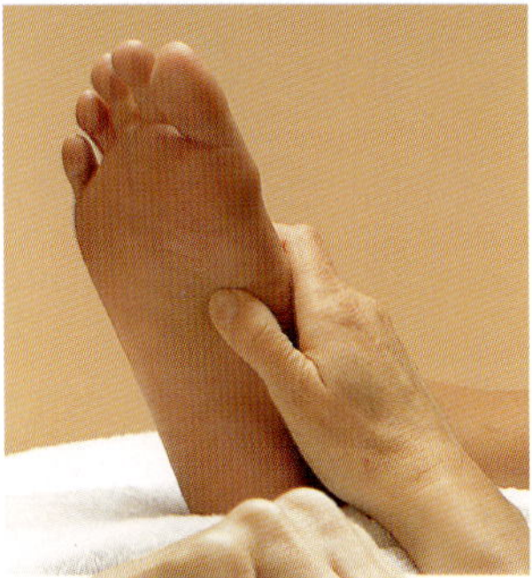

Nebennieren

Eine Behandlung der Reflexe der Nebennieren – kleiner Flächen über der Taillenlinie auf Fuß und Hand – fördert die Entspannung.

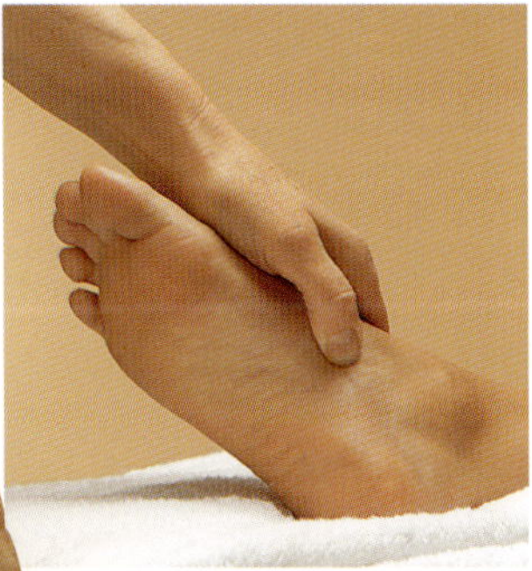

Schmerz

Die Reflexe der Lendenwirbel sowie des Kreuz- und Steißbeins befinden sich auf der Fußsohlen- und Handflächeninnenseite, zwischen Taillenlinie und Ferse.

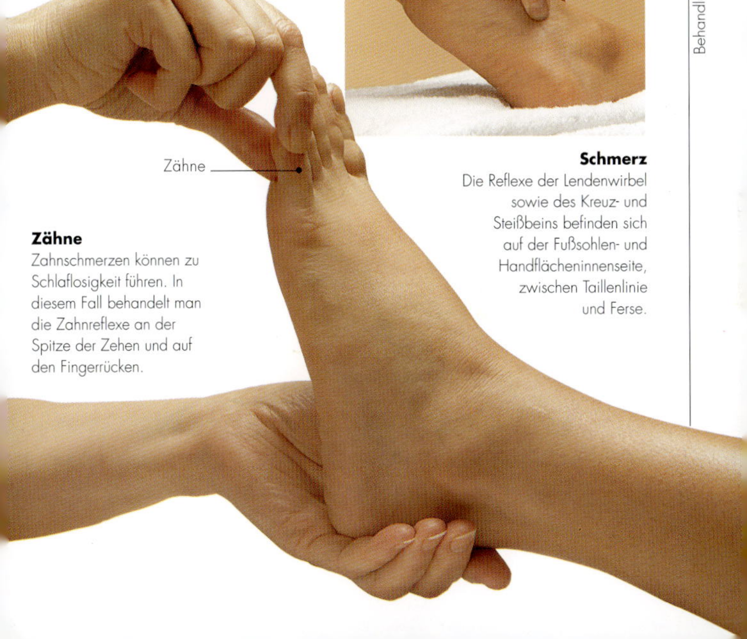

Zähne

Zahnschmerzen können zu Schlaflosigkeit führen. In diesem Fall behandelt man die Zahnreflexe an der Spitze der Zehen und auf den Fingerrücken.

Rückenschmerzen

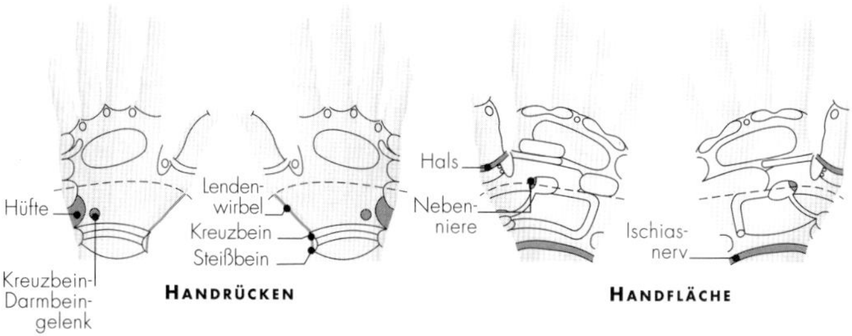

Rückenschmerzen oder Verspannungen können durch eine Erkrankung, eine Verletzung der Muskeln oder des Gewebes, einen eingeklemmten Nerv, Gelenkschäden sowie durch Bandscheibenprobleme verursacht werden. Konsultieren Sie bei Rückenschmerzen stets Ihren Arzt. Häufig werden Schmerzen im Rücken jedoch als „unspezifisch" bezeichnet. Das bedeutet, dass die Ursache unbekannt ist und die Schmerzen häufig wieder von selbst verschwinden. Haben Sie einmal an Rückenschmerzen gelitten, können Sie einiges tun, damit diese nicht wieder auftreten, obwohl es nicht ganz auszuschließen ist. Chiropraktiker, Osteopathen und Physiotherapeuten können viele Rückenbeschwerden gut behandeln und Ihnen helfen, deren Wiederauftreten zu verhindern.

Ischias

Eine entzündeter oder eingeklemmter Ischiasnerv kann schreckliche Schmerzen bis hinunter ins Bein oder sogar entlang des ganzen Nervenverlaufs verursachen.

Behandlung

Vielen Patienten hilft Osteopathie oder Chiropraktik, besonders wenn früh genug mit diesen Therapien begonnen wird. Die Reflexzonenmassage kann bei der Linderung dieser Art von Schmerzen ebenfalls recht effektiv sein, ist jedoch nicht in der Lage, die genaue Ursache festzustellen. Eine Behandlung von Schmerzen, die z. B. auf rheumatische Arthritis oder Osteoporose zurückzuführen sind, kann erfolgreich sein, sollte jedoch nur von einem erfahrenen Therapeuten durchgeführt werden. Im Allgemeinen wird der Therapeut vor allem die Wirbelsäulen- und Halsreflexe behandeln, sich jedoch auch – je nach Art und Lage der Beschwerden – anderen Reflexen zuwenden. Dazu kann die Behandlung der Nebennieren (bei Entzündungen) oder die des Ischiasnervs zählen. Falls Gelenke wie Knie oder Hüfte beteiligt scheinen, werden diese ebenfalls behandelt.

Vorbeugung

Zur Vorbeugung von Rückenbeschwerden sollten Sie Schweres (auch Kinder) nur vorsichtig anheben und Übungen zur Stärkung der Bauch- und Rückenmuskulatur durchführen.

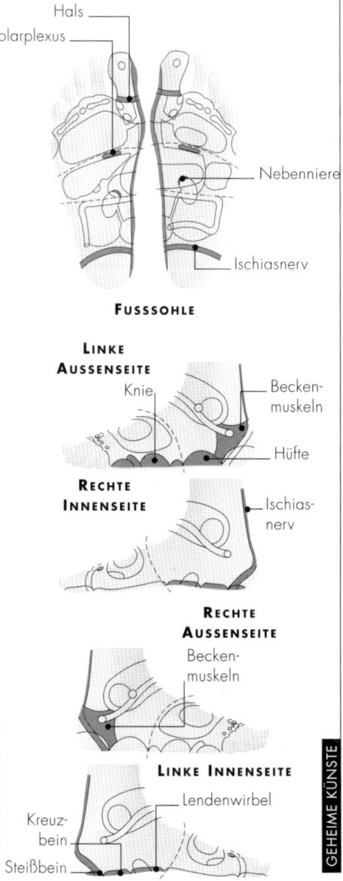

BEHANDLUNGSABLAUF

Bei Schmerzen im unteren Rücken wird der Therapeut die Reflexe der gesamten Wirbelsäule vom Hals bis zum Steißbein behandeln. Weitere Reflexe wären unter anderem der Solarplexus (zur Schmerzlinderung und Entspannungsförderung), die Nebennieren (zur Entzündungsbekämpfung) sowie alle Körperteile, die durch diese Beschwerden ebenfalls betroffen sind, z. B. die Knie. Die Reflexzonen der Lenden- und Kreuzbeingegend können zur Behandlung von Ischiasschmerzen bearbeitet werden.

Ischiasnerv
Die Reflexzone des Ischiasnervs verläuft als Band um die Ferse und um das Handgelenk.

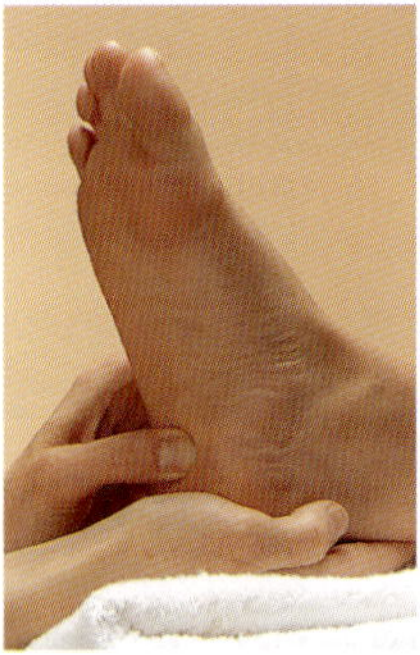

Solarplexus
Der Solarplexusreflex liegt auf der Fußsohle in den Zonen 2 und 3 direkt unter der Zwerchfelllinie.

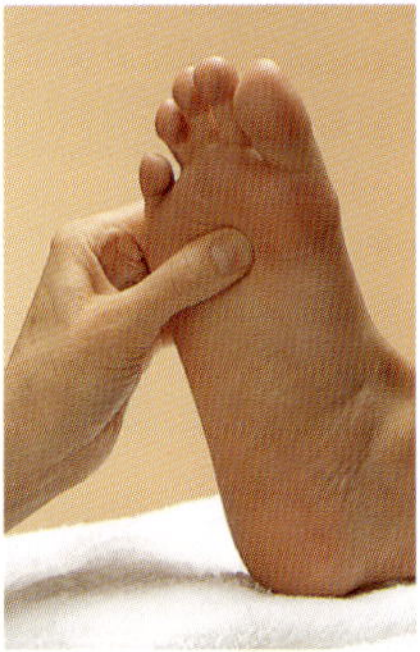

Steißbein
Die Reflexzone für das Steißbein befindet sich direkt vor der Ferse bzw. vor dem Handgelenk.

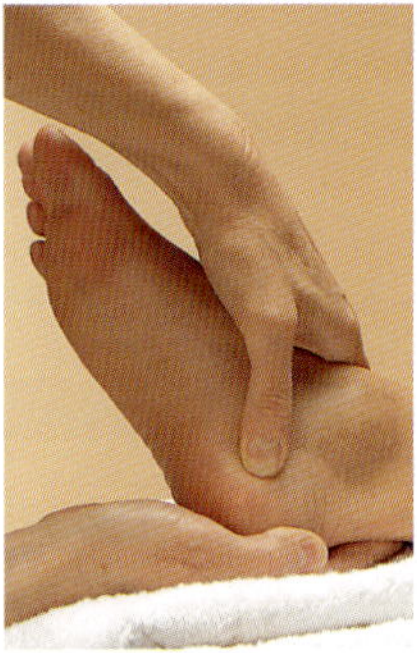

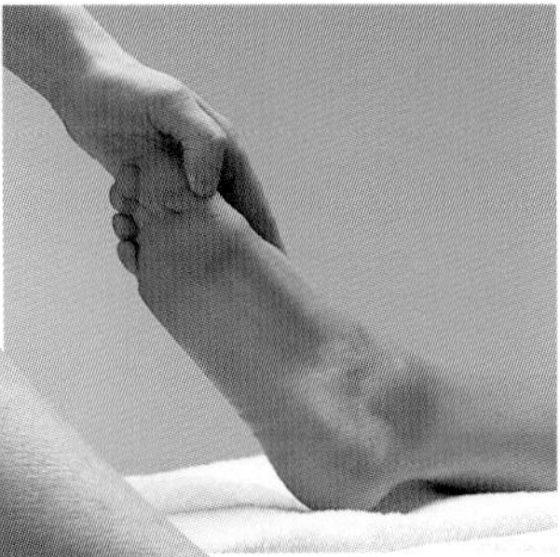

Wirbelsäule

Diese Reflexe erstrecken sich den Fuß und die Handinnenseiten entlang, beginnend mit der Halswirbelsäule an der Großzehe.

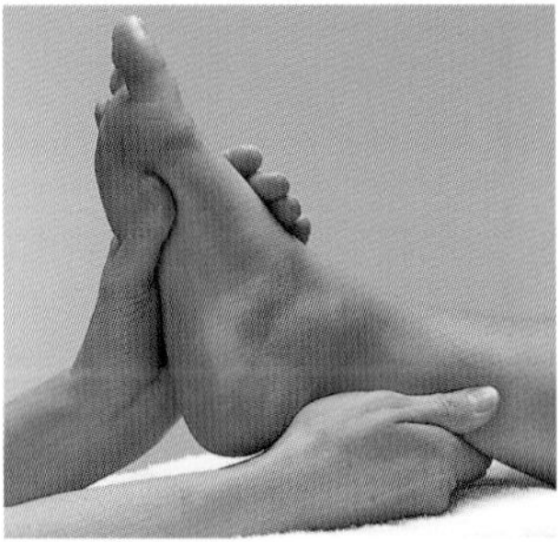

Ischiasnerv

Die Reflexzone für den Ischiasnerv zieht sich als Band um den schmalen Teil des Fersenansatzes und erstreckt sich bis zu den Knöcheln auf beiden Seiten der Achillessehne.

Kreuzbein-Darmbein-Gelenk

Dieses Gelenk liegt vor dem äußeren Fußknöchel.

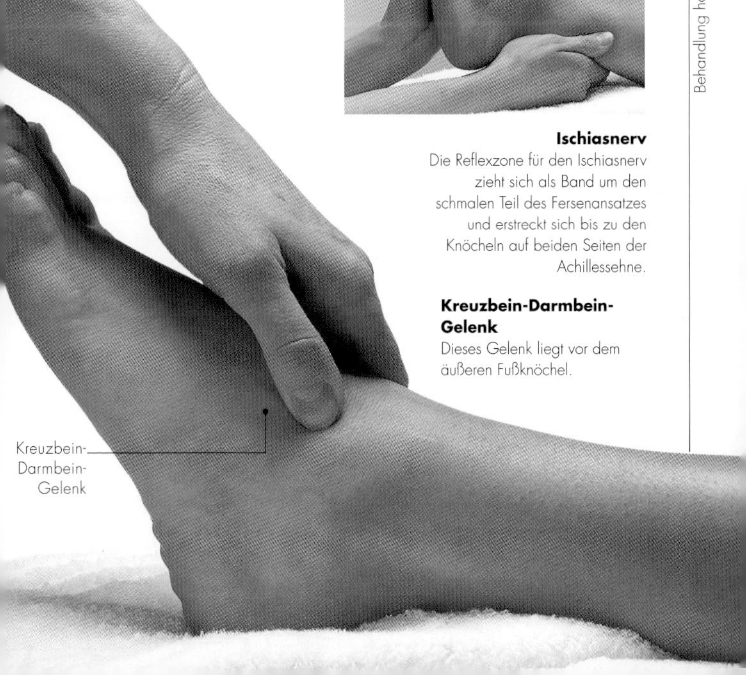

Muskeln und Gelenke

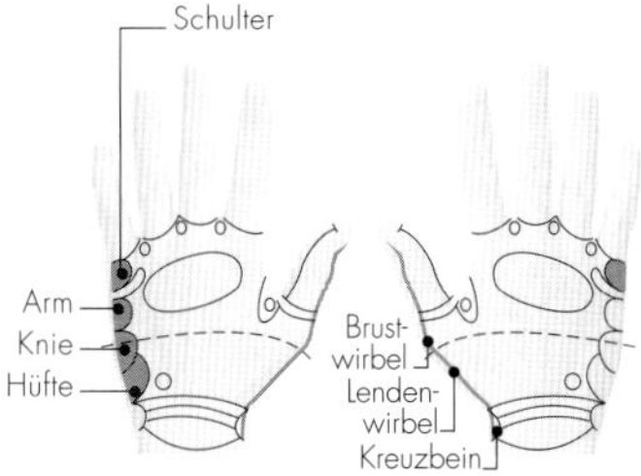

HANDRÜCKEN

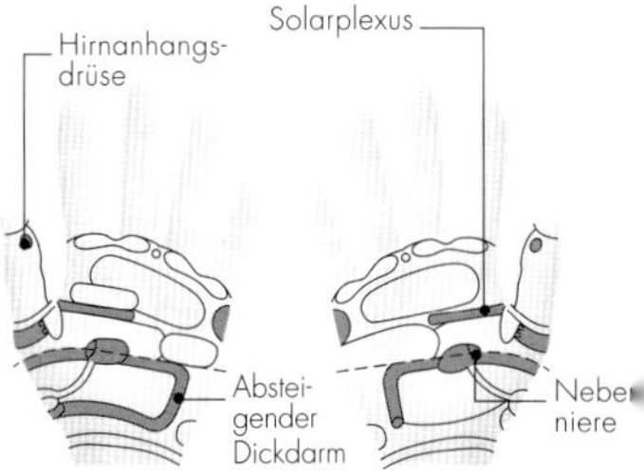

HANDFLÄCHE

Jeder der regelmäßig Sport treibt oder trainiert, kann früher oder später eine Verletzung erleiden. Anfänger sind dabei besonders gefährdet. Besonders häufig kommt es zu Zerrungen und Verstauchungen. Muskeln, Sehnen und Bänder können leicht durch falsche Bewegung oder unsanfte Landung verletzt werden.

Risikoverminderung

Versuchen Sie, das Verletzungsrisiko durch ein Kraft- und Beweglichkeitstrainingsprogramm zu vermindern. Führen Sie vor jeden Spiel oder Training Aufwärmübungen durch und behandeln Sie Verletzungen so früh wie möglich. Dabei sollten Sie den verletzten Körperteil ruhig halten, kühlen, eine elastische Binde anlegen und ihn hoch lagern. Kühlen Sie mit Eis, aber wickeln Sie es zuvor in ein Stück Stoff, um Verletzungen zu vermeiden.

Überanstrengung

Bei Überanstrengung und häufig wiederkehrenden Bewegungen kann es zu Verletzungen wie einer Sehnenscheidenentzündung kommen. Oft trifft es Menschen, die ständig die gleichen Bewegungen ausführen müssen, z. B. an einem Computerarbeitsplatz oder an einem Fließband. Die Reflexzonenmassage kann hierbei Schmerzen lindern und dem Gewebe helfen schneller zu heilen.

Arthritis

Arthritis tritt in vielfältigen Formen auf, die sich jedoch alle durch Schmerzen und entzündete Gelenke äußern. Die häufigste Form der Gelenkerkrankung ist die Osteoarthritis, an der die meisten Menschen im Alter leiden. Oft sind Gelenke befallen, die stark durch Sport belastet wurden, z. B. bei Fußballern das Knie. In den meisten Fällen werden Arthritispatienten Medikamente zur Bekämpfung der Entzündung und zur Schmerzlinderung nehmen. Die Reflexzonentherapie kann helfen, deren Wirksamkeit zu verstärken.

Der Therapeut wird die von Arthritis betroffenen Körperregionen behandeln, zusätzlich die Nebennieren (gegen Entzündungen) und den Solarplexus (zur Entspannung).

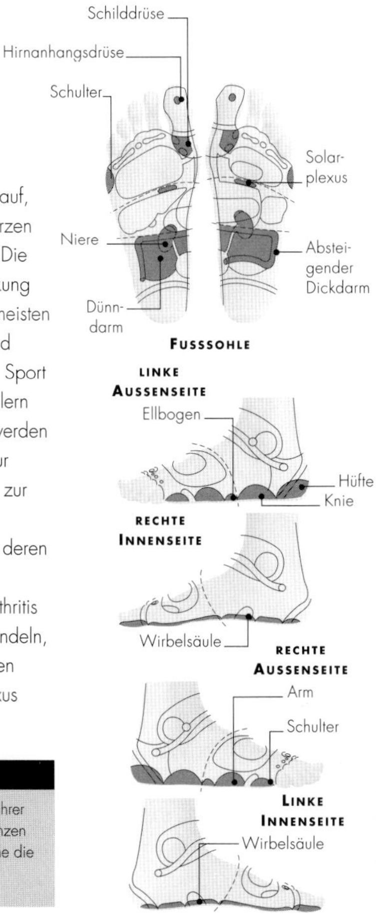

Selbsthilfe

Vermeiden Sie eine unnötige Belastung Ihrer Gelenke, indem Sie Ihr Gewicht in Grenzen halten. Sport kräftigt die Muskeln, welche die Gelenke halten und stützen.

BEHANDLUNGSABLAUF

Der Therapeut wird sich auf die am schlimmsten betroffenen Körperregionen konzentrieren. Rheumatische Arthritis betrifft mitunter die Füße selbst, sodass der Therapeut sehr vorsichtig sein muss – besonders wenn weitere Gelenkschäden verhindern, dass er die Hände massieren könnte. Bei Verletzungen durch Überanstrengung werden die betroffenen Regionen oder die in der gleichen Längszone liegenden Punkte behandelt, etwa der Knöchel bei Schmerzen im Handgelenk. Die Behandlung von Sportverletzungen ist davon abhängig, wo diese auftreten.

Hüfte

Der Hüftreflex liegt in einer halbmondförmigen Zone vor der Ferse auf der Fußaußenseite. Auf der Hand liegt er zwischen Handgelenk und Taillenlinie auf dem Handrücken.

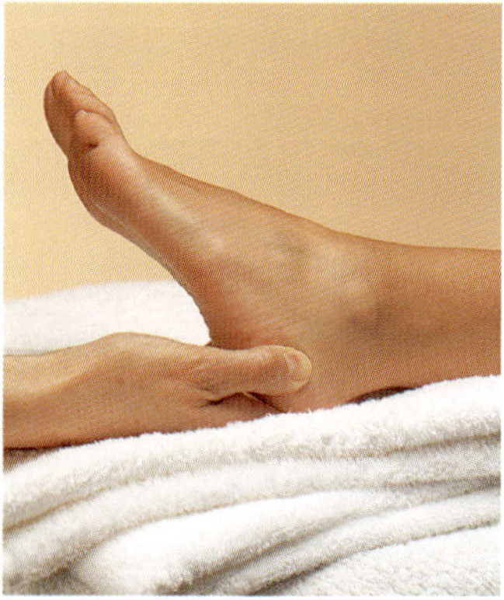

Arm

Dieser Reflex befindet sich am äußersten Rand des Fußes und verläuft von der Basis des kleinen Zehs bis zum knöchernen Vorsprung in der Mitte des Fußes.

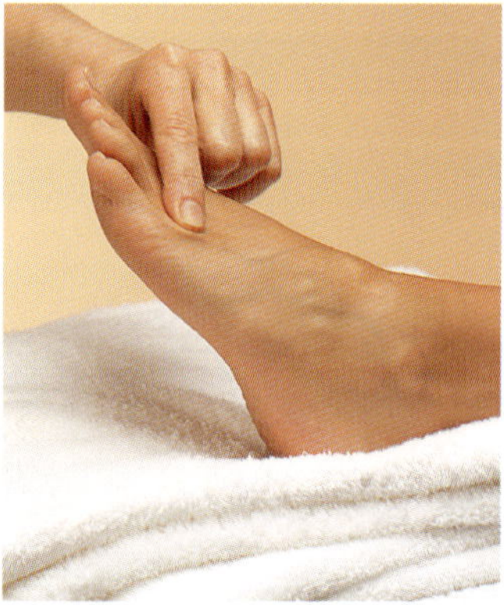

Knie

Der halbmondförmige Kniereflex liegt auf der Fußaußenseite zwischen dem knöchernen Vorsprung in der Fußmitte und der Ferse.

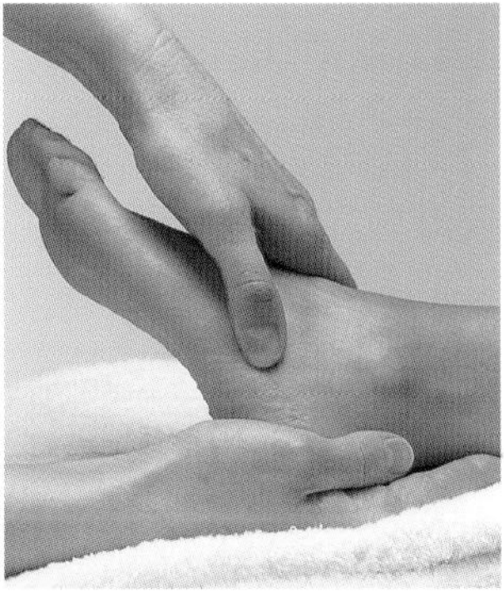

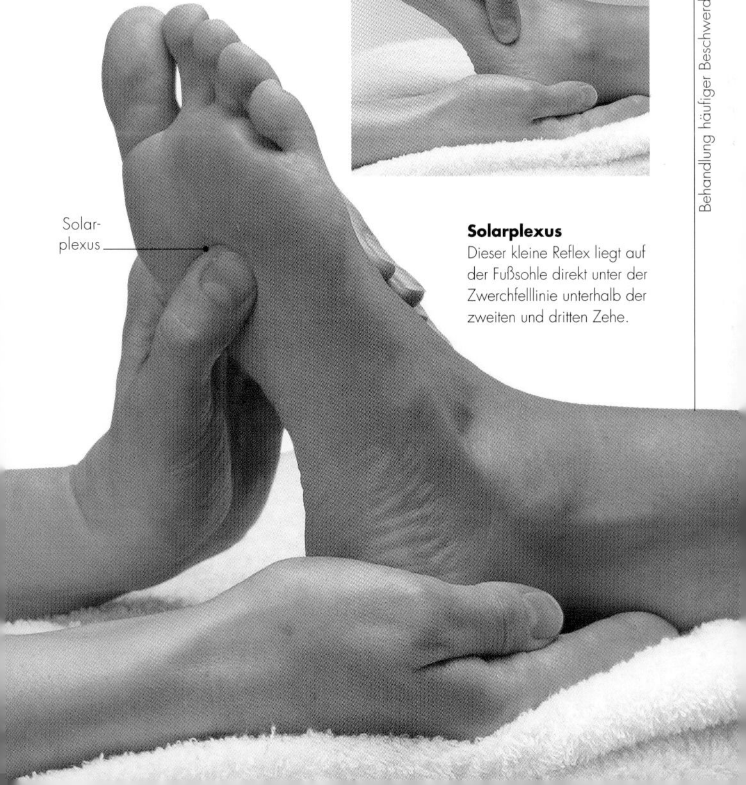

Solarplexus

Dieser kleine Reflex liegt auf der Fußsohle direkt unter der Zwerchfelllinie unterhalb der zweiten und dritten Zehe.

Augen und Ohren

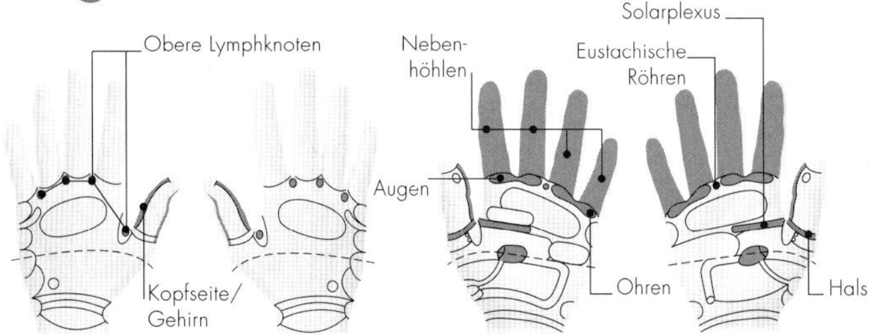

HANDRÜCKEN **HANDFLÄCHE**

Alle länger anhaltenden oder schweren Symptome, welche die Augen oder Ohren betreffen, müssen ärztlich untersucht werden, um mögliche ernsthafte Erkrankungen auszuschließen. Eine Sehschwäche etwa kann auch durch einen Diabetes ausgelöst werden und erfordert dann unbedingt schulmedizinische Behandlung. Eine Hörschwäche ist, abhängig von der Ursache, nicht immer behandelbar, aber ein Arzt wird eventuell ein Hörgerät verschreiben, um die Situation zu verbessern. Infektionen sind ein häufiger Grund für Ohrenschmerzen. Solllten die Beschwerden länger anhalten oder schlimmer werden, kann es nötig sein, Antibiotika zu nehmen.

Oft sind Augen- und Ohrenprobleme allerdings rein medizinisch gesehen nur geringfügiger Natur, obwohl sie natürlich dennoch lästig und störend für den Betroffenen sind.

Bindehautentzündung

Wenn sich das Häutchen, welches das Augenlid auskleidet, entzündet – sei es aufgrund einer Infektion oder einer Allergie –, wird das Auge rot, beginnt zu jucken und wird mitunter sogar wund. Bei einer solchen Bindehautentzündung behandelt der Therapeut zunächst die Reflexe der Augen, zusätzlich noch die der oberen Lymphknoten, falls eine Infektion vorliegt. Bei einer Allergie bearbeitet er die Nebennieren. Manchmal wird er sich auch den Nieren widmen, da diese in der gleichen Energielängszone liegen wie die Augen.

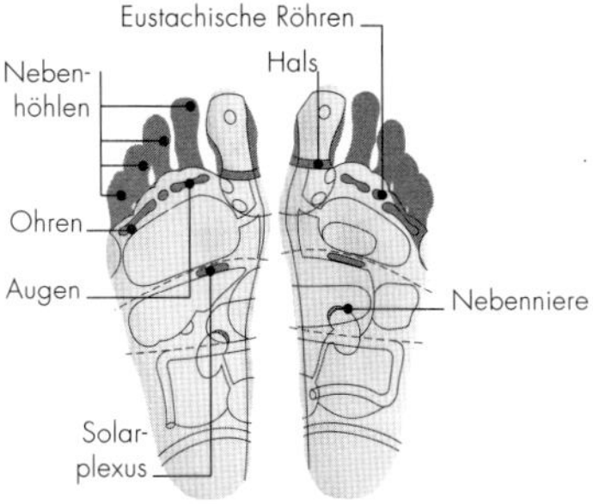

FUSSSOHLE

Ohrenschmerzen und Tinnitus

Ohrenschmerzen sind häufig das Ergebnis einer Infektion. Der Therapeut wird daher die direkten Reflexe der Ohren, die der oberen Lymphknoten, die der Eustachischen Röhren (um die Verstopfung des Ohrs zu lindern) sowie die des Solarplexus (zur Entspannung) behandeln.

Ein Pfeifen oder Klingeln im Ohr kann manchmal an einer Tinnitus genannten Ohrinfektion liegen. Diese quälende Erkrankung kann von der Schulmedizin oftmals nicht wirksam behandelt werden. Manchen Patienten hilft es jedoch, elektronische Geräte zu tragen. Diese senden Geräusche aus, die das Pfeifen überdecken. Bei Patienten mit Tinnitus wird sich der Reflexzonentherapeut auch der Reflexe der Kopfseite, des Halses, der Halswirbelsäule und der Nebenhöhlen widmen.

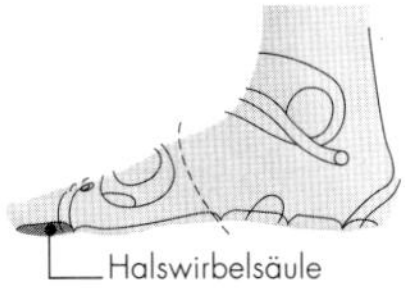

RECHTE INNENSEITE

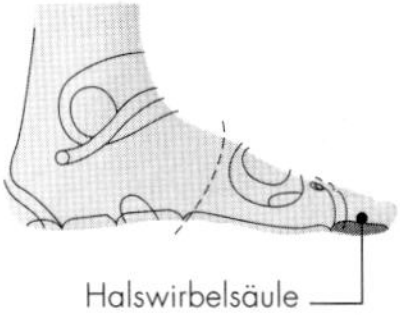

LINKE INNENSEITE

BEHANDLUNGSABLAUF

Bei Ohrenschmerzen wird der Therapeut neben dem Ohrreflex zusätzlich die Eustachischen Röhren behandeln, welche die Ohren mit dem Rachen verbinden. Sollten diese aufgrund einer Infektion verstopft sein, kann dies das Hörvermögen beeinträchtigen oder sogar einen Tinnitus auslösen. Bei Augenbeschwerden aufgrund einer leichten Allergie oder nach der Entfernung eines Fremdkörpers kann die Reizung mittels der Behandlung der Augenreflexe gelindert werden.

Ohrenschmerzen
Der Ohrreflex liegt in einem schmalen Streifen auf der Fußsohle, direkt unter der Basis der vierten und fünften Zehe. Auf der Handfläche ist der Reflex unterhalb der Basis von Ringfinger und kleinem Finger.

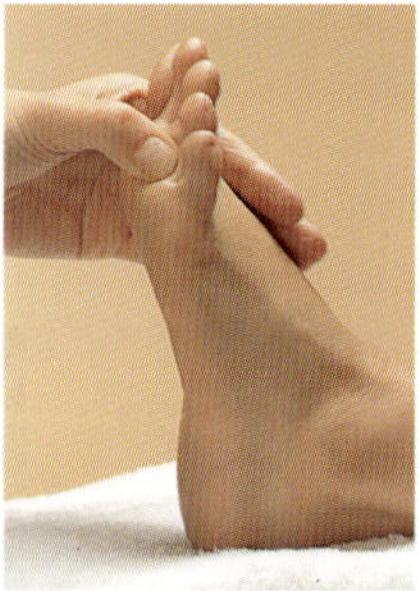

Eustachische Röhren
Dieser Reflexpunkt befindet sich auf der Fußsohle unterhalb des Treffpunkts von dritter und vierter Zehe. Auf der Handfläche liegt der Reflex unter der Basis des dritten und vierten Fingers.

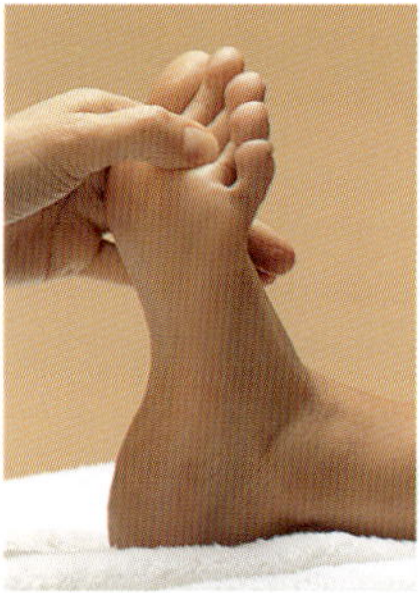

Zusätzlicher Reflexpunkt
Der Reflex der Eustachischen Röhren liegt hin und wieder auch in ähnlicher Position auf Fuß- und Handrücken, nämlich oberhalb des Treffpunkts von dritter und vierter Zehe bzw. drittem und viertem Finger.

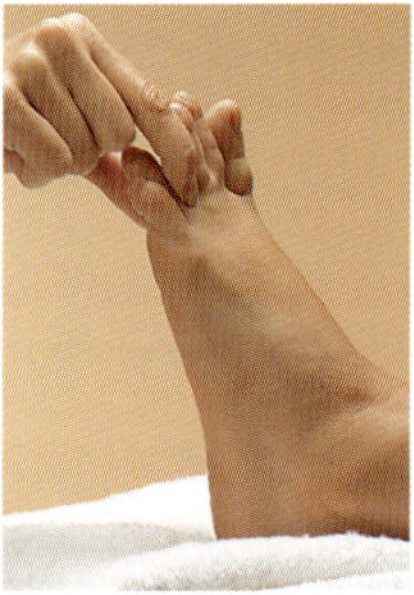

Augenreizung

Der Augenreflex befindet sich auf der Fußsohle, direkt unter dem Treffpunkt von zweiter und dritter Zehe. Auf der Handfläche liegt er unterhalb des Punktes, an dem der zweite und dritte Finger in die Hand übergehen.

Allergien

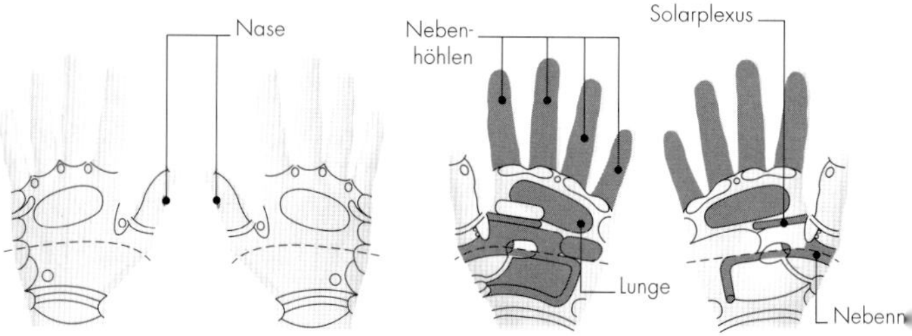

Handrücken **Handfläche**

Eine allergische Reaktion entsteht als Antwort des Immunsystems auf einen Fremkörper, von dem es annimmt, er wäre ebenso gefährlich wie ein Bakterium, ein Virus oder ein Giftstoff. Diese Substanz – Allergen genannt – kann auf unterschiedliche Arten in den Körper gelangen: Sie kann verschluckt oder eingeatmet sowie über die Haut aufgenommen werden, wie etwa bei einem Bienenstich, oder auch nur in Hautkontakt kommen. Das Immunsystem aktiviert daraufhin seine Abwehrkräfte, darunter Histamine, weiße Blutkörperchen und andere Zellen, um den Eindringling anzugreifen. Das wiederum kann eine ganze Reihe von Symptomen auslösen. Allergische Reaktionen nehmen in ihrer Häufigkeit zu, darunter auch lebensbedrohliche Formen wie Asthma.

Symptome

Abhängig von der Art der Allergie können Heuschnupfen, Hautausschläge, Atemprobleme wie Asthma, Übelkeit und Erbrechen sowie selten ein lebensgefährlicher anaphylaktischer Schock auftreten. Ein solcher Notfall muss sofort durch den Notarzt mit Adrenalininjektionen behandelt werden.

Es ist wichtig, in jedem einzelnen Fall den Auslöser der Allergie zu bestimmen und den Kontakt mit dem Allergen so weit wie möglich zu vermeiden. Häufig ist der Verursacher schnell gefunden.

Viele Asthmatiker sind gegen Hausstaubmilben oder Tierhaare allergisch, Patienten mit Heuschnupfen reagieren dagegen auf bestimmte Pollen. Neben Asthma erfordern oft auch andere Allergien medikamentöse Behandlung.

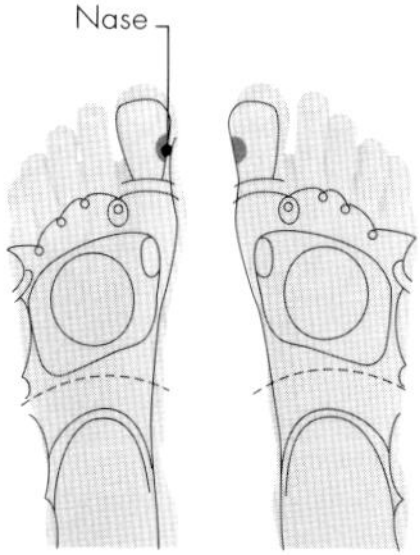

Fussrücken

Linderung der Symptome

Obwohl kein Therapeut – ob nun schulmedizinisch oder alternativ – behaupten kann, Allergien heilen zu können, ist es doch möglich, die allergische Reaktion zu unterdrücken und die Symptome zu lindern. Der Reflexzonenmasseur wird dies versuchen, indem er die Reflexe der betroffenen Körperregionen behandelt. Abhängig von der Allergie könnten dies die Reflexe der Nase, der Nebenhöhlen, der Lunge, der Haut und die des Verdauungstraktes sein. Die Behandlung der Milz und der Nebennieren hilft, die allergische Reaktion insgesamt abzuschwächen. Eine Förderung der Entspannung über den Solarplexusreflex kann besonders bei Asthmatikern sehr sinnvoll sein.

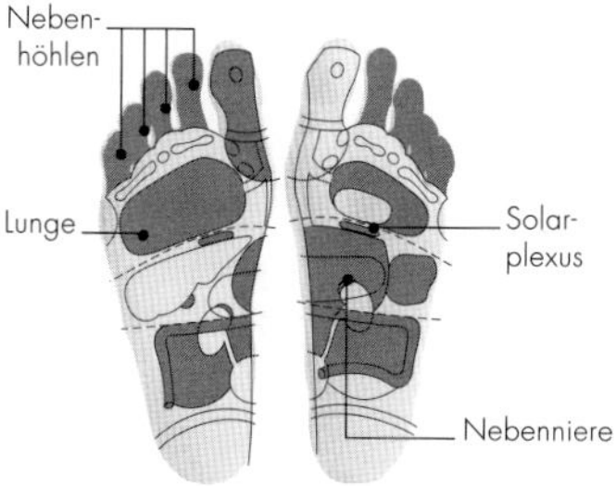

Fusssohle

BEHANDLUNGSABLAUF

Abhängig von der Allergie können verschiedene Teile des Körpers betroffen sein, sodass sich auch die zu behandelnden Reflexe dementsprechend verändern. Bei Asthma beispielsweise wäre der Lungenreflex wichtig. Andere wichtige Reflexe sind jene der Nase, der Augen, der Nebenhöhlen, des Halses und der Eustachischen Röhren. Die Nebennieren und der Solarplexus werden behandelt, um die allergische Reaktion insgesamt abzuschwächen und um die Entspannung zu unterstützen.

Lungen

Der Reflexpunkt für die Lunge liegt auf dem Fußballen unterhalb der zweiten bis fünften Zehe. Auf der Handfläche befindet sich der Lungenreflex unterhalb des Ansatzes der vier Finger.

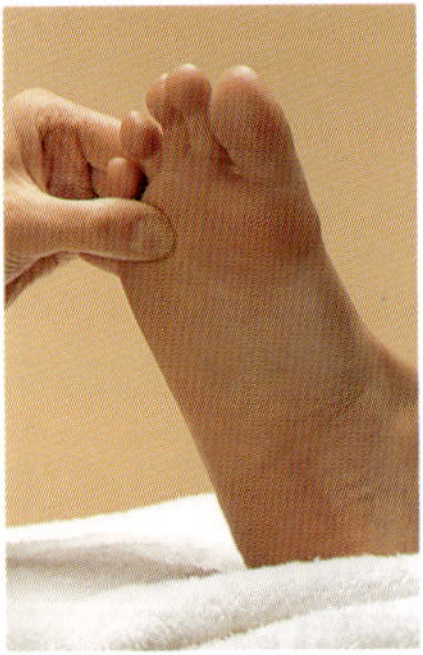

Nebenhöhlen

Die Nebenhöhlenreflexe liegen an Basis und Seite der Zehen sowie an den Fingerseiten. Eine Behandlung der Nebenhöhlen ist bei allergischen Reaktionen wie etwa Heuschnupfen wichtig, der zu erhöhtem Schleimfluss oder zu Verstopfung führt.

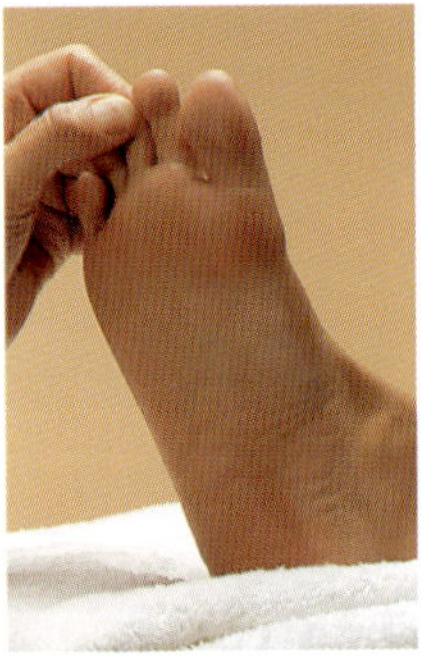

Nebennieren

Die Reflexpunkte für die Nebennieren befinden sich in Richtung Innenseite auf der Fußsohle bzw. Handfläche über der Taillenlinie. Ihre Behandlung lindert Schmerzen, die aufgrund einer allergischen Reaktion entstehen.

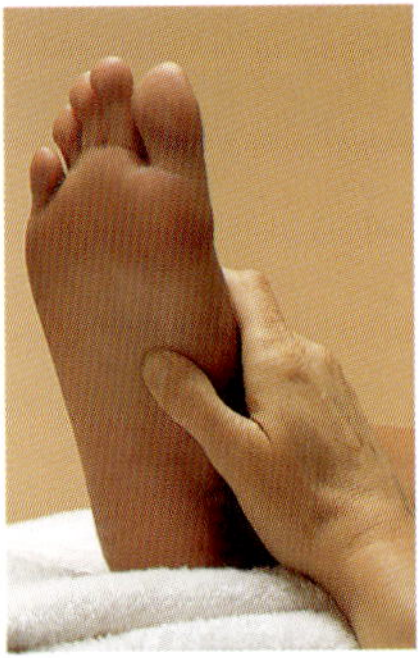

Solarplexus

Dieser Reflex befindet sich direkt auf der Fußsohle unterhalb der Zwerchfelllinie in den Zonen 2 und 3 sowie am Abschluss des oberen Viertels der Handfläche.

Nach der Behandlung

Notizen
Der Therapeut wird sich Notizen über die Behandlung machen.

Vor der Behandlung wird der Therapeut mit dem Patienten besprechen, wie viele Sitzung voraussichtlich nötig sein werden. Jede dieser Sitzungen dauert in der Regel eine Stunde und zumeist sind mindestens drei Sitzungen notwendig, bevor man beurteilen kann, ob die Behandlung anschlägt. Die Dauer der gesamten Behandlung variiert, doch kann man drei bis sechs Sitzungen pro Woche als Durchschnitt ansehen. Sollte bis dahin keine Besserung eingetreten sein, macht eine Fortführung der Behandlung wenig Sinn.

Nachwirkungen

Maß und Art der Reaktion auf eine Behandlung sind individuell sehr unterschiedlich. Viele Patienten bemerken schon einen Tag nach der Behandlung verstärkten Harn- und Stuhldrang, leichte Übelkeit, kurzzeitige Kopfschmerzen oder einen leichten Hautausschlag. All dies sind Zeichen, dass der Körper aktiv auf die Behandlung anspricht und mit der Selbstheilung beginnt. Diese Symptome werden durch die Ausscheidung von Giftstoffen verursacht, die sich während der Behandlung gelöst haben.

Zeitrahmen

Wurde die Behandlung aufgrund bestimmter Symptome und Beschwerden durchgeführt, dauert es wahrscheinlich einige Zeit, bevor eine grundlegende Besserung eintritt, da sich das ursprüngliche Energieungleichgewicht nur langsam wieder ausgleicht. Mitunter hat eine Behandlung aber auch überhaupt keine feststellbaren Auswirkungen auf die direkten Beschwerden, aber die Patienten fühlen sich trotzdem insgesamt wohler und sind so besser als zuvor in der Lage, mit ihren Symptomen umzugehen.

Aufzeichnungen

Jeder Reflexzonentherapeut macht detaillierte Aufzeichnungen über jeden seiner Patienten. Darin hält er die ursprünglichen Beschwerden und Symptome fest, notiert genau, welche Behandlung in welcher Sitzung mit welchem Ergebnis durchgeführt wurde und wie die Reaktion des Patienten darauf aussah. Ist die Behandlung abgeschlossen, wird der Therapeut eventuell eine Fortsetzung mit Sitzungen in größeren Abständen empfehlen, um die Wirkung nicht abklingen zu lassen.

Viele Menschen, die sich einer Reflexzonenmassage unterzogen haben, führen diese mit Sitzungen in größeren Abständen – etwa alle vier bis sechs Wochen – fort, um die Verbesserungen ihrer Gesundheit zu erhalten und um mit dem täglichen Stress besser umzugehen.

BEHANDLUNG BESONDERER FÄLLE

Menschen aller Altersgruppen können von einer Reflexzonenbehandlung profitieren, doch können je nach Alter unterschiedliche Vorgehensweisen nötig sein. Besondere Sorgfalt und Erfahrung erfordert die Behandlung schwangerer Frauen, daher sollten diese sich auch nicht ohne fachliche Anleitung selber therapieren. Säuglinge und Kinder sprechen oft gut auf Reflexzonenmassage an, doch darf man nicht von ihnen erwarten, dass sie während einer einstündigen Behandlung still sitzen bleiben. Die Sitzungen sollten daher verkürzt werden. Ältere Menschen empfinden den körperlichen Kontakt einer Massage oft als wohltuend. Dies kann bei der Heilung kleinerer und größerer Beschwerden hilfreich sein. Übersichtskarten aller Reflexzonen finden Sie auf den Seiten 30–37.

Säuglinge und Kinder

Früh beginnen
Reflexzonenmassage ist wohltuend für Kinder und Erwachsene.

Prinzipiell unterscheidet sich die Behandlung eines Säuglings oder Kleinkinds nicht von der eines Erwachsenen, doch ergeben sich in der Praxis einige Unterschiede. Das Gespräch über die Beschwerden und Symptome wird aus offensichtlichen Gründen zwischen Therapeut und Eltern oder einer für das Kind verantwortlichen Person stattfinden. Ältere Kinder sollte man allerdings durchaus ermutigen, selbst Auskunft zu geben, wenn sie nicht zu schüchtern sind.

Sitzhaltung

Säuglinge und Kleinkinder sind entspannter, wenn sie während der Sitzung auf dem Schoß ihrer Mutter sitzen können. Der Therapeut kann sich seitlich dazusetzen.

Wichtig ist, die Umgebung so zu arrangieren, dass sich alle drei Beteiligten während der Sitzung wohl fühlen. Ältere Kinder können, falls sie groß genug sind, schon im Behandlungsstuhl Platz nehmen, sodass ihre Füße sich in einer günstigen Position für die Behandlung befinden.

Behandlung

Der Therapeut kann – abhängig davon, was das Kind am ehesten zulässt – auswählen, ob er Hände, Füße, oder beides massieren möchte.

In jedem Fall muss der Therapeut jedoch sehr präzise vorgehen, denn die Reflexzonen auf der Hand oder dem Fuß von Säuglingen und Kleinkindern sind äußerst klein. Dennoch verläuft die Behandlung im Grunde nicht anders als bei Erwachsenen.

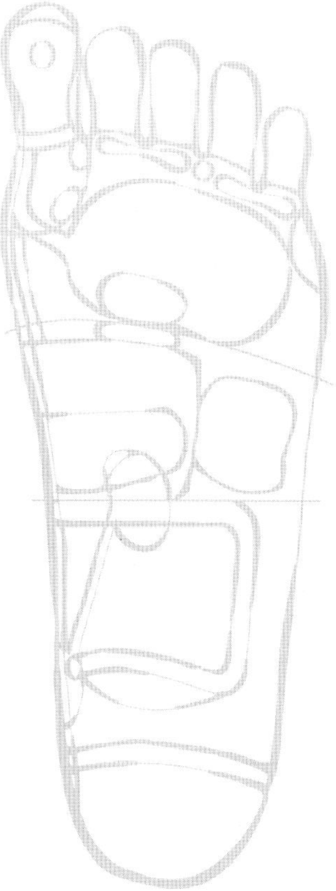

Dauer

Für gewöhnlich gefällt Kindern die Behandlung. Kleinkinder betrachten die Massage mitunter sogar als eine Art Spiel. Wird ein junger Patient jedoch unruhig und unzufrieden, sollte man besser für einen Moment unterbrechen. Eventuell kann die Behandlung nach einer Pause fortgesetzt werden, doch macht es keinen Sinn, gegen den Willen des Kindes fortzufahren.

Ergebnisse

Kinder sprechen häufig schneller auf Reflexzonenmassage an als Erwachsene, vielleicht weil sie noch nichts von der angeborenen Fähigkeit der Selbstheilung verloren haben. Bei Kindern lassen sich Energieblockaden leichter lösen und Ungleichgewichte besser ausbalancieren. So kann man auch kleinere Beschwerden wie Schmerzen beim Zahnen, Reisekrankheit und Koliken, aber ebenso emotionale Probleme wie Angst oder chronische Beschwerden wie Asthma und Allergien gut behandeln.

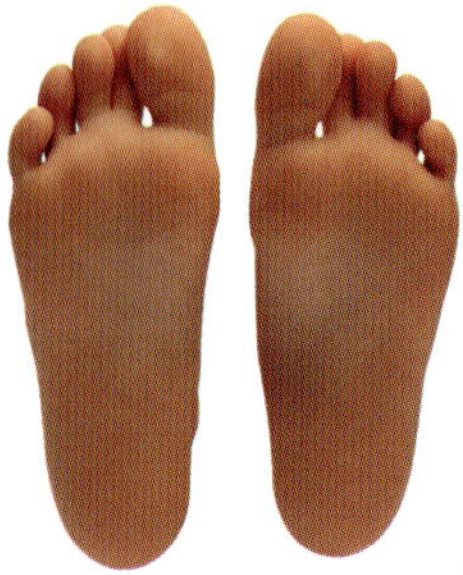

Behandlung von Kindern
Eine Sitzung sollte bei Säuglingen und Kleinkindern rund dreißig Minuten dauern, da die Reflexzonen wesentlich kleiner sind.

ZUSAMMENARBEIT Bei der Behandlung von kleinen Kindern müssen Eltern und Therapeut gemeinsam einen Weg finden, damit das Kind lang genug still sitzen bleibt, sodass der Therapeut die Massage durchführen kann. Allerdings sollte die Behandlung nicht so lange dauern, dass das Kind unzufrieden wird.

Kinderkrankheiten
Schulkinder bekommen beim Spielen oft Schrammen und blaue Flecken und haben häufiger auch kleinere Virusinfektionen wie Erkältungen, Mandelentzündungen und Infektionen der Ohren.

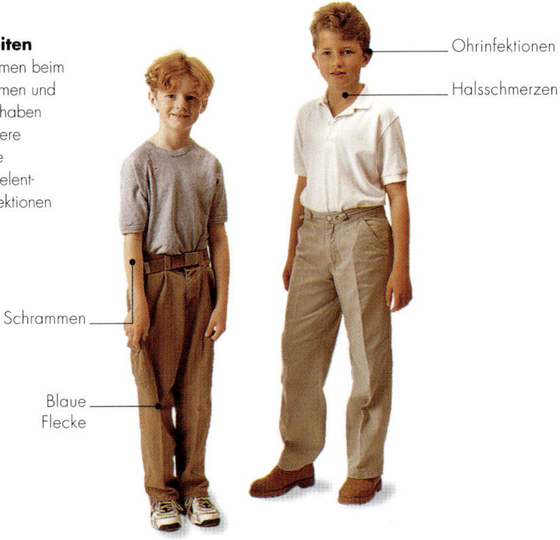

Bequeme Sitzhaltung
Ein Säugling lässt eine Behandlung eher zu, wenn er dabei von einem Elternteil gehalten wird.

Säuglinge

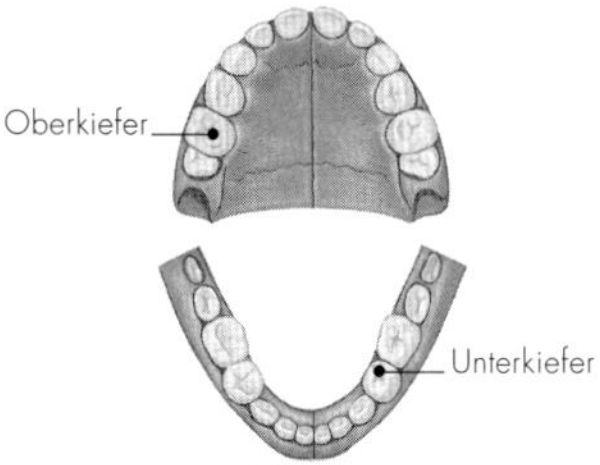

Milchzähne
Ab dem sechsten Monat beginnen Kinder zu zahnen.

Für Eltern ist es sehr quälend zu sehen, dass ihr Kind offenkundig Schmerzen hat, obwohl sie alles Erdenkliche getan haben, damit es ruhig und zufrieden sein kann.

Koliken

Eine der häufigsten Ursachen für Schmerzen in den ersten drei Lebensmonaten sind Koliken. Das Baby schreit, als ob es massive Schmerzen hätte, zieht die Knie zur Brust hoch und wird dabei oft rot im Gesicht. Diese Anfälle wiederholen sich oft zur gleichen Tageszeit – meist am frühen Abend – und können mehrere Stunden andauern. Man weiß nicht genau, was die Beschwerden verursacht, doch hat es wahrscheinlich mit dem noch nicht ausgereiften Nervensystem der Neugeborenen zu tun. Bei den meisten Säuglingen hören diese Anfälle nach dem dritten Lebensmonat auf.

Zahnen

Das Zahnen kann zu einer Reihe von Beschwerden führen, darunter Schmerzen, Appetitlosigkeit und Schlafstörungen. Die Reflexzonenmassage kann den Säugling beruhigen und seine Schmerzen lindern.

Ekzeme

Diese quälende Hauterkrankung wird gekennzeichnet durch Rötung, Juckreiz und schuppige Haut und tritt häufig bei Babys auf, besonders in Hautfalten und an trockenen Stellen. Oftmals lässt sich den Symptomen durch Cremes und seifenfreie Reinigungsmittel beikommen. Eine Reflexzonenmassage kann die Beschwerden lindern.

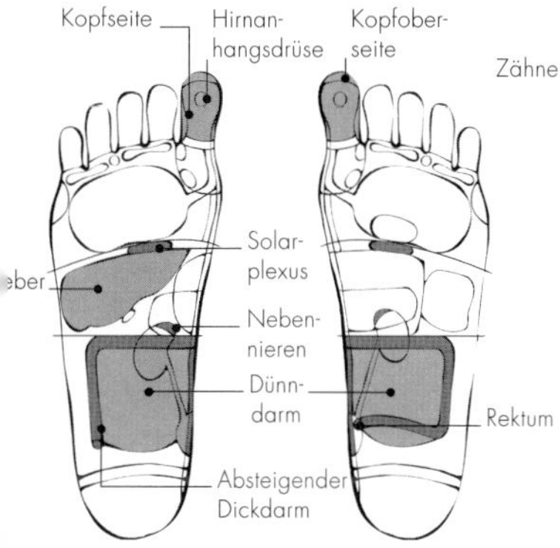

FUSSSOHLE

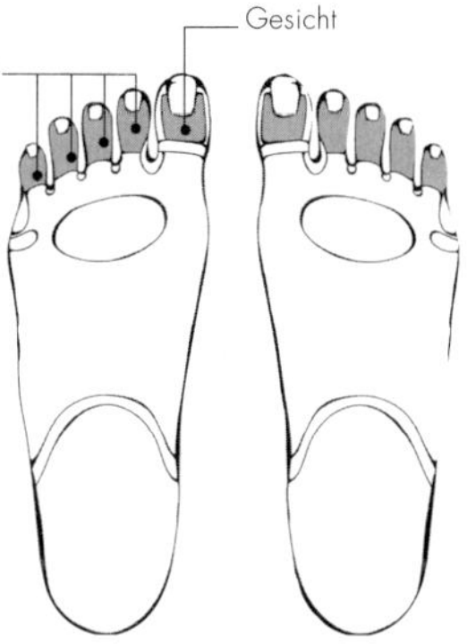

FUSSRÜCKEN

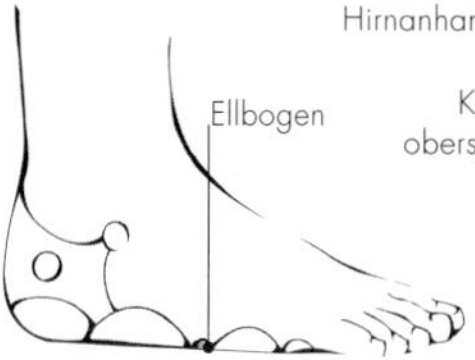

RECHTE AUSSENSEITE

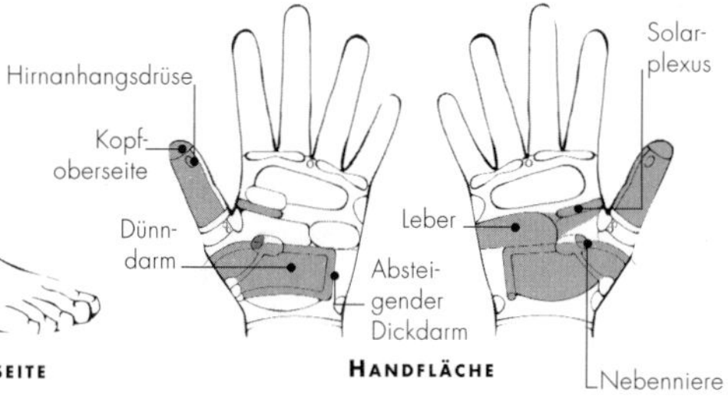

HANDFLÄCHE

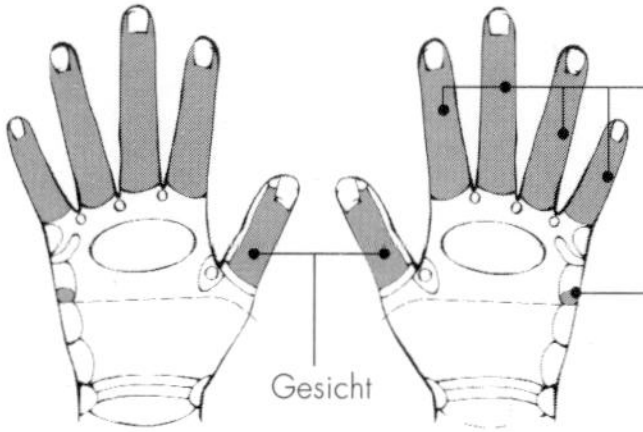

HANDRÜCKEN

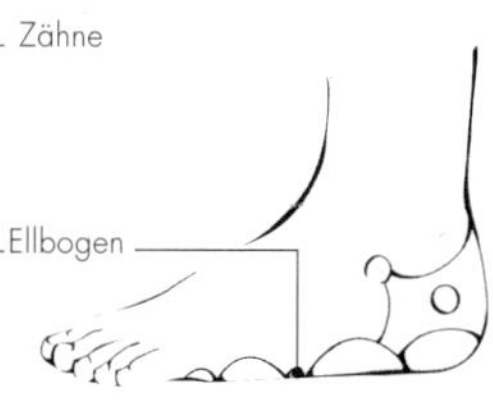

LINKE AUSSENSEITE

VORGEHEN BEI SÄUGLINGEN

Zur Behandlung von Koliken muss man sich der Reflexzone des Dickdarms widmen. Bei Problemen mit dem Zahnen sind die Reflexpunkte für Zähne und Zahnfleisch wichtig, die an den Zehenspitzen liegen. Bei Ekzemen müssen die Reflexe der jeweils betroffenen Körperregion behandelt werden, ebenso die Nebennieren, um Stress und Entzündungserscheinungen zu verringern.

Dickdarmkoliken

Der Reflex für den aufsteigenden Dickdarm liegt in den Zonen 4 und 5 und zieht sich von der Ferse bis zur Taillenlinie. Der quere Dickdarm liegt quer auf beiden Füßen in Höhe der Taillenlinie. Auf dem linken Fuß beschreibt er einen rechten Winkel und der absteigende Dickdarm verläuft im Anschluss daran fast hinunter bis zur Ferse. Der Reflex des s-förmigen Dickdarms verläuft von diesen Punkt durch alle Zonen bis zum Rektumreflex an der Innenseite des Fußes.

Schmerzen beim Zahnen

Die Reflexzonen für Zähne und Zahnfleisch befinden sich an der Spitze der Zehen, direkt unterhalb der Nägel. Die Vorderzähne finden sich in den Längszonen 1 und 2, die Backenzähne in Zone 4 (bei Erwachsenen liegen die Weisheitszähne in Zone 5).

Ekzeme – Gesicht, Ellbogen und Knie

Die Behandlung von Ekzemen konzentriert sich auf die Behandlung der betroffenen Hautstellen, häufig Gesicht, Ellbogen und Knie. Der Gesichtsreflex befindet sich an der Spitze der Großzehe unterhalb des Nagels. Die Reflexe des Ellbogens und des Knies liegen auf der Fußaußenseite, direkt hinter der Ferse.

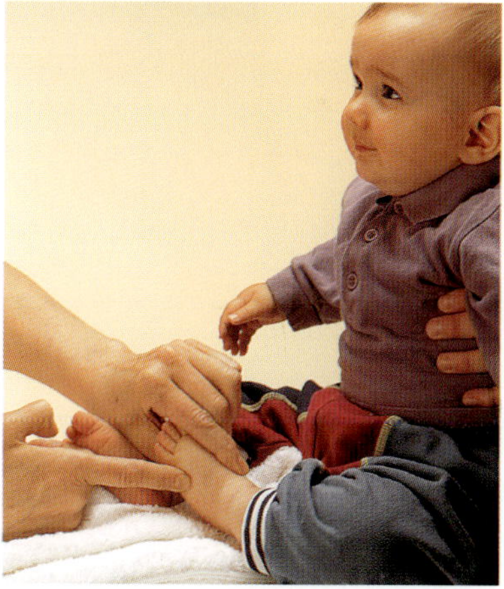

Erkrankungen älterer Kinder

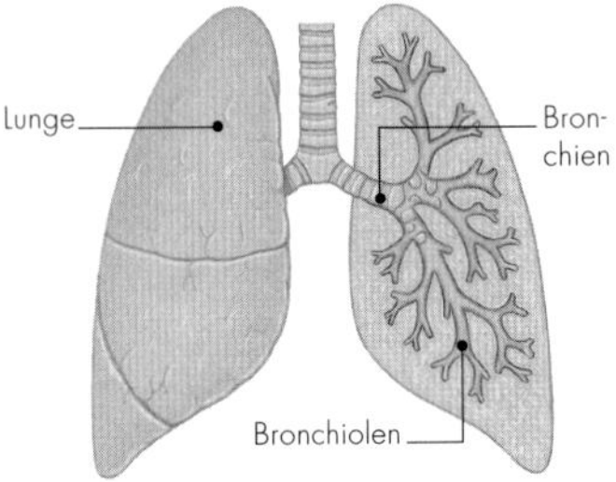

Lungenbeschwerden
Allergische Reaktionen wie Asthma nehmen immer mehr zu.

Psychologische und emotionale Probleme äußern sich oft als körperliche Symptome, unter anderem als Verdauungs- oder Schlafstörungen sowie als Anfälligkeit für Erkältungen und andere Infektionen. Die Reflexzonentherapie eignet sich auch sehr gut für die Behandlung älterer Kindern, besonders wenn Angst und Stress ihrer Gesundheit schaden.

Asthma

Asthmakranke Kinder müssen immer ärztlich behandelt werden, doch kann auch eine Massage der Reflexe der Lunge und Bronchien helfen, die Atemwegsverengungen zu lindern. Außerdem sollten die Reflexe von Solarplexus und Zwerchfell zur Förderung der Entspannung sowie die der Nebennieren zur Reduktion der allergischen Reaktion bearbeitet werden.

Angst und Stress

Eine Behandlung der Reflexe des gesamten Körpers mit einer Betonung auf Solarplexus und Nebennieren hilft Jugendlichen, die unter Angst und Stress leiden. Eine Behandlung des Hirnanhangsdrüsenreflexes fördert die Herstellung des Hormongleichgewichts und lindert die Symptome, die von den Hormonschüben zu Beginn der Pubertät herrühren.

Reisekrankheit

Eine Behandlung der Ohrreflexe kann hier helfen, da das Innenohr eine große Rolle beim Gleichgewichtssinn und bei der Wahrnehmung von räumlicher Bewegung spielt.

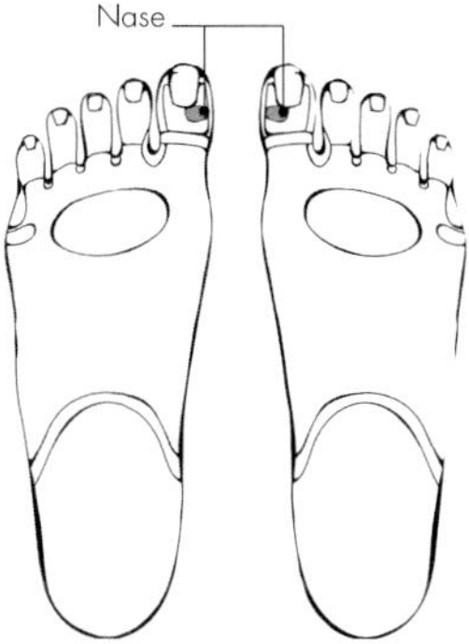

FUSSRÜCKEN

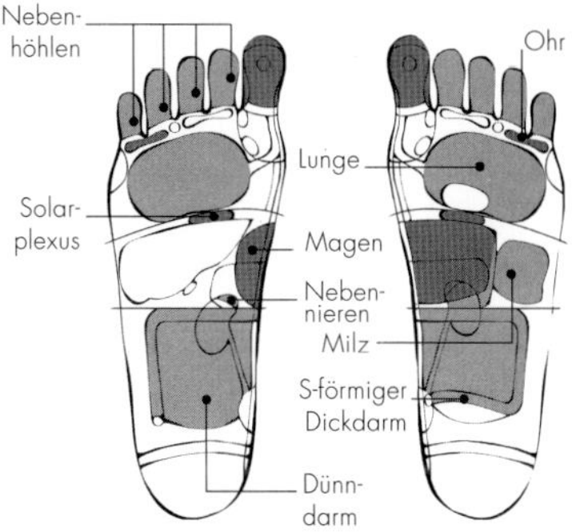

FUSSSOHLE

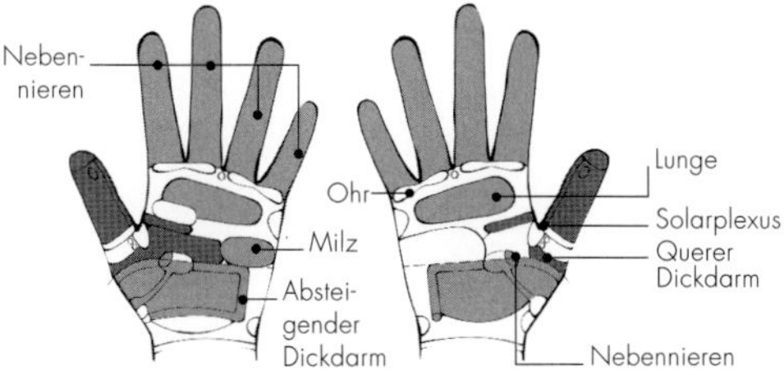

HANDFLÄCHE

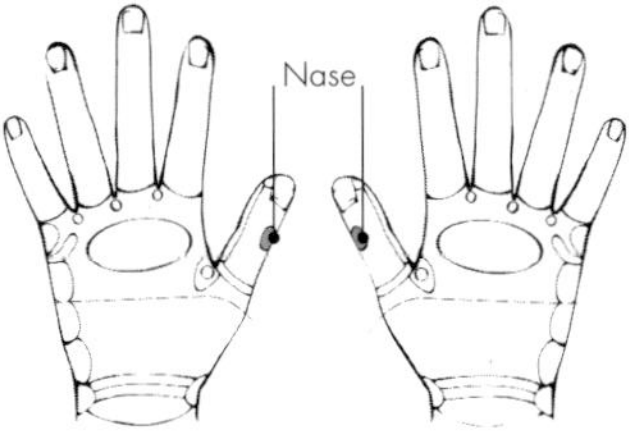

HANDRÜCKEN

ÄLTERE KINDER

Hier finden Sie die Vorgehensweise für die Behandlung älterer Kinder. Bei Asthma gilt es vor allem, die Reflexe der Lungen und Bronchien zu behandeln. Bei Asthma, wie bei allen anderen allergischen Reaktionen, hilft die Behandlung der Nebennieren, die allergischen Symptome zu lindern. Eine Reflexzonenmassage unter besonderer Berücksichtigung des Solarplexus kann Angstzustände lösen und zu größerer Entspannung führen. Die Reflexe der Ohren werden in Fällen von Reisekrankheit behandelt.

Asthma – Lungen

Der Lungenreflex liegt auf dem Fußballen, unterhalb des zweiten bis fünften Zehs. Auf der Handfläche ist der Lungenreflex unterhalb der Finger.

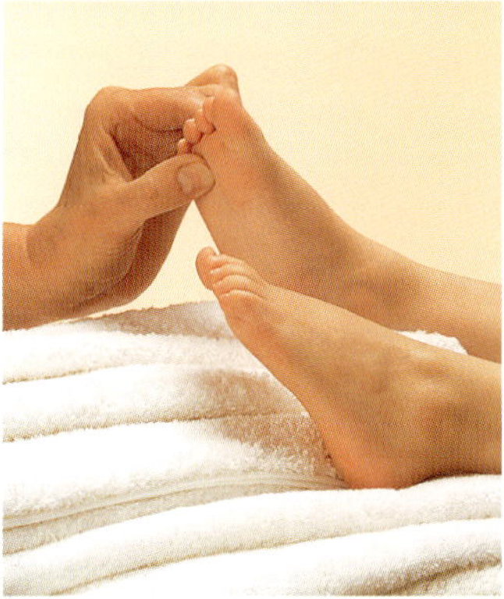

Reisekrankheit – Ohrreflexe

Die Reflexe der Ohren befinden sich unterhalb des Übergangs der vierten und fünften Zehe in den Fuß. An der Handfläche sind sie unterhalb des Treffpunkts von viertem und fünftem Finger.

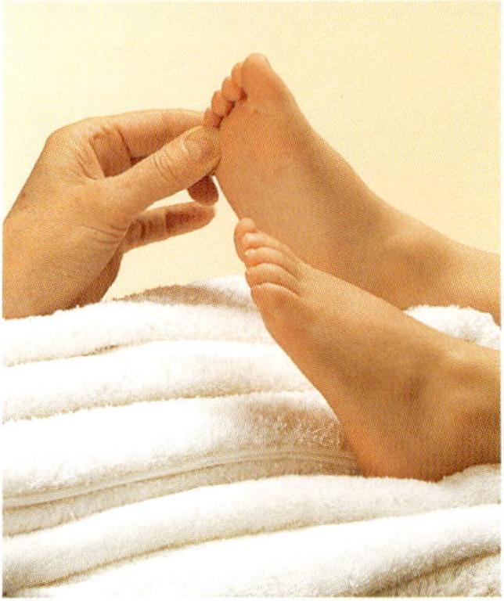

Angst – Solarplexus

Der Solarplexusreflex liegt auf der Fußsohle in den Zonen 2 und 3 direkt unterhalb der Zwerchfelllinie sowie in ähnlicher Position auf der Handfläche.

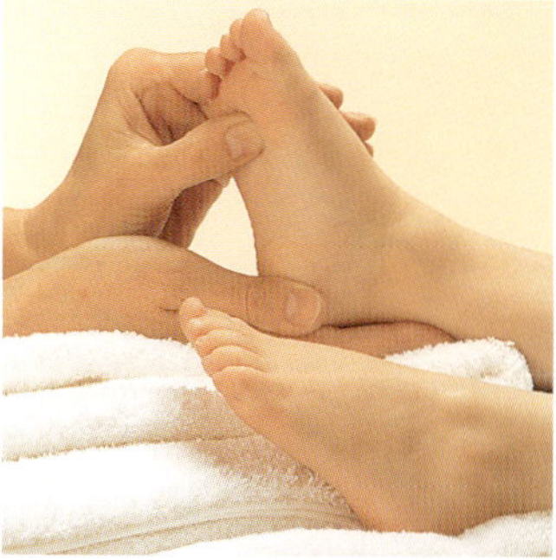

Allergien – Nebennieren

Die Nebennierenreflexe sind kleine Stellen oberhalb der Taillenlinie auf Handfläche und Fußsohle, in Richtung Innenseite gelegen.

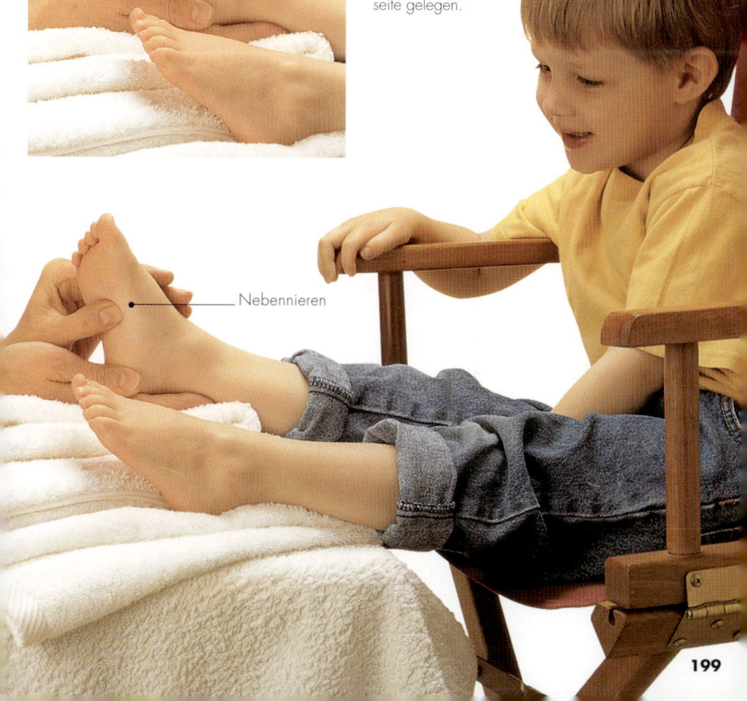

Schwangere

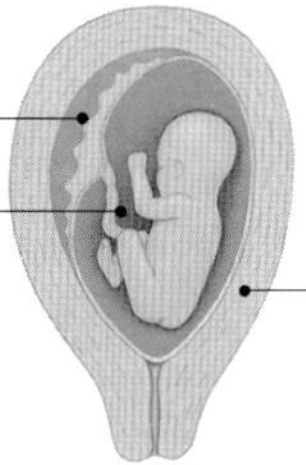

Neues Leben

In der Schwangerschaft finden enorme Veränderungen statt.

Reflexzonentherapie kann recht wirksam zur Linderung vieler lästiger Beschwerden während der Schwangerschaft eingesetzt werden, allerdings sollte die Behandlung nur von einem erfahrenen Therapeuten durchgeführt werden. Von Selbsthilfe ist im Allgemeinen abzuraten.

Gegenanzeigen

Generell wird ein Therapeut während der ersten drei Monate keine Behandlung durchführen, insbesondere bei Erstschwangerschaften oder vorausgegangenen Fehlgeburten.

Morgendliche Übelkeit

Übelkeit und Brechreiz verschwinden für gewöhnlich nach den ersten drei Monaten der Schwangerschaft, können jedoch äußerst entkräftend sein. Sollte ein erfahrener Therapeut entscheiden, dass eine Behandlung ungefährlich ist, können diese Symptome mittels einer Massage des Magenreflexpunktes gelindert werden.

Emotionale Probleme

Die Wirkung der Reflexzonenmassage geht über die Linderung rein körperlicher Beschwerden hinaus. Viele Frauen fühlen sich in der Schwangerschaft erschöpft und gestresst. Dies kann zu Gefühlsschwankungen führen, die zum Teil hormonell verursacht sind, aber auch Zweifel und Sorgen bezüglich der Schwangerschaft selbst zum Ausdruck bringen können. Regelmäßige Reflexzonenbehandlungen können während dieses Anpassungsprozesses eine Hilfe sein, sich zurechtzufinden, und Gelegenheit zu einer entspannenden „Auszeit" geben.

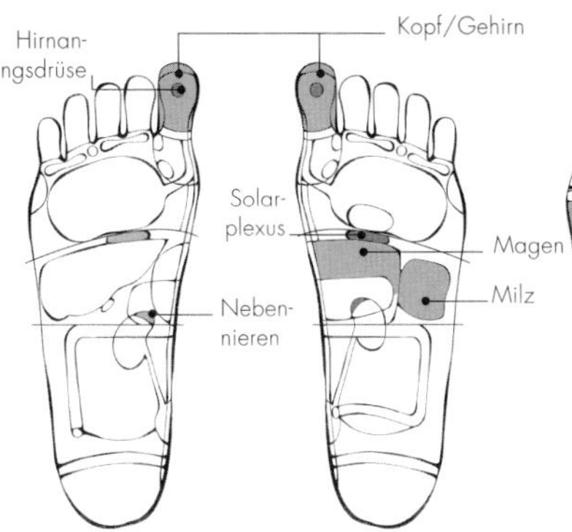

FUSSSOHLE

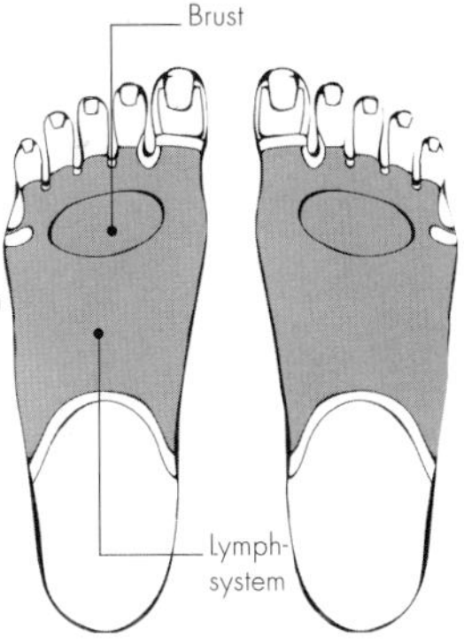

FUSSRÜCKEN

LINKE AUSSENSEITE

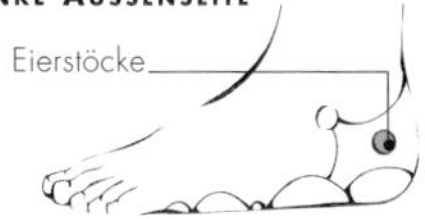

RECHTE AUSSENSEITE

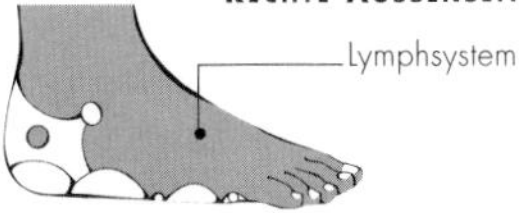

RECHTE INNENSEITE

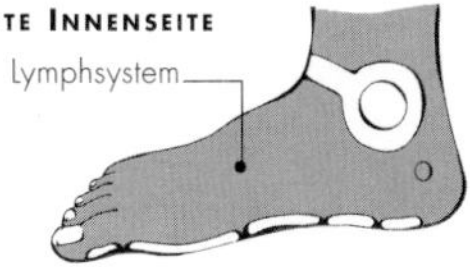

LINKE INNENSEITE

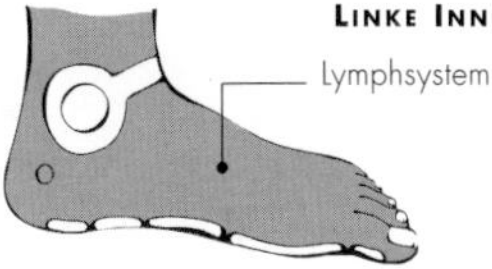

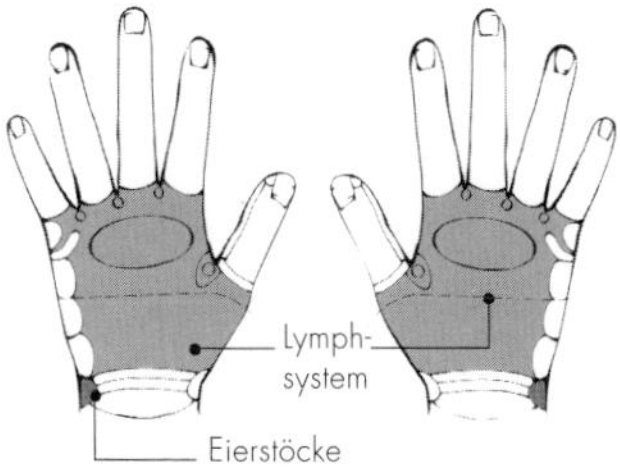

HANDRÜCKEN

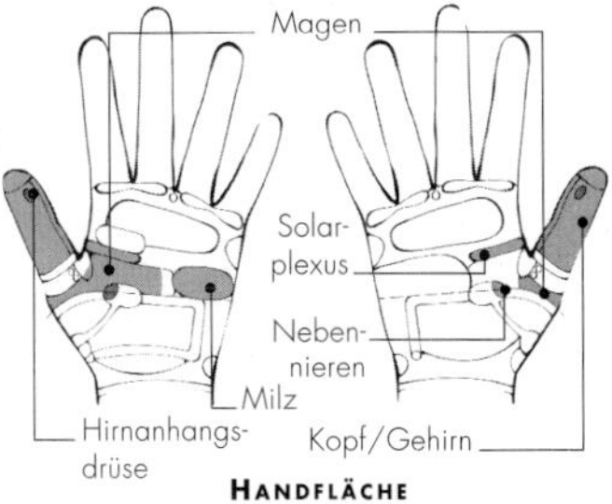

HANDFLÄCHE

FRÜHE SCHWANGERSCHAFT

Von jeder Form der Behandlung oder Medikation ist während der ersten drei Monate allgemein abzuraten, da in dieser wichtigen Phase der fötalen Entwicklung leicht Fehlbildungen entstehen. Sollte jedoch ein erfahrener Therapeut zu der Entscheidung gelangen, dass eine Behandlung während dieses Stadiums ungefährlich ist, kann er sich den Reflexen gegen Übelkeit, Erschöpfung und emotionale Probleme widmen. Sollten Sie zuvor niemals eine Reflexzonentherapie gemacht haben, sprechen Sie mit Ihrem Arzt.

Übelkeit – Magen

Übelkeit behandelt man über den Magen-Reflex, der in den Zonen 1 bis 3 zwischen der Zwerchfell- und der Taillenlinie auf der Fußsohle liegt. Auf der Handfläche befindet sich der Reflex in ähnlicher Position.

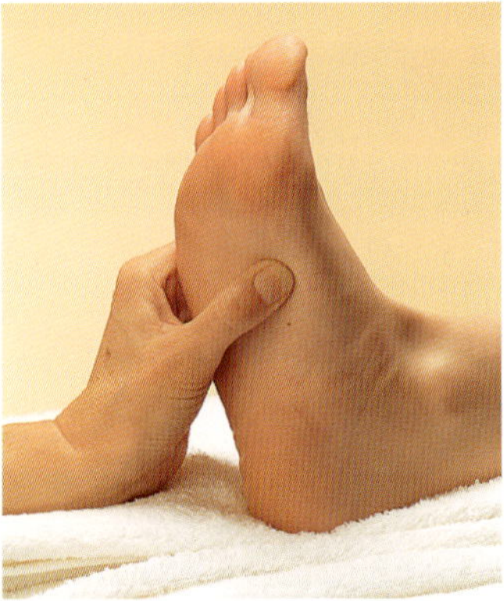

Erschöpfung – Milz

Dieses häufige Problem entsteht durch die verstärkte Belastung des weiblichen Körpers. Die Behandlung konzentriert sich auf den Milzreflex, der sich auf der linken Fußsohle bzw. Handfläche in den Zonen 4 und 5 zwischen Taillen- und Zwerchfelllinie befindet.

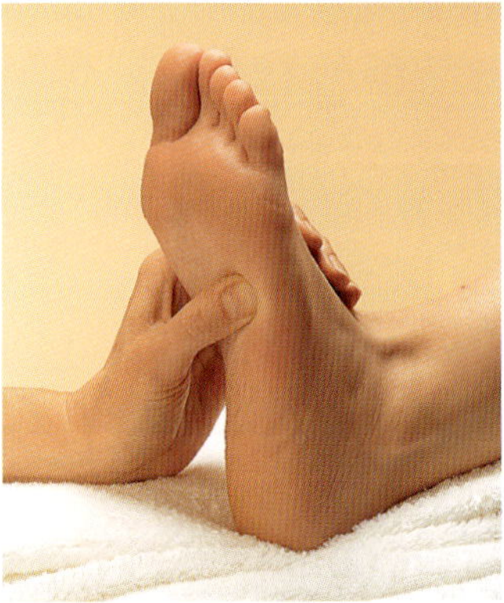

Emotionen – Kopf/Gehirn

Diese Reflexe liegen an der Spitze sowie an den Seiten und Unterseiten der Großzehe und des Daumens.

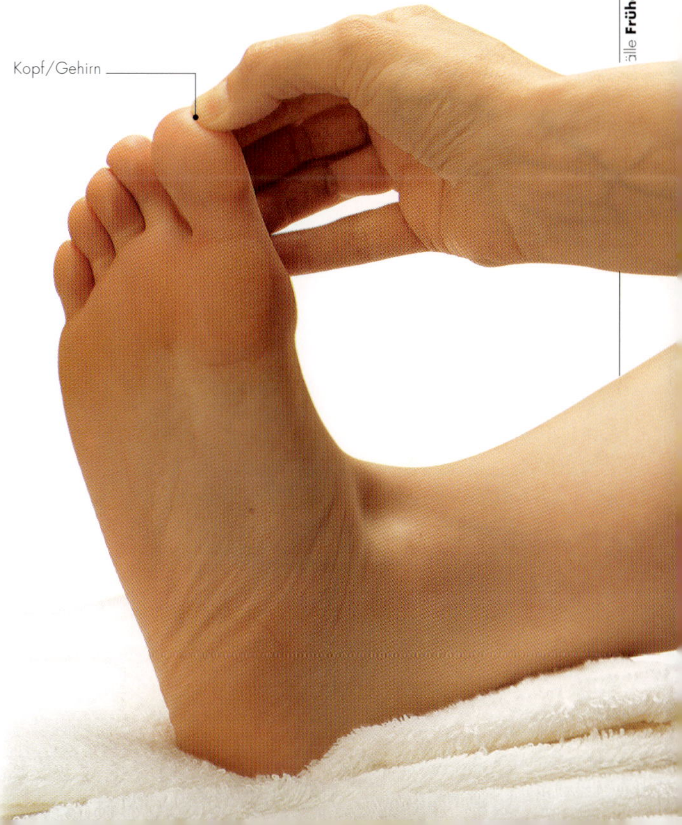

Späte Schwangerschaft

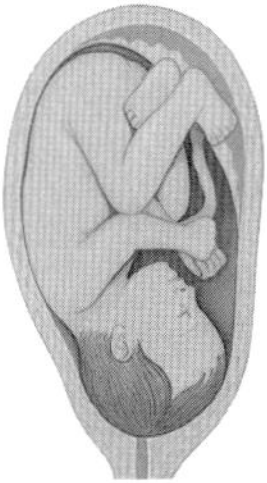

Probleme

Zunehmendes Gewicht und Größe der Gebärmutter können Probleme auslösen.

Rückenschmerzen im Lendenbereich entstehen durch unbewusstes Zurücklehnen, um das Gewicht des Babys auszugleichen. Verschlimmert wird dieses Problem durch die Schwangerschaftshormone, welche die Bänder des Gelenks zwischen Becken und Wirbelsäule erschlaffen lassen, um dem Baby ein Passieren des Geburtskanals zu ermöglichen. Es können sich ebenfalls hormonell verursachte Krampfadern an den Unterschenkeln und im rektalen Bereich (Hämorrhoiden) entwickeln. Zusätzlich kann sich die Darmtätigkeit verlangsamen, was zu Verstopfung führt.

Schlaflosigkeit ist oftmals gegen Ende der Schwangerschaft ein Problem, wenn es fast unmöglich erscheint, eine bequeme Schlafposition zu finden. Sorgen und Angst vor der Geburt können das Einschlafen zusätzlich erschweren.

Behandlung

Reflexzonenmassage kann nicht nur bei bestimmten Symptomen helfen, sondern auch dazu dienen, das natürliche Energiegleichgewicht des Körpers wiederherzustellen und bei der Entspannung zu helfen. Neben der Behandlung des gesamten Körpers muss man auch den mit akuten Beschwerden verbundenen Reflexzonen Beachtung schenken, z. B. dem Reflex für die Lendenwirbel bei Schmerzen im unteren Rücken oder dem Reflex für den Darm bei Verstopfung.

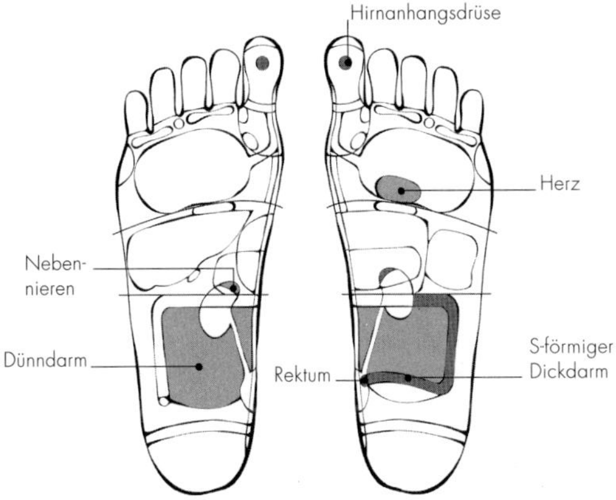

FUSSSOHLE

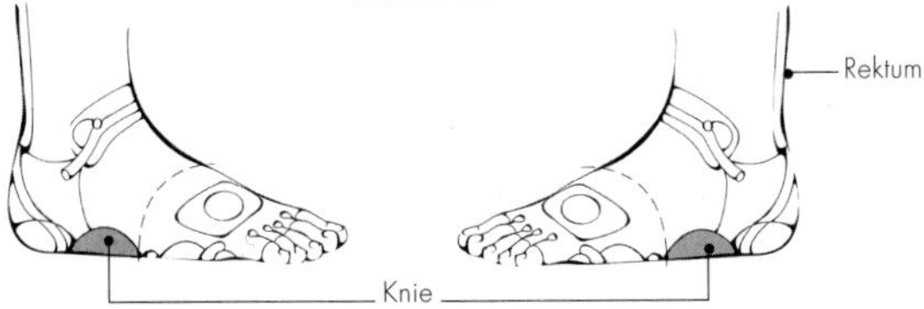

RECHTE AUSSENSEITE

LINKE AUSSENSEITE

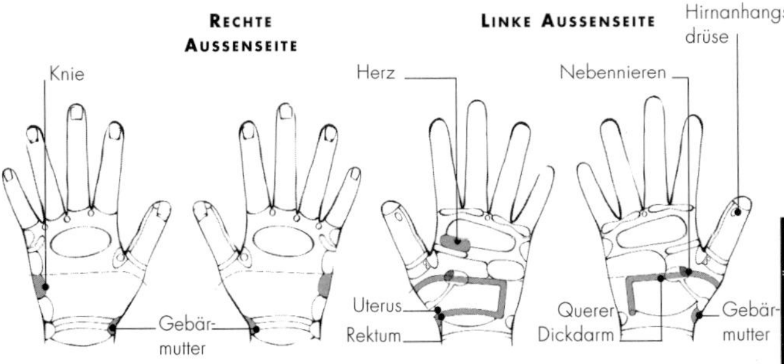

HANDRÜCKEN

HANDFLÄCHE

SPÄTE SCHWANGERSCHAFT

Eine Behandlung der Lendenwirbel- und Kreuzbeinreflexe lindert sowohl durch Fehlhaltung als auch hormonell verursachte Rückenschmerzen. Ebenso kann man die durch Krampfadern ausgelösten Beschwerden lindern und ihrer Verschlimmerung vorbeugen. Eine Reflexzonenmassage kann auch bei Schlaflosigkeit helfen. Besondere Beachtung verdient die Hirnanhangsdrüse, welche die Hormonproduktion des gesamten Körpers regelt.

Rückenschmerzen – Wirbelsäule

Die Reflexe der Lendenwirbel und des Kreuzbeins befinden sich auf der Fußinnenseite. Von der Taillenlinie ziehen sie sich bis vor die Ferse. Auf der Hand erstrecken sich diese Reflexzonen von der Daumenbasis bis kurz vor das Handgelenk.

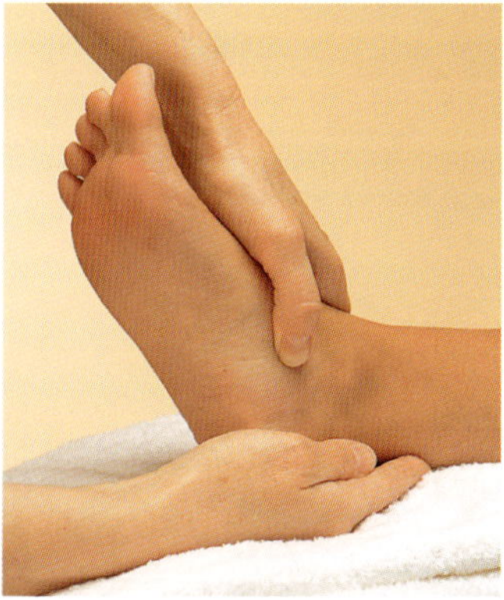

Hämorrhoiden

Hierbei sind die Reflexe des Rektums und des Anus zu behandeln. Diese bestehen aus einem schmalen Streifen auf der Hinterseite des Knöchels oberhalb der Ferse sowie aus einem Punkt in Zone 1 auf der inneren Fußsohle, direkt über dem fleischigen Teil der Ferse.

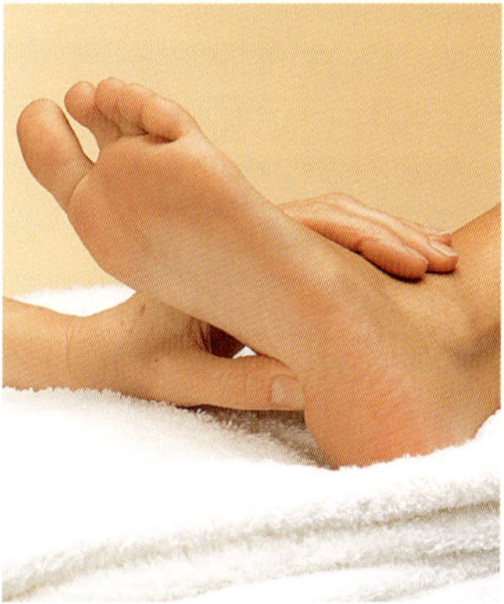

**Krampfadern –
Knie (unteres Bein)**

Dieser Reflex liegt auf der Fußaußenseite und bildet vor der Ferse einen Halbkreis. Er schließt den Herzreflex mit ein.

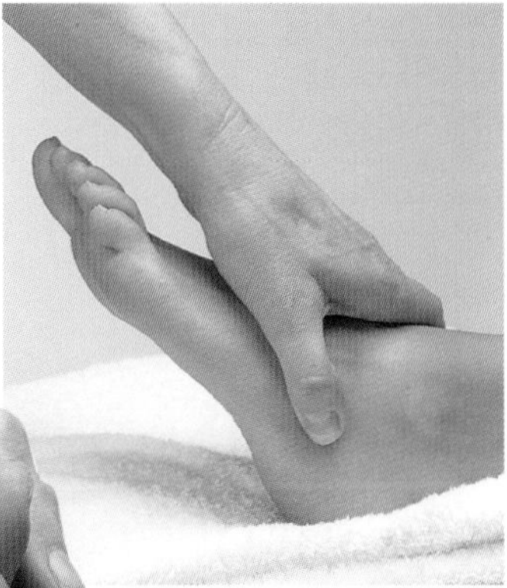

**Schlaf –
Hirnanhangsdrüse**

Dieser Reflex liegt auf der Unterseite des Daumens und der Großzehe.

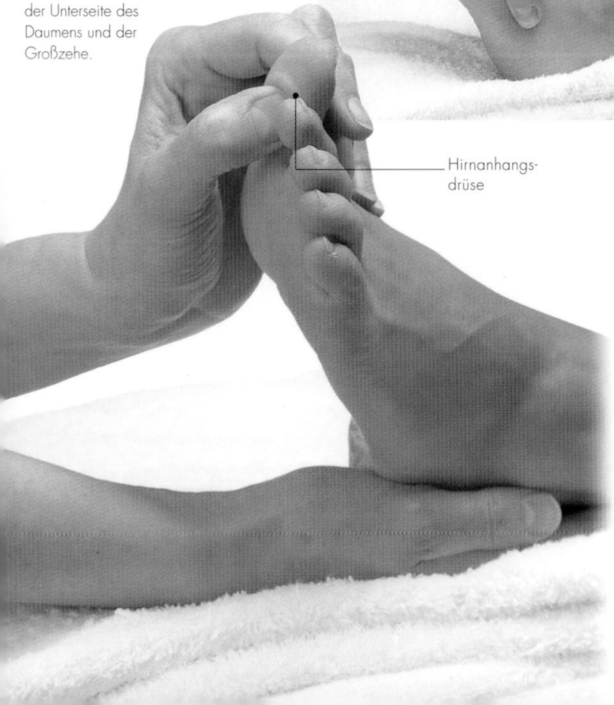

Ältere Menschen

Vereinsamung
Ältere Patienten brauchen auch Aufmerksamkeit.

Älter zu werden muss nicht zwingend bedeuten, dass sich auch der Gesundheitszustand verschlechtert. Viele Menschen bleiben bis ins hohe Alter kerngesund, wenn sie vielleicht auch nicht mehr so kräftig und energiegeladen wie in jungen Jahren sind. Ein gewisser Verlust an Muskelmasse und Hautstraffheit ist jedoch unvermeidlich. Beschwerden wie Osteoporose, Herz-Kreislauf-Erkrankungen, eine Verringerung der Sehschärfe sowie Schwerhörigkeit sind weit verbreitet.

Leider verschärfen Einsamkeit und soziale Isolation diese Beschwerden noch. Zudem führt dies oft dazu, dass sich ältere Mehschen schlecht ernähren, denn es erscheint ihnen nicht die Mühe wert, für sich allein zu kochen. Viele ältere Menschen klagen darüber, dass sie weniger schlafen als früher, was allerdings auch an einem insgesamt weniger aktiven Leben liegen kann.

Soziale Kontakte

Regelmäßige Sitzungen bei einem mitfühlenden Reflexzonentherapeuten können für ältere Menschen häufig die dringend benötigten sozialen Kontakte ersetzen. Wer viel allein ist, weiß zudem die Möglichkeit zu schätzen, seinen Gefühlen Ausdruck geben zu können, wenn einige Menschen auch zunächst etwas Ermunterung benötigen. Auch braucht es mitunter einige Zeit, bis Patienten sich so entspannen können, dass sie den Körperkontakt der Massage als angenehm empfinden. Wo es angebracht erscheint, kann der Therapeut dem Patienten auch empfehlen, weitere Hilfe in Anspruch zu nehmen, sei es durch den Hausarzt, den Optiker oder durch eine medizinische Fußpflege.

Behandlung

Eine Kombination von verschiedenen Faktoren kann zu Energieblockaden und Ungleichgewichten führen, doch eine Reflexzonentherapie verbessert für gewöhnlich im Laufe einer Reihe von Behandlungen das allgemeine Wohlbefinden. Sind bestimmte Reflexzonen ungewöhnlich empfindlich, zeigt dies dem Therapeuten, dass die zugehörigen Körperteile nicht so arbeiten, wie sie sollten. Eine Reihe von Massagen kann nicht nur akute Beschwerden lindern, sondern auch die Abwehrkräfte stärken und den allgemeinen Zustand verbessern.

Arthritis

Für detailliertere Informationen über die Reflexzonentherapie und weitere Behandlungsmöglichkeiten bei Arthritis siehe S. 172–175.

PRAKTISCHE TIPPS

Vor Beginn der Behandlung eines älteren Menschen nimmt sich der Therapeut viel Zeit und stellt sicher, dass der Patient bequem im Behandlungsstuhl sitzt und sich entspannen kann. Zudem kann er Ratschläge zur Pflege der Füße und der Haut, die im Alter dünn und trocken sein kann, erteilen. Eventuell sollten ältere Patienten medizinische Fußpflege in Anspruch nehmen, beispielsweise zur Hornhautentfernung oder zum Schneiden der Fußnägel.

Arthritis – Hüften
Ein geringer Grad an Arthritis in den Gelenken – besonders in Hüfte und Knie – ist weit verbreitet und erfordert u. U. eine spezielle Behandlung (S. 173). Der Hüftreflex sitzt außen am Fuß direkt vor der Ferse.

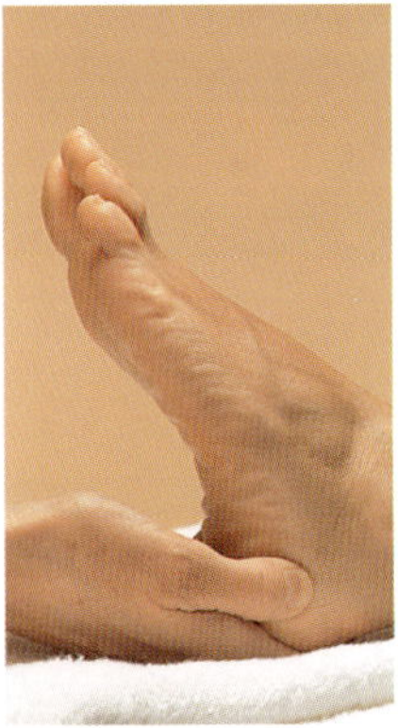

Arthritis – Hände
Sind die Gelenke der Hände durch Arthritis geschwollen und/oder schmerzen, sollten grundsätzlich die in der gleichen Längszone liegenden Reflexzonen auf den Füßen behandelt werden.

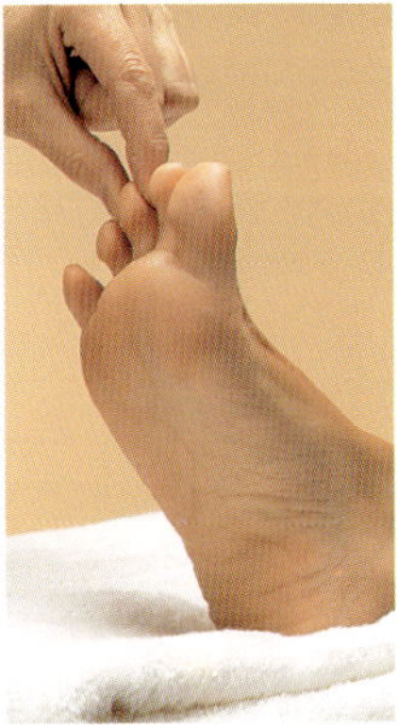

Psychische Probleme – Kopf/Gehirn
Emotionale und psychische Probleme können durch eine Behandlung der Kopfreflexe gelindert werden, die auf der Spitze der Großzehe und deren Innenseite liegen.

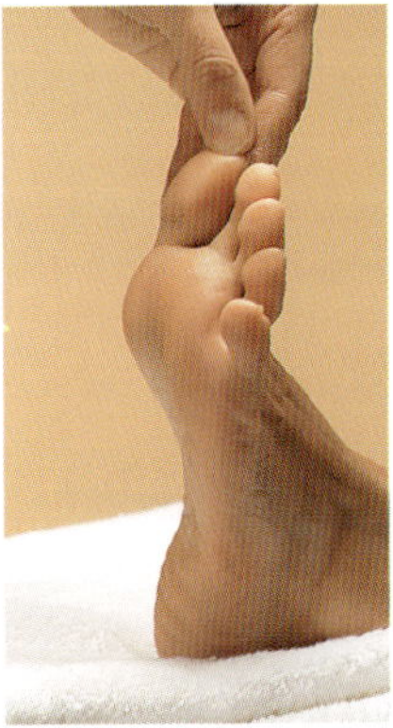

Blasenschwäche

Bei Patienten mit schwacher Blase ist Taktgefühl von Nöten, doch eine Reflexzonentherapie kann Abhilfe schaffen.

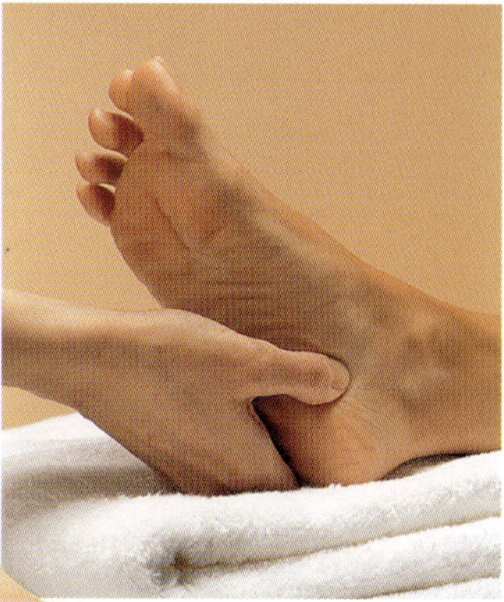

Nagelschneiden

Ist ein älterer Mensch nicht mehr in der Lage, sich selbst die Zehennägel zu schneiden, kann der Therapeut helfen.

Die Behandlung älterer Patienten

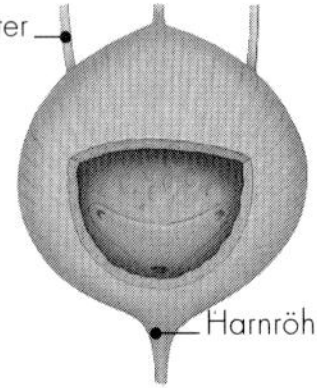

Prostata

Die Prostata ist eine Drüse, die zwischen Blase und Penisbasis liegt. Bei Männern über 60 verursacht sie häufig Beschwerden, wenn sie sich vergößert und dann auf Harnleiter und Blase drückt, was zu Schwierigkeiten beim Wasserlassen führt. Eventuell kann sich dort auch Krebs entwickeln. Im Zuge einer Behandlung des ganzen Körpers zur Wiederherstellung der Energiebalance und Harmonie sowie zur Verbesserung des Allgemeinbefindens wird der Therapeut auch der Prostata spezielle Beachtung schenken.

Nach einem Schlaganfall

Wird die Blutversorgung eines Teils des Gehirns unterbrochen – z. B. durch eine Thrombose oder durch eine geplatzte Arterie – hängen die Auswirkungen von Größe und Ort des Schadens ab. Es kann zu Lähmungen, Seh- und Sprachstörungen sowie zu psychischen Problemen kommen. Zu behandeln sind in einem solchen Fall die Reflexe des Kopfes und Gehirns rund um die Großzehe und den Daumen.

Hör- und Sehvermögen

Bei Hör- und Sehproblemen erfordern die Reflexe der Augen und Ohren besondere Aufmerksamkeit. Für altersbedingte Hörschäden gibt es keine Heilung, doch die Reflexzonenmassage kann den Vorgang verlangsamen und Beschwerden, die das Hören beeinträchtigen (z. B. Schnupfen), heilen. Durch die Erhaltung eines gesunden Energieflusses kann auch das Sehvermögen unterstützt werden.

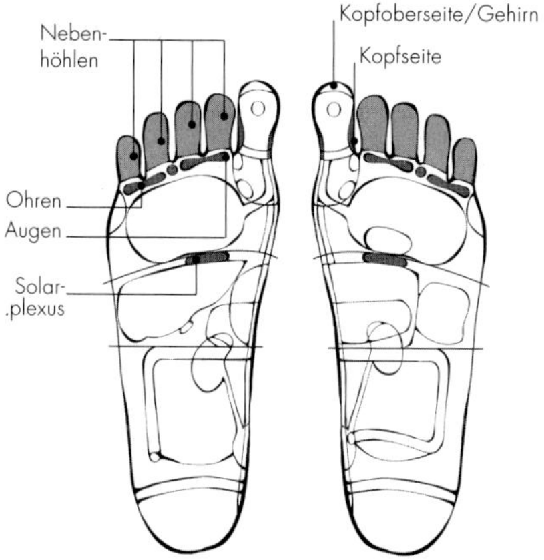

FUSSSOHLE

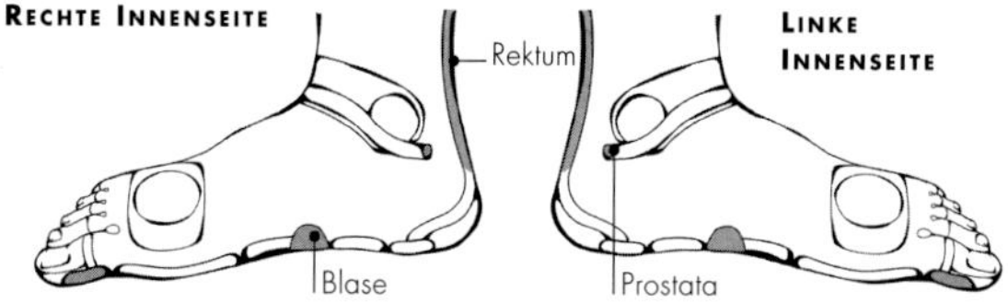

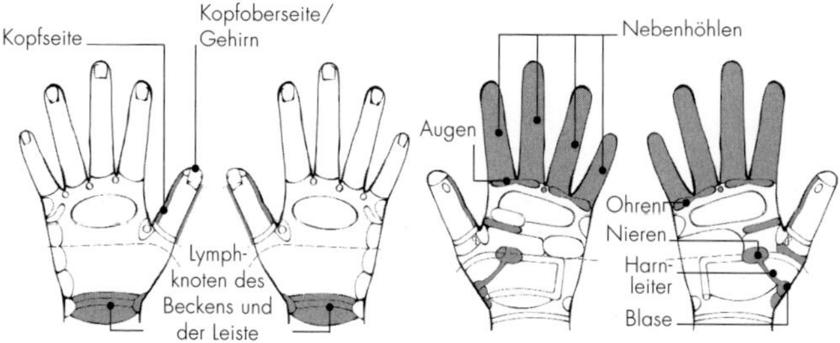

HANDRÜCKEN **HANDFLÄCHE**

BEHANDLUNG

Eine Reflexzonentherapie kann die natürliche Verschlechterung des Hör- und Sehvermögens im Alter verlangsamen und Beschwerden wie Erkältungen kurieren. Um Prostatabeschwerden zu lindern, muss der entsprechende Reflexpunkt behandelt werden. In Falle eines Schlaganfalls wird man mithilfe der Reflexzonenmassage versuchen, die natürliche Energiebalance wiederherzustellen, und so dem Patienten helfen, die nicht betroffenen Körperfunktionen so gut wie möglich zu nutzen.

Ohren

Diese Reflexe befinden sich unterhalb der Stelle, an der die vierte und fünfte Zehe in die Fußsohle übergehen. Auf der Handfläche liegen sie unter dem Treffpunkt des vierten und fünften Fingers.

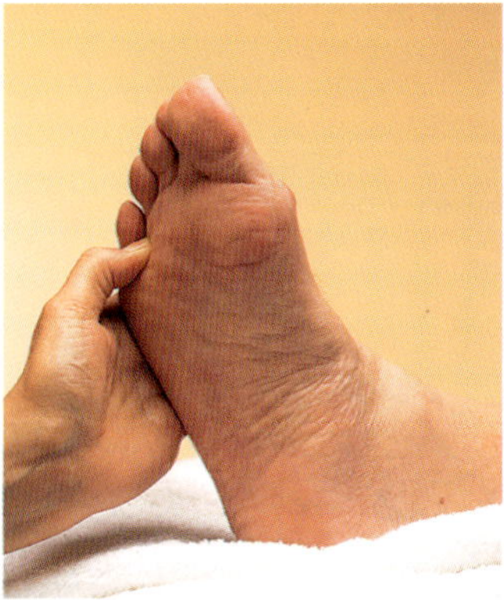

Augen

Die Augenreflexe liegen auf der Fußsohle, unterhalb des Ansatzes von zweiter und dritter Zehe. Eine Behandlung kann helfen, das Sehvermögen so lange wie möglich zu erhalten.

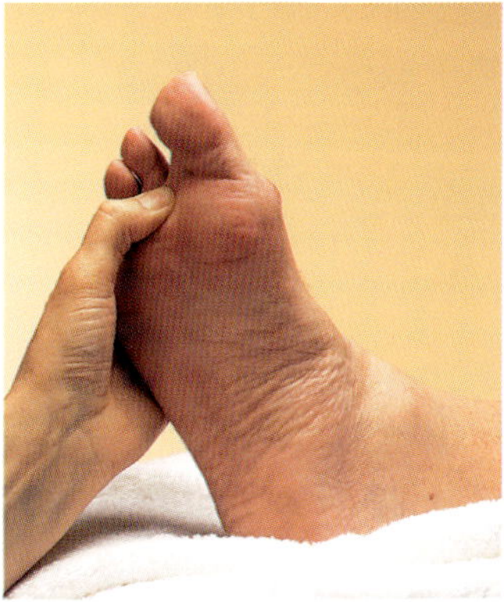

Prostata

Dieser Reflex liegt auf der Fußinnenseite, auf halbem Weg zwischen Knöchel und Ferse.

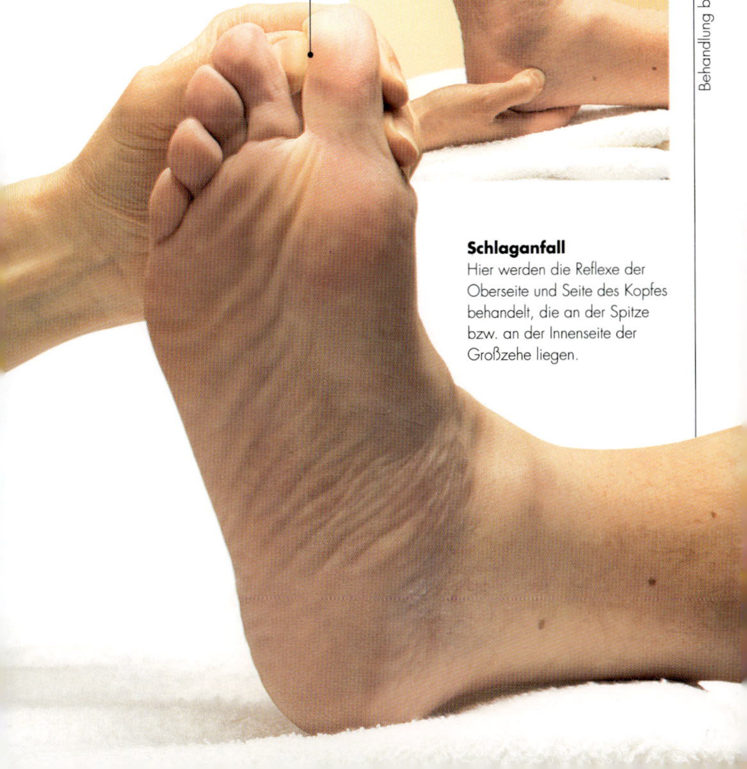

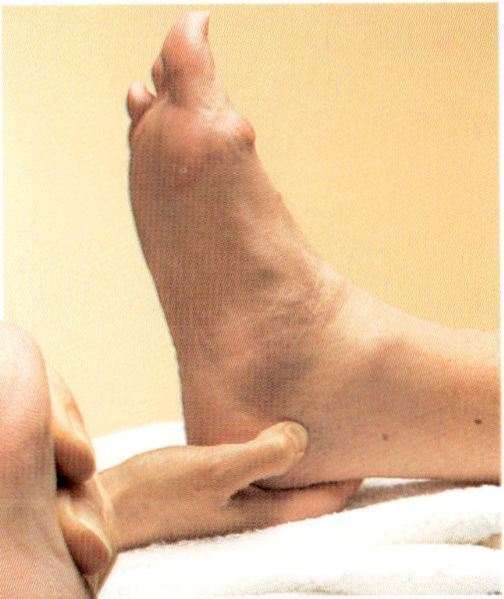

Schlaganfall

Hier werden die Reflexe der Oberseite und Seite des Kopfes behandelt, die an der Spitze bzw. an der Innenseite der Großzehe liegen.

WEITERE TITEL IN DIESER REIHE:

NUR € 3.99

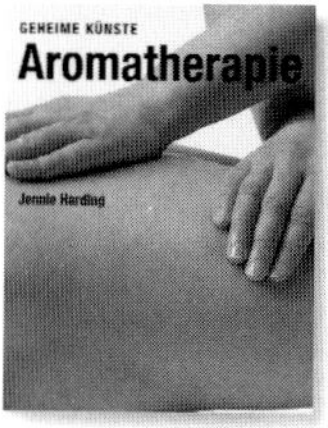

Aromatherapie
Jennie Harding
ISBN 3-8228-2483-6

Qi Gong
Angus Clark
ISBN 3-8228-2495-X

Ayurveda
Gopi Warrier, Dr. Harish Verma & Karen Sullivan
ISBN 3-8228-2489-5

Reiki
Anne Charlish & Angela Robertshaw
ISBN 3-8228-2498-4

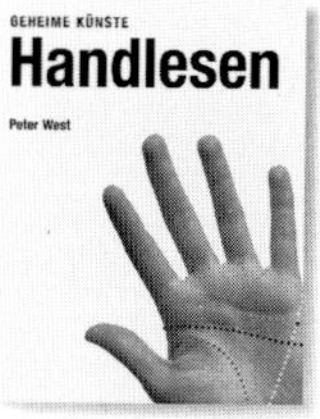

Handlesen
Peter West
ISBN 3-8228-2501-8

Shiatsu
Cathy Meeus
ISBN 3-8228-2492-5

Tarot
Annie Lionnet
ISBN 3-8228-2480-1

Traumdeutung
Caro Ness
ISBN 3-8228-2477-1

Yoga
Jennie Bittleston
ISBN 3-8228-2504-2

GLOSSAR

Ablagerungen, kristalline Kleine, oft berührungsempfindliche, „sandige" Stellen unter der Haut des Fußes oder der Hand. Ein sensibler Therapeut bemerkt die Ablagerungen während einer Massage und wird dies als Zeichen deuten, dass hier zusätzliche Behandlung nötig ist

Akupunktur Eine alte chinesische Therapieform, bei der spezielle Nadeln an bestimmten Punkten des Körpers angebracht werden, um die Energiebalance wiederherzustellen. Einige Reflexzonentherapeuten nehmen an, dass Akupunktur ähnlich wie die Reflexzonenbehandlung wirkt

Alternative Medizin Naturnahe Therapieformen, die pharmazeutisch hergestellte Medikamente und chirurgische Eingriffe vermeiden und die Schulmedizin eher ergänzen als ersetzen sollen. Ihre Anhänger verfolgen einen ganzheitlichen Ansatz.

Beckenbodenlinie Eine von Reflexzonentherapeuten angenommene Linie, die waagerecht über die Fußwurzelknochen zwischen den Knöcheln verläuft

Behandlungsabschluss Letzte Phase einer Reflexzonenmassage, die den Patienten entspannen und beruhigen soll.

Behandlungsstuhl Die meisten Therapeuten verwenden einen speziellen Behandlungsstuhl, der es dem Patienten ermöglicht sich zu entspannen und der seine Beine für eine leichtere Behandlung in eine angehobene Position bringt.

Energie Fließt entlang der Längszonen durch den Körper. Die Reflexzonenmassage kann Energieblockaden lösen und ein Energiegleichgewicht herstellen.

Energieblockade Verhindert den freien Fluss von Energie in bestimmten Körperregionen, was auch Auswirkungen auf Körperteile hat, die sich in der gleichen Längszone befinden. Wird durch Massage der entsprechenden Reflexe auf Händen und Füßen behandelt.

Energieungleichgewicht Arbeitet ein Teil des Körpers nicht richtig, kann die Energie nicht ungehindert durch die Längszonen fließen. Der Betroffene spürt die negativen Folgen dieses Ungleichgewichts. Es kann zu psychischen und körperlichen Beschwerden oder zu einem Mangel an Wohlbefinden kommen.

Ganzheitlich Der ganzheitliche Ansatz ist die Grundlage aller alternativen Therapieformen und bedeutet, dass der ganze Mensch behandelt wird und nicht nur eine Ansammlung von Symptomen oder Erkrankungen. Daher wird sich ein Therapeut für alle Aspekte des Lebens des Patienten interessieren, d. h neben den rein körperlichen Symptomen auch emotionale Faktoren einbeziehen.

Ganzkörperbehandlung Bezieht sich auf die gängige Praxis, bei einer Reflexzonenmassage nicht nur die Reflexe der akuten Beschwerden, sondern alle Reflexe zu behandeln.

Heilungsrückschritt Dieser Begriff wird mitunter für die im Anschluss an eine Behandlung auftretenden Nebenwirkungen benutzt. Diese zeigen zwar an, dass die Massage die gewünschte Wirkung hatte, können aber auch auf eine Überbehandlung hinweisen und sollten daher dem Therapeuten mitgeteilt werden

Hirnanhangsdrüse Eine wichtige Drüse, die an der Hirnunterseite liegt und eine entscheidende Rolle bei der Regelung des Hormonhaushalts spielt.

Kirlian-Fotografie In der ehemaligen Sowjetunion entwickelte Fotografiertechnik, die Hochspannung verwendet, um die Energiezonen in Händen und Füßen darzustellen

Kneten Entspannungsübung mittels beider Hände, die von oben und unten auf den Fuß drücken und rotierende Bewegungen ausführen.

Längszonen Die zehn „Kanäle" (fünf auf jeder Körperseite), durch welche die Energie fließt. Die Längszonen reichen von den Finger- und Zehenspitzen bis zum Scheitel. Reflexpunkte entlang dieser Zonen werden bei der Reflexzonenmassage behandelt.

Meridiane Die 14 in der Akupunktur benutzten „Energiekanäle", welche das Körperinnere mit dem Äußeren verbinden.

Querzonen Zwischen den Querlinien liegende Abschnitte, die zur genaueren Bestimmung der Lage der Reflexzonen vom Therapeuten angenommen werden. Die Querzonen überqueren den Fuß an genau festgelegten Stellen (z. B. Taillenlinie).

Reflexzonen Diese sind detailliert auf den Fuß- und Handkarten auf den Seiten 30–37 zu finden. Ihre Position auf Händen und Füßen spiegelt ihre Lage auf dem Körper wider.

Schultergürtellinie Eine angenommene Hilfslinie, die entlang der Zehenbasis quer verläuft.

Selbstbehandlung Man kann einige Reflexzonen selbst massieren, dies ist allerdings nicht einfach. Die Selbstbehandlung ist hauptsächlich für geringfügige Beschwerden geeignet, da nicht die gleiche Wirkung wie bei der Behandlung durch einen Therapeuten erzielt werden kann.

Selbstheilungskräfte Alternative Therapien gehen davon aus, dass der Körper über natürliche Kräfte zur Selbstheilung verfügt. Der Zweck einer Behandlung ist daher, diese Kräfte zu aktivieren. Deshalb ist es notwendig, gegen die tatsächlichen Ursachen einer Erkrankung anzugehen anstatt nur die Symptome zu lindern

Solarplexus-Atmung Zum Abschluss einer Behandlung durchgeführte Übung zur Entspannung und Beruhigung des Patienten.

Taillenlinie Eine angenommene Hilfslinie, die in der Mitte des Fußgewölbes quer über den Fuß verläuft.

Überbehandlung Hat ein Patient Symptome, die darauf hinweisen, dass ein bestimmter Teil des Körpers nicht in Ordnung ist, wird der Therapeut den entsprechenden Reflexzonen zusätzliche Aufmerksamkeit schenken. Doch dabei ist es wichtig, zur Vermeidung unerwünschter Nebenwirkungen nicht über das notwendige Maß hinauszugehen.

Wringen Das Halten des Fußes (oder der Hand) mit beiden Händen, wobei eine Hand von der Außenseite, die andere von der Innenseite her zufasst, um dann sanft zu ziehen, damit sich die Knochen voneinander lösen.

Zonentherapie Diese Form einer alternativen Therapie wurde von dem amerikanischen Arzt Dr. William Fitzgerald entwicklet, der als Pionier der modernen Reflexzonenmassage gilt. In seinem 1917 erschienenen Buch beschreibt er die zehn energieleitenden Längszonen und wie Energieblockaden in diesen Zonen durch Druck auf bestimmte Punkte gelöst werden können.

Zonenverbunden Hierbei hat der Therapeut die Möglichkeit, bei Verletzungen zusätzliche Behandlungen durchzuführen. Ist beispielsweise der Ellbogen verletzt, kann man über eine Massage des Knies, das in der gleichen Längszone liegt, helfen.

Zwerchfelllinie Eine angenommene Hilfslinie, die quer unterhalb des Fußballens verläuft. Sie steht nicht mit der tatsächlichen Anatomie in Verbindung, sondern dient nur dazu, das Auffinden von Reflexpunkten zu erleichtern.

REGISTER

A

Ablagerungen, kristalline 25
Adressen 217
Ägypten 8
Akupunktur 17, 218
Alexander-Technik 64
Allergien 180–183, 199
Ältere 6, 208–215
Anatomie 28 f.
Angina 136, 138
Angst 160–163, 196, 199
Ansicht der Handfläche/Fußsohle 30, 35
Arme 76, 78, 174
Aromatherapie 61, 64, 65
Arthritis 61, 173, 208, 210
Ärzte 14, 44
Asthma 120, 122, 196, 198
Atmosphäre 45
Atmung 120–123
Aufzeichnungen 185
Augen 73, 75, 100 f., 103, 159, 176–179, 208, 212, 214

B

Baby 6, 188–195
Bach-Blüten 65
Bauchspeicheldrüse 151
Bayly, D. 8, 38, 68
Behandlungsablauf 68 f.
Bindehautentzündung 176 f.
Blase 83, 144 f., 146, 211
Blasenentzündung 144
Blockaden 24 f., 209
Bluthochdruck 60, 138

C

China 8

D

Daumenbewegung 52 f.
Daumendruck 54 f.
Depression 160–163
Diabetes 40, 60, 149
Dickdarm 80 f., 83, 85, 108 f., 111, 134
Druck 54 f.
Dünndarm 134
Durchfall 132–135

E

Eierstöcke 87, 106, 155
Ekzeme 192, 195
Empfindlichkeit 52
Energie 16 f., 218
Entspannung 88–91, 114 f., 164 f.
Epilepsie 60
Erkältung 121, 122
Ernährung 62 f., 208
Europa 8
Eustachische Röhren 72, 75, 100, 103, 178

F

Fingerdruck 54 f.
Fitzgerald, Dr. W. 8, 16
Fortpflanzungsorgane 105, 152–155
Fuß
 Anatomie 28–39
 Behandlung 7, 68–93
 Funktion 26 f.
 Grundlagen 9
 Karten 6, 18 f., 22 f., 30 f.
 linker 84–87
 Massage 8
 Pflege 42 f.
 rechter 70–83
 Reflexpunkte 32 f.
 Zonen 20 f.
Fußpflege 42 f.

G

Gallenblase 128–131
Gallensteine 131
Gebärmutter 87, 106
Gelbsucht 130
Gelenke 61, 172–175
Geschichte 8
Gesicht 72, 74, 100, 102

Gicht 61
Giftstoffe 25
Glossar 218 ff.
Großbritannien 8,
Grundlagen 6, 7, 38

H

Hals 71, 99, 158
Hämorrhoiden 204, 206
Hand 20 ff., 26–29, 94
  Anatomie 29
  Arthritis 210
  Behandlung 50, 96–117
  Handrücken 36 f.
  Karten 6, 34 f.
  Pflege 41
  rechte 98–107
  Zonen 21
Herz 84, 86, 108, 110, 136–139, 208
Herzrhythmusstörungen 136 f., 138
Hirnanhangsdrüse 71, 99, 150, 162, 166, 207
Hoden 87, 106
Homöopathie 61, 65
Hormone 148–151
Hüfte 86, 106, 174, 210
Husten 121

I

Indien 8
Ingham, E. 8, 12, 68
Ischiasnerv 81, 83, 170
Ischiasschmerz 13, 168

J

Japan 8

K

Karten 6, 18 f., 30 f., 34 f.
Kinder 6, 188, 190, 196 ff.
Knie 86, 106, 139, 175
Knochen 61
Kolik 192, 194
Kopf 70, 98, 158, 166, 203, 210, 215
Kopfschmerzen 113, 156–159
Krampfadern 204, 207
Krankenhaus 14
Krankenschwester 14
Kreislauf 15, 136–139

L

Längszonen 9, 16–19, 219
Lebensweise 63
Leber 80, 82, 128–131, 135, 163
Lunge 76, 79, 182
Lymphsystem 87, 104, 106, 135, 140–143

M

Magen 80, 82, 127
Magengeschwür 124 f.
Magenverstimmung 125
Marquardt, H. 20
Massage 64 f.
Medikamente 40, 60 f.
Medikamente, pflanzliche 61, 65
Meditation 49
Menschen, ältere 6, 208–215
Menstruation 152, 154
Meridiane 17
Migräne 156–159
Milz 85, 110, 202
Mund 126
Muskeln 172–175

N

Nachwirkungen 184
Nebenhöhlen 72, 74, 100, 103, 159, 182
Nebenhöhlenentzündung 121, 122
Nebennieren 109, 111, 151, 162, 167, 182, 199
Nebenwirkungen 93, 117
Nervensystem 15
Nieren 83, 109, 110, 146

O
Ohren 73, 75, 100 f., 103, 176–179, 208, 212, 214
Osteoporose 40, 61

P
Placebo 12 f.
Prinzip 6, 9, 10
Prostata 87, 106, 147, 215

Q
Querzonen 9, 20–23

R
Reflexpunkte 32 f., 112
Reisekrankheit 196, 198
Reizdarm 132
Röhren, Eustachische 72, 75, 100, 103, 178
Rückenschmerzen 13, 65, 113, 168–171, 206

S
Säugling 6, 188–195
Schilddrüse 40, 60, 76, 79, 149, 150
Schlaf 164–167, 204, 207
Schlaflosigkeit 65, 164–167, 204
Schlaganfall 212, 215
Schnupfen 121
Schulmedizin 8, 12, 14 f., 24
Schultern 76, 78
Schwangerschaft 6, 40, 61, 200–207
Sehnenscheidenentzündung 172
Selbstbehandlung 50, 57, 96 f., 112 f., 219
Selbsthilfe 62 f.
Shiatsu 17
Solarplexus 76 f., 79, 91 f., 115 f., 162, 166, 170, 175, 183, 199
Speiseröhre 126
Sport 62 f.
Steißbein 170
Stress 13, 97, 109, 196
Stühle 50 f.
Stützhand 56, 58 f.
Studien, klinische 12 f.

T
Thrombose 40
Tinnitus 177

U
Übelkeit 200, 202
Übelkeit, morgendliche 200
Umwelt 46 f., 62
Unfruchtbarkeit 153, 155
USA 8
Urinieren 144–147

V
Verdauung 124–127
Verletzung 105
Verstopfung 132–135, 204
Vertrauen 44
Vorbereitung 40, 48 f.
Vorsicht 60 f.

W
Wirbelsäule 71, 99, 158, 171

Y
Yoga 48 f., 64

Z
Zähne 100, 102, 167
Zahnen 192, 195
Zahnfleisch 100
Zonen 9, 10, 16–23
Zonentherapie 8

DANKSAGUNG

Der Herausgber möchte sich bei Deborah Fielding für das Lesen und Kommentieren des Textes bedanken.

BILDNACHWEIS

Wenngleich auch alles versucht wurde, um die Inhaber von Urheberrechten ausfindig zu machen, so bitten wir doch um Nachsicht, falls wir etwas übersehen haben sollten. Gern nehmen wir in zukünftigen Auflagen die notwendigen Änderungen auf.

Images Colour Library 63; **Science Photo Library**/ G Hadjo 14u; **Tony Stone Images**/ David Joel 14o / James Strachan 49.